BRINGING UP GIRLS

GIRLS

滋养下一代女人

[美]詹姆士·杜布森 著 / 李晓燕 译 / 钱红林 校

培育女孩

James Dobson

中国社会出版社
国家一级出版社·全国百佳图书出版单位

图书在版编目（CIP）数据

培育女孩 /（美）詹姆士·杜布森著；李晓燕译
. -- 北京：中国社会出版社，2022.9
书名原文：Bringing Up Girls
ISBN 978-7-5087-6782-6

Ⅰ．①培… Ⅱ．①詹… ②李… Ⅲ．①女性－家庭教育 Ⅳ．① G78

中国版本图书馆 CIP 数据核字 (2022) 第 104297 号
图字：01-2022-4834 号

出 版 人：浦善新
终 审 人：王　前
责任编辑：魏光洁
封面设计：奇文云海
责任校对：刘海飞

出版发行：中国社会出版社
地　　址：北京市西城区二龙路甲 33 号
邮政编码：100032
编 辑 部：（010）58124851
网　　址：shcbs.mca.gov.cn
发 行 部：（010）58124864
经　　销：新华书店

印刷装订：河北鑫兆源印刷有限公司
开　　本：185mm × 260mm　1/16
印　　张：20
字　　数：320 千字
版　　次：2022 年 9 月第 1 版
印　　次：2022 年 9 月第 1 次印刷
定　　价：69.80 元

中国社会出版社微信公众号

中国社会出版社天猫旗舰店

新版序

若我们迷失于文化泥沼中，何以培育女孩

我的故事，告诉你女性特质是天生的，女性的那股子漂亮和追寻漂亮的劲儿是抵挡不住的。同时，你会看到，我是那么的跌跌撞撞，稀里糊涂。但是，幸好，我们有那么一点文化的累积，有那么一些支持。

我出生在20世纪60年代末的上海，记忆中全然灰色的影像，构成了成长最浓烈的画面。我们穿着没有花色的衣服，膝盖上打着补丁，有的女孩穿着哥哥穿过的外套，有时难辨男女。蝴蝶结、花纽扣、耳环、高跟皮鞋，在1977年之前，几乎没有见过。

在这样一个物质条件较为匮乏的大环境中，我们慢慢长成一名青春少女。我不知道什么是亭亭玉立，我只知道说话嗲声嗲气是资产阶级的作风，我们要与这种资产阶级作风“势不两立”。

我从来没有去思考，也从来没有被告知：女孩应该和男孩不一样，我应当更温柔、更优雅、更有情调。

我进入了中学，虽然见识了蝴蝶结、花纽扣、耳环、高跟鞋，但是，我被鼓励成为学习尖子，成为学习尖子的女中学生，可不能沾染那些花花东西，这些花花东西会把我们带入平庸、带入一个“女性世界”。20世纪80年代上叶，我在华东师大二附中度过了寄宿的六年中学生活，远离生活的柴米油盐，感觉自己非常的“不平庸”。

然后，我进入了华东师大。这是何等开放、何等使女孩子如花朵般怒放的岁月呀！我的大学同学来自全国各地，入校时有多土气，你是想象不出的，一年后有多洋气，你也是想象不出的。我们涂口红、烫卷发、上街买好看的衣服，脚蹬高跟鞋，扭动着腰肢走路，我们真的成为女孩子了。我们多么畅快地呼吸着女孩世界中的新鲜空气，我们成了作为女孩子的自己。

就在这时，我们被严重地引入迷惘之中。有很多思想和主张，比如女权主义，比如一种赤裸裸的利益利用的生活主张，比如轻视自我、重视家庭关系的主张，等等。我们或排斥或接受，看上去有了一定的主见，但究其根本，我们是无知无畏的。看看我们的一些表现吧：我们有时很轻视我们的男同学；我们谈恋爱时，期待有女神般的待遇；我们不高兴时，会冲着男朋友大吼。于是，美女云集的宿舍，经常有男同学膜拜女神的影子。我们觉得女权主义思想使得我们拥有了更重要的地位。但实际上，我们是稀里糊涂的。什么是健康的男女关系？如何彼此建造？如何彼此取悦而不是单方面男人取悦女人？我们一窍不通。再看看我们中的一些人，信奉“利益利用”主张的，她们爬得很高，但后来跌得也很快。再看看那些满足于小家庭生活相夫教子的女同学们，四五十岁时，她们的音容笑貌已然成为老太太了，她们的心态也是老太太般了。

20世纪90年代初，我们这些女研究生，被一种知识女性的落寞情绪深深地抓住。我们好像知道，我们好像又不知道，我们失去了什么。但是，有一点我们是知道的：我们这些女子正迷失于文化的泥沼中。当我们落寞地坐在校园的长椅上心儿戚戚然的时候，孤寂的落寞情绪升起在我们的心灵之上。但是，我们依然信心满满的样子，因为我们看见大多数人都是迷失的，所以，我们昂着头，毫不畏惧地往前走……

于是，我们跌跌撞撞地一下子投入了婚姻，殊不知，婚姻关系和亲子教育，是对我们前三十年人生的大测试。你说我们这些童年少年的灰色记忆、我们所受到的无性别差异化的教育、我们的那些看似超出常人的知识和能力，会带给我们什么？家庭、婚姻、养育孩子，我们摸索着前行。我们稀里糊涂吗？不全是呀。你说我们胸有成竹吗？那肯定不是。

没有被以女孩的方式培育的人成为母亲，又怎样去培育自己的女儿呢？

难道，我们只有泥沼、只有粗糙、只有充满“无性别差异”的文化吗？不是的，那些原本属于女性的特质，在文化迷失的强大冲击之下，依然顽强放射着光芒，其生命力依然如荒漠绿洲般强盛。女性特质是遮掩不了的，它是那么闪耀眼目！它是那么自然天成！

我们生活在其中的文化，不是贫乏的，我们曾经拥有或正在拥有一些可贵的东西，那些是散落的宝石和珍珠，只不过，我们没有去梳理、去归整。

我的父亲从我懂事起，就教诲我：女孩子永远不可以在外面与人喝酒，因为人一旦喝了酒，就会有非理智的行为，后果不堪设想呀。父亲也教诲我：女孩子不可贪恋别人的财物，因为若贪恋别人的财物，你可能会以你的贞洁作为代价。我的父亲，以当时顶级的创新能力在20世纪七八十年代的上海工业界受人尊敬，工厂经常邀请我爸爸去讲课去解决技术难题。我呢，时常跟随着爸爸在那些寻求技术革新的能人中，以一个女孩子蹦蹦跳跳的样子，聆听着、感受着，我好像获得了一种追寻，我好像又没有获得一种追寻……在我人生早期，一些精神力量的注入，是需要我之后的人生独自去完善的。

我的母亲是一位世界上最可被称为母亲的人。她在家做“家庭工程师”16年。从我出生到6岁，我有一位“全职母亲”整天带着我。虽然母亲在家做“家庭工程师”的代价是家庭收入的减少，但是，在那样灰暗惨淡的时代，我敏感易受伤的心灵不至于扭曲，一定得归功于我母亲的付出。因为在婴幼儿时期，我有稳固的父母与孩子之间的依恋，之后，我才得以有力量应对灰暗惨淡的外部环境。

虽然在中学和大学时代，我们将远离柴米油盐作为生活的追求，但是，我所生活其间的上海，它活泼泼地给予了我生活的气息。我小学好朋友一家人，都是极会制造美好生活的能人：自己炒椒盐小核桃、自己包鲜肉粽子、自己裁剪时装……我只要放假在家，每天都会去我好朋友家里，一碗萧山萝卜干炒毛豆，我们都要有滋有味地品尝……去淘布料，回家照着裁缝书，自己做一条漂亮的裙子……这样有情调的生活，这样浓郁的生活气息，何处寻觅？

当我将这些散落的宝石和珍珠一一捡拾的时候，我记忆的影院开始放映影像，其中最浓墨重彩，一而再、再而三播映的，是我奶奶的相片。1977年的某一天，我爸爸从箱子底拿出了我奶奶的相片：照片中的奶奶约莫三十岁，高高地盘着发髻，戴着宝石耳环，温润地、女性味十足地微笑着，那么的高雅、那么的与众不同。这么一个高雅的女人，是我从未谋面的奶奶，她的格调与70年代的生活情况形成了迥异的差别。这是我从10岁起所建立的女人风韵的形象，虽然我爱艺术，爱百般变幻的时尚，但是，偶像女人的模样，在我记忆的影院中的珍藏，那就是我奶奶的相片，它一遍遍地上映，影响着我。

这些是我作为女孩（女人）的宝石和珍珠。你呢？你一定拥有属于你的宝石和珍珠。原来，我们并不贫乏，我们是拥有者。但是，我们所拥有的宝石和珍珠散落于泥沼中，我们呢，则迷失于文化的泥沼之中。

在陈述了贫乏之后，我们发现我们的文化并不贫乏，只是缺少系统性和传承性。要知道，家庭文化是传承的。研究表明，要培养出一名综合素养优秀的杰出人才，至少需要三代人的努力。同理，要培养出一名秀外慧中的出色女性，兼具外在魅力、内在涵养和人生格局的女性，至少需要三代女性的接力，外婆传承给妈妈，妈妈传承给女儿。

我的故事到此。我写我的故事，有这么两点用意：

其一，即使在色彩灰暗的年代，女性气质的耀眼光芒也是遮掩不了的；

其二，我们为人父母，拥有的文化并不贫乏，但是缺乏系统性和传承性，至少需要三代人的接力传承才能培养出秀外慧中的出色女性。

“要么洞悉本质，要么被假象俘获。”我很喜欢这句话。在培育女孩的路上，我们被太多的假象俘获，我们以为那就是本质，实际上，那都是假象。

2010年，我引进了美国詹姆士·杜布森博士（Dr. James Dobson）最新图书《培育女孩》，那时，英文版刚刚面世。我组织翻译、编辑花了不少工夫，2014年中文版第一版出版。那段时间，正是我自己走在为人母路上很吃力的时候，那时我的孩子差不多十来岁。《培育女孩》的姊妹篇《培育男孩》出版得更早些。也就是说，《培育男孩》《培育女孩》《勇于管教》陪伴我走过为人母既困惑又幸福的岁月。

“70后”的母亲们早已登场，“80后”“90后”的母亲们正在场上。这些母亲们是否像我那样跌跌撞撞呢？她们是否如我那般深陷文化泥沼之中呢？

太多人被假象俘获，以为那就是养育孩子的“救命法宝”，依我看，很多都是浮云，都是忽悠，至少，那都不是本质。

法国作家纪德说：“关键是你的目光，而不是你的所见。”

那我们一起来说说我们“所见”的现象吧！

我从网络上摘取一段文字——

> 是的，尤其是作为一个中国教育体制下的女孩，进入校门的那一刻，无论是在应试教育、素质教育还是生本教育下，结果都一样，都是面临着不休的考试、繁重的作业，中午有作业，晚上还有作业……这样体制内的孩子，如何还有天真烂漫？如何才有快乐？更不用奢想她们能够体会到生命的乐趣啦！正是因为如此，所以我们才要研究如何培育女孩，如何从家庭层面尽量给予她们更多的欢乐！社会压力巨大，如何才能从这些压力中保持一颗清明的心，快乐的心，的确是一件很困难的事情。
>
> ——当当网，图书《培育女孩》的读者评论

女孩子被鼓励像男孩子那样去竞争、去出人头地，女孩子的温柔和女性特质将会在竞争激烈的社会消失殆尽吗？有没有一种方法，既可以保护女孩的温柔和女性特质，同时又可以坚定她们的人格？

母亲之于女孩，是女儿触手可及的榜样。但是，母亲们筋疲力尽地在职场和家庭之间艰难地游走，她的成长之路也充满了辛酸，那怎么办？

女孩对于自我形象的不自信，来源于媒体不遗余力制造的“超级美女”形象。厌食症、利器划身、隆胸等，形成了文化的趋势，这其中有多少无望、多少哀叹呀！

网络社交、网络平台、泥沙俱下的媒介信息，女孩子对此有成熟的辨识能力吗？

是的，无论是“60后”“70后”，还是“80后”“90”后的母亲们，我们都可能深陷文化泥沼之中。我们内心渴望洞悉本质。我们不想仅仅停留在“所见”上，我们渴望拥有“目光”。

非常荣幸，我有这么一个机会向我自己以及中国的父母们介绍杜布森博士和他

的图书。

首先，我自己是受益者。我的迷失感，直至我系统接触杜布森博士的家庭建造图书时，才慢慢退去，我慢慢感觉到我坚立在一个稳固的根基之上。

2003年，我策划并编辑《培育男孩》。男性和女性构成了人类，在一个男人不具男人气的社会中，直接的受害者就是女人：在找不到可依靠的男人臂膀的时候，女人将自己变成男人。只有将男孩培养成真正的男人，女人才能得以成为女人。

2014年，由我策划并组织翻译的《培育女孩》第一版出版，我是多么欣喜。同样的道理，只有将女孩培养成真正的女人，男人才能得以成为男人。

今日，我在为《培育女孩》中文版的第二版写序，我想告诉父母朋友们：我们一起跟随杜布森博士《培育女孩》来探求本质。

中国的父母们也是受益者。当我们“零星的、非系统性的”宝石与珍珠与美国的杜布森博士相遇，当中国的文化背景与西方的文明相遇，当我们的家与杜布森博士所倡导的“家庭回归”相遇，我们就能用一根牢牢的丝线将宝石和珍珠穿起来，我们不再迷失，我们不再被假象俘获，我们会建立起一个家庭文化系统，我们将美好的家庭文化传承给孩子。

被称为美国家庭问题最高顾问的杜布森博士说“让我们一起谈谈”——斟上一杯咖啡或者沏上一壶茶，在一张舒适的椅子上坐下，我们与他一起谈谈。

由此，我们怀着欣喜、怀着感恩，开始我们作为父母的学习成长之途。

钱红林

中国教育学会中小学德育研究分会常务理事

中国教育学会家庭教育专业委员会常务理事

BRINGING UP GIRLS

目录

致 谢

在我撰写本书的过程中，同事、朋友以及熟人等许多人都极大地帮助了我。在他们之中，当首推保罗·巴图拉（Paul Batura）。他在寻找、归纳与本书主题相关的海量资料方面非常在行。他总是第一个阅读本书写作片段的人。正因为此，我相当依赖他的反馈意见。我和保罗为此书常常利用晚上、周末和其他方便的时间肩并肩地工作，达三年之久。很多时候我给他打电话说："保罗，你能不能帮我找到某某资料，我马上就要。"他通常能够准确定位并将我正需要的东西递到我手里（或者放到我的电脑里）。现在，对于他在本书逐渐成型中所给予的及时帮助，特致以深挚的感谢。

我的私人助理贝科·雷恩（Becky Lane）非常聪明，对本书作出了重要贡献。她属于那种"注重细节"的气质类型，绝不会让任何东西掉到地上。正如你所想到的，本书收尾工作有许多琐事要做。没有贝科的把关恐怕本书至今还没有完成。她的同事克瑞恩·瑟勒（Corinne Sayler）和她通力协作，对此我不胜感激。

还有许多其他人对我大有裨益和恩惠。民意测验专家弗兰克·伦兹（Frank Luntz）同意我引用他写的还没有出版的书中内容。该书目前命名为《美国人究竟究竟想要什么》（*What Americans Really Want ... Really*），现在书店已经有售了。引用部分在本书《培育女孩》第16章的末尾。弗兰克，谢谢您的慷慨。

鲍勃·韦斯特（Bob West）极有才华，解决了极复杂的技术问题。我永远记得有一天清晨我惊慌地给他打的那个电话。我说："鲍勃！简直不敢相信竟然发生了这么不可思议的事！我的电脑屏幕一片空白，几天的工作泡汤了。"我当时真想一边猛跑一边大声求救。他几分钟以后就找到了问题的症结并恢复了文件。多棒的朋友！

鲍勃·瓦里茨维斯基（Bob Waliszewski ）同意我使用了他未完成的书稿，就是本书第21章（“保护女儿：警惕来自科技的侵略”）这一部分。鲍勃，谢谢您！我是技术盲。谢谢您的好心！

荣·瑞诺（Ron Reno）是爱家协会的副总。他是文字专家和思想家。他读了本书终稿的大部分内容并提了很多好建议。

兰迪和丽萨·威尔森夫妇（Randy and Lisa Wilson）创办了纯洁舞会。在本书第11章我们介绍了舞会理念，并提供了家长为了含苞待放的女儿可以取用的具体实施方案。

约翰和史戴西·艾杰奇夫妇（John and Stasi Eldredge）对于女性心灵的描述是对本书的独特贡献。内容精彩！

几十位年轻女孩们参与了自由座谈会，谈她们与父亲的关系。她们当时正在参加爱家协会的学习，并同意参加深度讨论。她们的谈话经过编辑后出现在第9章。这是本书最有深度的部分之一。对于这些学生，在此我感谢你们的参与。

金·戴维斯（Kim Davis）贡献了个人亲身经历，收录在“沉迷于外表美”部分（The Obsession with Beauty）。金，谢谢你的敞开和见识！本书还有一个我很喜欢的小故事，作者是莎拉·科斯特（Sarah Kistler），故事的名字叫《幸运手镯》（*The Charm Bracelet*）。请不要错过！

题目叫“爸爸对女儿”（Fathers to Daughters）的第10章题目含有哈里·哈里森（Harry Harrison）所写或者编辑的箴言100句，取自他的书《爸爸对女儿：养女孩的窍门》（*Father to Daughter*：*Life Lessons on Raising a Girl*）。

另外，还有三位以其诗歌和歌曲对本书作出了独特贡献：史蒂文·科提斯（Steven Curtis Chapman），史蒂芬妮·本特利（Stephanie Bentley），以及埃德加·格斯特（Edgar Guest）。

注册会计师（CPA）兰迪·勒伽特（Randy Negaard）是我个人公司的私人财务顾问。该公司拥有我的著作版权。在财务方面，他负责处理本书所有的版权谈判和实施。我和兰迪密切配合。他辛勤地处理生意上的事免得让我分心。我更愿意撰写关于婚姻和育儿书籍而不是处理数据，而兰迪则使之成为现实。

参议员瑞克和卡伦·散托穆（Rick and Karen Santorum）曾经是爱家协会的嘉宾并在节目上谈论过卡伦的书《每日礼仪：儿童礼仪典范》（*Everyday Graces*：*A Child's Book of Good Manners*）。那次访谈节选收录在本书名为“教养女孩变淑女”（*Teaching Girls to Be Ladies*）的第5章。散托穆乐意与我们的听众分享他们抚养孩子的有益见解，并允许我将他们的分享收录于本书。在此，我向你们表示感激。

马克和柏克·沃特（Mark and Becky Waters）在本书末尾描述了他们的损失。我永远不会忘记马克给我写的私人信件，也不会忘记马克。

还有，我非常感激丁道尔出版社（Tyndale House Publishers）的朋友们。他们为本书的出版接生。他们分别是道格·诺克斯（Doug Knox）、丽萨·杰克逊（Lisa Jackson）、贝科·布兰德维科（Becky Brandvik）、莎拉·阿特金森（Sarah Atkinson）、史蒂芬妮·伏兰德（Stephanie Voiland）、马菲·诺维拉（ Mafi Novella），以及莎拉·如比沃（Sarah Rubio），等等。这群有非凡才能的人随时给予我帮助。

最后，最应该感谢的人当首推我的妻子雪莉。她支持我，是我的全程啦啦队。她从母亲的角度看问题，对于我的写作产生了积极影响。对此读者不会感到奇怪的。毫无疑问，我非常爱这位女士，极其欣赏她！

好好享受本书吧！

第 *1* 章

奇妙的女孩

BRINGING UP GIRLS

几年前，我写过一本《培育男孩》的书，[1]销量超过200万册。自那以后，我无论是走在街上，在餐馆就餐，还是在机场等候飞机，都会有人走上前来，问我："您什么时候打算写《培育女孩》一书呢？"每当我与出版商会面，我也会被问及同样的问题。现在，甚至小孩子也追问我同样的问题。

亲爱的杜布森博士：

我6岁了。我还有两个哥哥。我很想知道您什么时候写《培育女孩》一书，我妈妈真的很想好好养育女孩儿。十分感谢您写这本书！

朱利安

好吧，朱利安，你赢了，我会写的，谢谢你的信。我敢打赌是你的妈妈鼓动你给我写信，因为她想好好培育的女孩是你。我希望有机会见到你，因为你是一位非常特别的6岁女孩儿。

我收到了数千封男孩女孩们写给我的信件，他们大部分都比朱利安年龄大些。有些孩子生我的气，并责怪我，因为他们父母管教他们。几年前，一名大学生写了一首诗表达了这种不满，并寄给了我：

玫瑰红，紫罗兰，

童年的我，被打屁股，

——就怪你！

我最喜欢的一封信来自一位14岁的女孩，名叫蒂芬妮（Tiffany）。她写信的时候正气得冒烟儿。她的信直奔主题：

杜布森博士：

我恨你。我今天被迫看那部最乏味的关于性的影片了，是你的影片。哼！好像你什么都懂。还有，我妈妈也不让我看未经她审核过的影片了。

多谢你那笑嘻嘻的“插播”短片。现在我没有社交活动了，因为我们的朋友们都去看电影了，去看好玩的电影了。而我呢，我只能看《魔法灰姑娘》（*Ella Enchanted*）。喔—啪—哟—哆。

然后，蒂芬妮不客气了。她一定是见过我戴着过时眼镜的老照片了，使她突然想刺激我一下：

我希望你换一副新眼镜。不管你是不是生理学家，你那副眼镜遮住了你整张脸！

永远爱你！

蒂芬妮

这女孩儿真了不得！她只有14岁，却可以以恨开始，以永远的爱结束！我敢打赌，蒂芬妮的爸爸妈妈对付她不容易。不过，她会越来越好的。我现在辅导的家长们在我写第一本育儿书籍的时候，曾经是与蒂芬妮一样不让父母省心的孩子。现在，他们长大了，生了自我意识同样很强的下一代，而他们开始寻求帮助。看到第二代父母学习解决自己25年前带给父母的类似难题，我感到欣慰。蒂芬妮长大生下她第一个宝贝的时候，说不定我还有机会辅导第三代父母呢。我已经提前预感到，等她长大以后，当了妈妈，她那时的想法与现在的想法将会完全不同啦。与她同时的妈妈们也会如此。

本书的书名《培育女孩》表达了该书的基本主张：父母的责任不仅仅是监护她们身体长大，还要正确地教养她们，培养她们高尚的品格和优秀的素质。被称为“智慧之王”的所罗门王在2900年以前就这样谈到为人父母的职责：“教养孩童，使他走当行的道，就是到老他也不偏离。”

培育女孩意味着帮助她们在未来人生道路上遇到文化雷区的时候能够正确面对。例如教给她们具有永恒意义的价值观、专长和思维方法。这意味着帮助她们学会欣赏高尚的品格，如真理、信任、自律、自我控制、慷慨和温柔；这意味着教导她们谦虚、有道德、有礼貌；这意味着帮助她们克服不良天性，如自私、争斗、暴力、邋遢等；这意味着要教她们工作、学习、思考。这只是一个开头，这就是为什么父母的职责如此令人心悸，因它需要有周密的前瞻性和计划。对于这些，我们将在后面谈到。

我对培育女孩这个主题的激情与目前仍然叫我爸爸的女儿有关。虽然她已经成年，但我对她的爱没有改变，就像我被领进产房第一眼瞥见她的时候那样深切地爱她。那个神秘的夜晚，产房里有一股电流连通了我和她，而这延续至今始终没有改变。丹妮3岁的时候，我在一所医学院任教授，并在一家大型儿童医院当研究员。一周五天，每当我准备登上往返于洛杉矶上下班交通车的时候，丹妮就会哭，她不想让我离开。我离家时总是紧紧地拥抱她并承诺下午早点回家，但是她还是心碎而哭。我现在还记得我的宝贝女儿站在门廊里哭着看我离开时的情景。

有一天早上我再次向丹妮解释为什么要去上班，她的心情特别不好。她那漂亮的蓝眼睛里满是泪水，她悲伤地说："好吧，爸爸，我原谅你。"

几周以前，我问女儿她是否还记得那些日子。对儿童时代的事情她记忆犹新，记性好得甚至令人害怕。她不仅记得我上面提及的那天早晨的眼泪，还记得另外一些我忘了的事情。

她3岁的某一天，我开车上班的时候，她和妈妈来到前院向我挥手说再见。我已经倒车出了我们家的行车道，却没有看见她们俩站在那里。丹妮回忆说，她失望地抽泣起来。我开出好远以后从后视镜看到了站在远处的她们还在热情地挥手再见，我找了个机会拐弯，将手臂伸出窗外，向她们挥手。这么多年过去了，丹妮还记得当时的兴奋劲儿。爸爸看见了她们，在向她们挥手，她的激动难以言表。

我怎么能够，确切地说，我们怎么能够忙忙碌碌以至于忽视了很容易受伤的男孩女孩，而将他们置于邪恶之中却不保护他们呢？我们怎么能够不给予他们如此渴望的爱与关注呢？我们怎么能够将他们送到危险的社会而没有给他们打下一个坚实的基础使他们能够牢牢地站稳立场呢？关于养育孩子，没有其他的责任比这更重要的了。正如所罗门所说，"教养孩童，使他走当行的道"。这就是我们接下来将要谈论的话题。

我们将要讨论信息、方法、答复、解决方法以及经受了时间考验的推荐方案。我们将集中讲述父母、老师和同龄人对孩子的影响。我们会涉及各年龄段的女孩，从婴儿期到成年期，以及必将遇到的雷区。我们要谈到怎样将女孩培养成淑女。我们要谈到培育女孩的种种话题，包括自我价值、性觉醒、单身母亲、情感发育以及怎样做等。当然，我们也会谈到青春期、青少年、迷恋外在美等。

最后，我们会谈到家庭中的心灵重建，以及为什么道德纯洁的教导需要从孩子学龄前开始一直持续到家庭的空巢期。这里是我们的希望，这里要说的话实在太多。为了写这本书，我们做过的调查以及收集的资料超过3000页。这是我的第33本书，我花了3年多时间写成。花这么长时间的一个原因是，材料取舍往往使我难以定夺，对我来说，它们似乎都很重要。

我要向你们讲什么呢，爸爸妈妈们！我整天都在想这个问题。每当我想到那些宝贝孩子们对于生命所知如此之少，我的喉咙就哽住了。怎样才能保护她们的天真烂漫？怎样才能保存她们童年的快乐？这令我担忧。

这就是我们的任务。因此，为你自己准备一杯咖啡或者泡上一壶茶，在一张舒适的椅子上坐下，我们谈谈。

第 2 章

处境危险的女孩们

BRINGING UP GIRLS

用在《培育男孩》里的研究数据，毫无疑问地说明了男孩在某些前沿问题上会遇到的严重问题。从学龄前到成年，男孩们几乎在情绪、教育和身体健康方面都表现不佳。在学习能力上有问题的男孩们比女孩们多出2倍；有案可查的吸毒成瘾的男孩是具有同样问题的女孩的3倍；有情绪障碍的男孩是女孩的4倍。[1]他们更容易被各种反社会和犯罪行为吸引，更容易患精神分裂症、自闭症、沉迷于性和酒瘾。[2]他们犯谋杀罪的倾向是女孩的10倍，[3]而因为车祸死亡的比率高出女孩的50%。[4]77%的与少年犯罪有关的庭审都涉及男孩。[5]

因此，我们有充足的理由相信男孩在现今仍然在跌跌撞撞地前进。相比于女孩，更多男孩在学校表现不尽如人意。世界上几乎没有任何地方显示男孩在阅读上平均水平高于女孩。在美国，选修大学预备选修课程的男生在人数上不及女生，比率是100：124。[6]根据社会学者安德鲁·海珂（Andrew Hacker）的研究，高中女生中四分之三的人每天花在课后作业上的时间超过1小时，而高中男生只花了半小时。[7]

从这些统计数字可以预料到，越来越多的男孩不上大学，或者不能从大学毕业。59%的硕士候选人是女生，而每年的研究生阶段职业教育中男生比率都在萎缩。[8]当八年级的中学生被问及将来的打算时，2倍于男生的女生们打算为了职业而去学管理、某个专业或者商科。[9]相比之下，男生们常常不知道自己要什么。我发现即使在高中最后阶段，愿意设定目标或者打算努力达到目标的男生也要少于女生。

男孩们缺少学习动力对女孩和妇女的潜在影响是不言而喻的。目前，职业妇女已经发现，可以作为谈婚论嫁的对象又受过相当教育的男士太少了。有人揶揄地说：“灰姑娘太多，王子太少。”男人女人互为彼此，在许多方面是互相依存的。一方受到影响另一方也必定受到影响。这就是为什么持续了近40年的轰轰烈烈的两性之争是多么的不幸和愚蠢。

好了，我们该谈谈女孩的话题了。她们情感上和身体上有多健康？尽管我们的女孩们在学业上更优秀，在某些社会行为上和个人健康上更好些，我不得不告诉你们：在很多方面，我更加关心女孩的身心健康。最近几年发生了许多变化，女孩所面临的压力如此之大，是她们的母亲和祖母，以及以往任何一代的女性们几乎没有经历过的。现今小姑娘们被引诱过早成熟，她们因此而面临的挑战是她们完全没有准备好的。这虽是一个有许多例外的普遍现象，但是已经有太多太多的女孩们陷入了困境。

她们的混乱，表现在一系列的令家人、朋友和外人觉得不可思议的行为上。例如，日渐增多的厌食症和神经性厌食症等饮食障碍正包围着女孩们；极端瘦身之风席卷西方各国，正像病毒一样蔓延。尽管它带来各种复杂的心理问题，童年和青少年时期怕胖甚至怕丰满的心理使之不断蔓延。[10]追求极端瘦身的人中有90%是女孩子，最小的5～6岁。[11]想想看，有些小厌食症患者竟然还在上幼儿园！根据美国儿童和青少年精神病学会的研究，9～10岁的女孩中有40%的人想减肥。[12]以往任何年代的女孩子们都没有如此注重身材。[13]这其中三分之一的女孩会采取危险方法减肥，例如减肥药、泻药、呕吐、禁食以及过度运动。[14]在她们15岁的时候，超过60%的人会采用上述危险品和危险方法。[15]我们在以后章节中将详细谈到惧怕肥胖通常会导致厌食症、神经性厌食症等其他疾病。

中学生中还有其他很严重的问题。有些人用利器划身，毁坏身体，在身上各处打洞眼，如舌头、嘴唇、鼻子、眉毛、耳朵、肚脐、乳头，还有隐私部位等，并挂上叮当响的环和尖尖的钉状物；还有些人故意以某类穿着打扮象征黑暗和死亡；另有些人性乱交、吸毒、酗酒、欺凌他人、诈骗、对抗父母和师长。

大力鼓吹这些危险和叛逆行为的是每年蜂拥而至的“坏女孩明星群像”，如流行偶像、美女明星、美国偶像等，她们的叛逆行为吸引了大批青少年追星。虽然小圈子在不断变化，可是明星大腕们仍然在引诱女孩们变坏，如时尚明星帕丽斯·希尔顿（Paris Hilton）、好莱坞的社交名媛妮可·里奇（Nicole Richie）、好莱坞“坏女孩”的代言人林赛·罗韩 （Lindsay Lohan）以及其他性感女人，她们中间最无耻者有时甚至不穿内衣，不仅如此，她们还允许混饭吃的摄影师以夸张的方法为她们拍照。

“坏女孩明星群像”中的安吉丽娜·朱莉（Angelina Jolie）曾在接受德国某妇女杂志采访时这样说：“我不觉得男女有必要彼此忠贞，分手后说对方的坏话更不好。我和男友布莱德从来不认为住在一起就要被拴在一起，我们一致同意不要限制对方。”[16]

绝不限制对方吗？我猜这就意味着安吉丽娜和布莱德可以与他们喜欢的任何人睡在一起，却期望他们两人的关系不受影响。时间会告诉大众，他们错了，将来必定会以悲剧收场。不幸的是，这些无耻的巨星大腕们变成了亿万女孩心中的榜样，她们使毫不设防的未来女士们像她们那样离弃社会道德。这些还穿着背带裙、脸上正长着青春痘、处于尴尬青春期的女孩们怎么可能达到那些大明星们的完美标准？很显然，绝大多数女孩们是达不到的。因此，她们恨自己的外表，也恨自己永远达不到明星们的完美标准。

根据乔治·华盛顿大学白酒市场和青少年研究中心（CAMY）的数据[17]显示，当今的青少年们越来越多地参与狂饮活动。在调查所进行的半年内，31%的女孩喝白酒，而喝白酒的男孩只有19%，[18]另一些女孩为了钱而脱掉衣服，虽然比率不高却在逐步蔓延，[19]卖淫就与这种行为有关，当然也在逐步蔓延。涉足性交易的女孩年龄越来越小，而且越来越多来自中产家庭。[20]涉足性交易的女孩大多没有离家出走，也不是“失足少女”。她们只是普通少女，渴望得到关注，喜欢冒险，追求金钱，在寻找一种方式填满内心的空虚。

专栏作者史蒂夫·罗佩斯（Steve Lopez）在《洛杉矶时报》上发表了一篇专栏文章《令人惊怕的不宜养女时代》，谈到了上述问题以及其他层出不穷的新问题。他这样写道：

> 三个月前，由于妻子的宫缩一阵比一阵紧，我们打开电视以分散等待去医院之前的紧张心情。
>
> 真是个坏主意！
>
> 尽管没有人期待如今的电视荧屏上有很多发人深省的节目，可是，当我从一个低俗节目换到无味的时事节目，再换到电视速配节目的时候，我在想，我们的脑子是不是出了毛病，这年头怎么还能生孩子？
>
> 特别是生一个女孩！
>
> 令我恐惧的不仅仅是电视，还有互联网、流行音乐、广播以及广告。各媒体中最骇人听闻的猛料主导着整个流行文化，而这些源源不断地对准

青少年群体进行狂轰滥炸的题材全都是关于性的。

当然，出生于生育高峰期的我们中的一些人曾经在我们的花季年华里自由恋爱，但那只是社会变革，而不是商业利益的驱动行为。

当然，我会承认一点：我对此如此反感是因为我刚出生的婴儿是女孩。每过一天，我就觉得自己更像20世纪90年代的副总统丹·奎尔（Dan Quayle）。他因为对主张不结婚而只要孩子的电视人物墨菲·布朗（Murphy Brown）训斥了一顿而遭到嗤笑。

现在，当你需要丹·奎尔这样的人时，到哪里去找呢？[21]

史蒂夫·罗佩斯说得对！女孩们就像她们的兄弟们一样沦为堕落文化的牺牲品：愈演愈烈的暴力、纵欲以及心灵荒凉等。关键是我们的社会处于两股力量交战的时期，好的家长正尽全力保护孩子们免受周围堕落文化势力的伤害。

我来问问家里养着女孩的你们：你们希望自己的女儿在青春期就卷入男女性乱交吗？“当然不愿意！”我几乎可以听到你们正这样回答。为了解释得更清楚，请允许我再问一个问题：你们希望自己的女孩在与异性交往的时候表现得轻率傲慢、大声嚷嚷并且态度蛮横吗？

你们希望你们的女孩成为男性性征服的容易攻取的对象吗？你们希望女孩们模仿男性的无赖行为，例如易怒、自大、不顾他人、对人不敬吗？你们希望她们满嘴脏话、粗鲁、下流、没礼貌吗？

你们希望她们穿着打扮性感暴露以吸引男性注意力吗？当她们进入青春期的时候，你们希望她们表现得像妓女，嘴唇用胶原蛋白填得鼓鼓的，乳房用硅胶填得高高的吗？你们喜欢她们身上打洞戴环，叮当作响，并把头发染成绿色、橘色、紫色和粉红色吗？你们希望她们以自己的身体为耻而强迫自己在9岁的时候就开始节食而到13岁就不敢吃饭了吗？如果教授们鼓动你们刚刚长大的女孩尝试同性恋，并说双性恋更刺激的时候，你们怎么办？你们希望女孩们相信婚姻已经过时，因而要被抛弃，两性关系需要重新定义等观点吗？你们希望她们蔑视你们从小就教给她们的无比珍贵的信仰吗？

如果以上这些正是你们希望毫无防备的小女孩们未来所追求的（当然，我相信答案是否定的），那么，你们就顺应这个时代吧，无须做任何努力，当前的流行文化已经在替你们努力了。它的目标就是将当代的孩子们变成政治正确的MTV克隆，让他们为所欲为，认为每个人可以自由地对待自己的身体。娱乐业、美国广告业和公关集中的麦迪逊大道、互联网、Hip-Hop嘻哈音乐明星、某些公立学校、自由主义大学以及其他机构都在全力以赴地塑造和扭曲青少年，以有害的思想引诱她们，以剥夺她们天真无邪的童年。结果，一些女孩未来就不会有丰富的成果和幸福的生活，而且她们未来的家庭稳定性也令人堪忧。这些孩子的父母往往工作过度、力不从心、精疲力竭，对孩子不管不问。由于没有父母的关心，她们就会被上述这些流行文化引诱到地狱。我亲眼目睹过的案例不下千例，甚至生活在正常家庭的孩子们，也有许多人的情况正岌岌可危。

我最关心的一群孩子是处于长期孤独状态下的孩子们。大多数时候，孩子们的父母不在她们身边，迫使她们孤军作战。人类迫切需要彼此的支持，被孤立的人步履维艰。孤独的孩子不仅自己容易陷入试探，还容易被了解她们劣势的心怀叵测者恶意利用，因而受骗上当。

有一点可以肯定：你们的孩子们正被商业行为瞄准，这些商家靠剥夺她们的幸福换取自己的暴利。色情行业针对好奇的青少年售卖淫荡而怪癖的图片，而无视孩子接触这些画面的结果，这一点显而易见。那些售卖这些图片的年长的肮脏男女们甚至不坐等“顾客”上门，而是逐户敲门推销，他们竟然主动寻找“客户”！根据前联邦司法部长（John Ashcroft）的调查，10个青春期的孩子们中有9个被动接触过色情图片。[22]在网上或其他媒体上偶然碰上这些可恶的东西时，他们很容易被引诱上钩。男孩们很容易困在越陷越深的成瘾行为中，他们中年纪最小的才13岁，并因此终生受折磨。女孩们因其男朋友希望她们模仿淫秽影像中的形象而直接染上不良行为。

另有无数其他商业公司同样企图操纵女孩们。例如，美国最大的玩具公司美泰公司（Mattel, Inc.）上市了一款小小的性感芭比娃娃，叫“My Scene My Bling Bling Chelsea Doll”，[23]批评者称其为“妓女芭比”。

不仅是玩具变得越来越性感，而且女孩们正遭受“童年缩短”（Age Compression）的厄运。以前6~10岁的女孩们是芭比娃娃以及其他装扮娃娃的主打市场，而今芭比娃娃将目标群体对准了3～5岁的女孩。正如斯泰西·维纳（Stacy Weiner）所写的，这叫作“告别女孩时代”。[24]作家布鲁克·克雷格（Bruce Kluger）评论道：“布偶娃娃啊，你的变化真大啊。”[25]儿童发育专家告诫母亲们，将女孩打扮成色情女郎可能会诱惑那些恋童癖者。美国心理学会（APA）这样告诫父母们：“穿着性感的女童们在长大后通常会有以下三种心理障碍：饮食障碍、较低自我形象和抑郁症。”[26]真的需要美国心理学会说服爸爸妈妈们将他们6岁的女孩变成性感女性，实在是愚蠢之极，难道这一点还需要美国心理学会告知他们吗？

此时没有答复的问题是“父母在哪里”？5岁女孩们肯定没有能力给自己买有皮带镶珠宝的内衣或者娃娃而将自己打扮得像小妓女，她们的父母得为此买单。销售记录显示，过去几年中，父母们在为7~12岁的女孩购买皮带上花费了160万美元。[27]恐怕许多本应了解这一状况的成年人已经放弃了正确引导宝贝女儿的职责。

我们应该不会觉得奇怪，那些生长于21世纪性偶像时代的青春期女孩们将青少年性乱交看成一种生活方式。她们中的许多人颓废了，无可救药地颓废了。我最喜欢的一位专栏作家和电视评论员米歇尔·马尔金（Michelle Malkin）督促我们认识到一些正发生在孩子们身上的事情。她写道：

> 作为4岁女孩和8个月男孩的母亲，我对于自由主义否认礼仪、性乱交正常化、主流媒体无耻地推波助澜等现象觉得越来越沮丧。你会觉得女孩们5岁时穿得像猫头鹰餐厅（Hooters）的三点式猫头鹰小姐很正常，10岁时戴上性感手镯谈论口交很正常，15岁时对着镜头晃动乳房很正常，20岁时为了钱而与人肛交很正常，与人比赛性交次数并制成数据表很正常，以堕胎来控制生育一直到更年期很正常。保守的妇女说“女人要自尊”时，媒体上的自由主义者就说这是自以为义；保守妇女说性乱交是糟蹋自我毁灭自我时，媒体上的那些人就说这是假正经；自由主义者可以提高嗓门说话，并被誉为“有激情”，而保守妇女提高嗓门说话就被指责为“尖叫”。[28]

马尔金在文章结尾处对父母提出以下建议：

一要“自以为义”，二要“假正经”，三要“尖叫”。决不要、也永远不要羞于大声质问：“你不觉得羞耻吗？”[29]

显而易见，当代文化将我们的孩子当作靶心。我们要么随大溜，要么利用各种资源给予回击。如果我们仍然听之任之、各自为阵而不团结起来，那就只有听天由命了。

我希望你们现在能理解我为什么如此关注女孩们了，她们正面临着巨大的危险。她们柔弱，比男孩更易受伤害，而且不管政治上对不对，我认为她们情感上天生就比较容易受操纵，渴望被爱和亲密感深深地隐藏在她们女性心灵深处。这就使得她们在彼此没有委身的情况下向某些男人敞开了心扉。她们以为这些男人可能会奇迹般地给予她们极度渴望的肯定，而她们并不享受自己的这种悖逆行为。她们希望并盼望某些青少年男生愿意填满她们内心的空虚，缓解她们心灵的痛苦，而她们的这些需要原本应该从她们与父母的关系中得到满足的。父母职责的缺失产生了更多的内心空虚，通常是父爱的缺失！对此，我们稍后细说。

好了，家长们！这就是女孩们成长的社会环境。当然，并非所有的女孩们都屈服于以上所述的试探和压力之下，下面我会分享即将出现的某些非常鼓舞人心的新动向。虽然如此，引诱年青一代的势力仍然在起着悲剧性的作用。孩子们特别需要我们引导她们前进的脚步，并设立合理的界限以保护她们。

她们让我想起穿越草地的小兔子，这些小兔子没有意识到猫头鹰、草原狼、熊和老鹰正虎视眈眈，随时准备扑上去将她们撕碎而食。有时候，每一区域的捕食者们瞄准的是同一群毫无反抗能力的小动物。你们作为她们的爸爸妈妈，是她们唯一的保护者。牧师们试图抵制比我们出生时更加堕落的文化，他们召集青少年在周三或星期天聚会，这的确是有帮助的，但是不够。只有你们为人父母者才可能提供必需的照顾和引导，更重要的是，你们可以将孩子们内心的空虚填满，否则就会导致你那天真无邪的女孩不顾一切地跑进草地寻求营养、寻求其他迷失者的温暖怀抱。

团结起来，我们就可以保护我们的孩子和青少年，帮助她们避开上述危险。详细讨论该话题之前，我还想谈谈被我们称之为“女孩”的小可人儿们。

第 3 章

何为女性

BRINGING UP GIRLS

现在，我们来进入奇妙而缤纷的女孩世界。她们个个美丽、宝贵、独特，就像本书封面上的女孩们。她们增添了该书封面的妩媚。不过，你们想不想知道封面上这两个咯咯傻笑的女孩在偷偷分享什么秘密？我敢打赌，你们一定会会心一笑。

在电影《金粉世家》（*Gigi*）里，作曲家弗里德瑞克·罗威（Frederick Loewe）和词作家亚伦·杰·勒那（Alan Jay Lerner）以浪漫歌曲的方式，把女孩的独特表达得很好。这首歌有这样的歌词：

感谢上天创造了小女孩，
小女孩一天一个样。
感谢上天创造了小女孩，
小女孩长大样样都可爱。

的确如此，男孩当然也是宝贝。我用三年的时间写男孩们是多么独特以及是什么使得他们如此独特。但是，女孩却以不同的方式抓住我的心。她们的敏锐和温柔是如此迷人，她们的感觉强烈，并习惯拥抱自己所爱的。

我们来谈谈女孩们的温柔以及女性天性，并探讨父母们应该怎样回应女孩的女性天性。首先，我要承认女孩们不仅天生富有同情心和温柔，虽然她们可能像猫一样伶牙俐齿、叛逆、欺负同龄人。只要是人，不管男孩女孩，我们既可能表现出最好的一面，也可能表现出最糟的一面。这种矛盾存在于各个年龄段的人身上，没有人是天生完美的。

女孩有天真可爱和照顾他人的天性，父母需要了解并培育这些天性，在女孩的早期教育中欣赏这些天性并加以保护，如同在娇嫩花朵的根部浇水一样。“成年女孩”照样需要被如此浇水。

20世纪30年代，欧文·金（Irving King）写了一首广为流传的爱情歌曲。哈里·伍兹（Harry M. Woods）向与妇女们交往的绅士们提出了宝贵建议，歌名为《试着温柔一些》。他的建议后来被弗兰克·西纳特（Frank Sinatra）以及许多其他歌手所演唱。歌词里有这样的忠告：

她会疲倦，
女人会疲倦。
疲倦的女人衣着寒碜。
她疲倦之时，
对她温柔一些。

她也许还在等待，
天真地期望，
期望得到可能永远不会得到的。
她如此期望之时，
对她温柔一些。

很显然，歌曲作者对于妇女略知一二。但是，我想知道，他有没有发现女孩身上也有类似的特点呢？我的观察肯定了这点。

我的女儿年幼时，我们曾经驾车旅行，一路上常常在加油站停下来（这点你可以确信无疑）。我在某个加油站加油的时候，一只小流浪狗慢慢靠近我们的车，成为我们的“朋友”。丹妮立即爱上了这只无家可归的小狗，而这只小狗可怜巴巴地希望跟我们走，而我们必须离它而去。我“嘘……嘘！”地将狗撵走后关上车门。小家伙站在那里，抬起头一脸凄凉地看着我们，似乎在想：“我知道，你们不要我，别人也不要我。”我们的车开走了，它跑着跟在车后。这个时刻，我们心里都不好受，特别是丹妮，她的心碎了，我们安慰不了她。她抽泣着说：“爸爸，你得开回去，没人照顾它。掉头啊，你得去把它弄上车，我们不能丢下它不管。今晚谁给它吃的？求你了，爸爸，掉头回去吧。”她的眼泪如大雨般哗哗而下。

我真希望是这样的：我们掉头回去将小狗抱上车然后永远养着它，然而，事实并非如此。虽然我们全家都是爱狗一族，但有时候我们也必须硬起心肠作决定。我们不可能带一只狗旅行，也不可能带着它住宾馆，更不能将它放在日光炙烤之下的车中。尽管我们家已经从动物救助中心领养了一只狗并视之为宝贝。可是，丹妮的悲伤使她无视这一切事实，她不停地哭。

我们的女儿永远不能忘记那只小狗。时至今日，她仍然会提起那只狗，她一直没有完全原谅我对小狗弃之不顾的事儿。实际上，我让她读了昨晚刚写好的上述故事，她的脸色沉了下来，她说："爸爸，您真的应该掉头回去，您应该能够想出办法的。"她对我的决定仍然只是部分赞成。不爱狗的读者不会理解丹妮对狗的感情，而我理解。她的心灵非常温柔敏感，而我也不想将她改变。这说明了为什么她自出生以来就是"爸爸的女儿"。这也解释了她为什么定期去看望住在老人院里孤独的老人们。她真的在乎他们，关心他们。我为她自豪。丹妮的同情心和温柔气质在女性中并非与众不同，只是在某些女孩身上体现得更加明显。在下一章中，你会读到女孩比起男孩，的确更加敏感，更有洞察力，也更加注重关系。虽然男人们常常不太理解，但是这些特点是吸引男人的部分原因。这也解释了为什么女孩和成年妇女易受伤害，也容易自我怀疑。从青春期开始持续一生，女孩们和成年妇女们常常挣扎于反复出现的自信危机，有些人永远不能完全恢复自信。

前些年，我曾写了一本书，叫《女人要你懂她》（*What Wives Wish Their Husbands Knew about Women*）。为了写这本书，我最初调查了75名妇女，后来调查了5000多名妇女。调查中，我对她们讲了我在咨询工作中听到的10种常见令人抑郁的原因，依次如下：孩子的问题、更年期或其他生理性疾病、经济压力、姻亲之间的矛盾、性问题、婚姻不再浪漫、自我认同度较低、疲劳和时间紧张、寂寞孤独与浪漫爱情的消逝，以及衰老。接着我请她们根据自己的实际情况将它们重新排列。这个调查没有严格按照科学方法进行，因为它没有对照组而且没有分散取样。然而，结果十分有趣并有启发意义。

在被调查的妇女当中，排在首位的是自我认同度较低，远超过了其他选项。超过50%的人将自我认同度较低排在首位，而超过80%的人将它排在前5位。被调查者中75%的人年轻、外表迷人、已婚。她们都当了妈妈，孩子年幼，居住在高档小区。大部分人有大学文凭。然而，调查结果显示几乎所有人都需要处理反复出现的抑郁现象和自信心下滑。

当我将这个小小的调查扩大到5000名妇女的时候，其结果验证了上述结果。基于这些调查以及其他更加严格的科学数据，我得出了这个结论：前文中讲过的敏感特质有其消极面，换句话说，青春期女孩和妇女比起男孩和成年男性更容易受伤，并且很多女性终生会觉得自己不够好。这种痛苦产生于儿童时代或青少年时代的被挖苦、受欺负、被抛弃，或者不良家庭背景。自此以后，她们一直没有摆脱这些伤害的影响。

我在进入学术界之前曾在学校任心理辅导老师，亲身接触的诸多案例说明了大多数女孩更容易受伤害，她们觉得自己不够漂亮或者不够讨同伴喜欢。在她们眼中，她们觉得自己没有价值。下面我们来讲讲几个相当成功的妇女常用的自我评价模式。

克丽丝·艾弗特（Chris Evert）曾是网球世界冠军。她灵巧、活泼。在她16岁初入赛场时就表现得不同凡响，成为众人心中的“甜心”。当时在网球场上，她战无不胜。然而，她这样评价自己：

> 我是谁，我不知道。或者，离开球场以后我做什么，我不知道。想到我的生命如此多地被限制在网球场上我就害怕和沮丧。我完全迷失了人生方向。赢得球赛让我觉得像个人样，也觉得自己漂亮，就像毒品上瘾。我需要赢球和掌声而获得自我认同。[1]

性感歌星、舞台和荧屏上屹立不倒的大姐大明星麦当娜（Madonna），对自己的描述很类似：

> 我意志刚强如铁，我用全部的意志征服内在可怕的自卑感，我与之奋力争战。我赢了，并发现自己是有价值的某个特别的人。然后，我进入另一个回合。我认为自己很平庸、乏味、没有价值。我不得不想办法摆脱这种感觉。我生命的动力源自摆脱这可怕的感觉，觉得自己不够好，太平庸了。这种感觉就这样逼着我，逼着我，逼着我。因为即使我已经是个大人物了，我还需要继续证明我就是那个大人物。这种挣扎一直没有停止，恐怕永远也不会停止。[2]

脱口秀大王奥普拉·温弗莉（Oprah Winfrey）在电视节目中功成名就25年之久。数不清的电视观众每天将频道换到她的脱口秀节目，听她谈话。她也是世界上最富有的妇女之一。然而，她这样看待自己：

> 我发现自己没有价值，没有成绩就不配得到爱。我突然觉得从来没有人按我本来的样子爱我。[3]

梅莉莎·吉尔伯特（Melissa Gilbert）在极受欢迎的电视连续剧《草原上的小木屋》（*Little House on the Prairie*）中长期演“半品特”劳拉这个角色。她的成年人生是个悲哀的故事。在职业与家庭冲突时，她总是选择职业。她的几次婚姻关系破裂证明了这样一个事实：荧屏上的她虚有其表。《收视指南》（*TV Guide*）上的一篇文章晒出了她生活的阴暗面。当时30岁的吉尔伯特说，她经历了残酷的现实，因为过去选择的道路与她的初衷背道而驰。她这样说：“你知道我最大的恐惧是什么？那就是会有人在我的墓碑上这样写道：‘此人功成名就却没有生活过。’”[4]

前参议员泰德·肯尼迪（Ted Kennedy）的第一任妻子琼·肯尼迪（Joan Kennedy）是世界上最美丽、最光鲜靓丽的妇女之一。作为时装模特，她令房间里百分之百的男人回头，我也是其中之一。我在1968年芝加哥美国儿科医学研讨会上，近距离地目睹过她的风采。他们夫妻双双散发着美丽和魅力，但是琼自己却不这样认为。

在20世纪80年代总统大选活动中，她开始定期接受心理医生的辅导。她说：“我真的对自己没有自信了。我唯一确信的是我曾经是个迷人的年轻女人而且身材姣好……肯尼迪家族个个出色能干，而我很失败。”[5]每次听说泰德沉迷女色的时候，她说：“这直接打击了我的自尊……我随后就想，我可能不够迷人或者不再迷人了，或者其他原因吧。接着我特别想说的一句话就是……果真如此，我还不如自己喝一杯。”[6]琼不久就染上酒瘾。

这样的例子不胜枚举。她们都是被人羡慕、受人尊重的美丽绝伦的妇女，从艾娃·加德纳（Ava Gardner）到玛丽莲·梦露（Marilyn Monroe）——她们对于自己的肤色从来没有完全满意过，这个问题也在我家里上演。我和雪莉婚后不久，我就发现她有同样的问题，对自己不满意。在大学里，她样样都行——返校女王、杰出新生、毕业班班长、美国大学学生中的名人，也是中学最受欢迎的人。她很美丽，一进大学就受到众多男生的追捧。大家都喜欢雪莉，我也如此。可是，在我们新婚第一年，我发现她小心呵护着自我怀疑这个秘密。在我们长达三年的恋爱期间，她都没有显露出来。实际上，雪莉对自己不满意完全不会影响我对她的爱。

我理解雪莉的某些感觉源自她父亲的酗酒以及成长环境的贫穷。虽然她已经长大离开家了，那些阴影仍然尾随着她，这些感觉是真实的。因为我爱她，我就要帮助她摆脱它们。我开始帮助她修复心灵。雪莉现在已经完全恢复了心灵健康，成长为美国最受尊敬的妇女之一。我曾亲眼目睹她从容走上讲台，面对16000名听众演讲。据我对她的观察，较低自我价值感常常是不合理的，没有明显的原因。从某种程度上说，每个女性都有这个问题，这从童年时代就开始了。约翰和斯泰西·爱乐奇夫妇（John and Stasi Eldredge）在他们所著的《麻雀变凤凰》（*Captivating*：*Unveiling the Mystery of a Woman's Soul*）一书中这样描述这种女性特征：

你看，每一个小男孩和每一个小女孩都在问一个基本问题，但他们的提问方式是不一样的，这取决于他们的性别。小男孩们问：“我真是这样的吗？”那些磕磕绊绊和大胆的超人打扮都是男孩在证明他就是勇敢的超级英雄，他生来就是斗士。男人所做的一切几乎都由这种寻求证明的内驱力所激励，因为他渴望证明自己就是英雄。

小女孩喜欢问：“我可爱吗？”那旋转的裙摆、刻意的打扮以及渴望被关注，驱动着她的心。我们都在为我们内心的问题寻找答案。我记得我大约5岁的时候，曾经站在奶奶的起居室的咖啡桌上倾情歌唱，希望吸引大人的注意，特别想吸引父亲的注意。我想当时人人都注意我了，大多数女性都有这样的经历。但是对于我们大多数人，我们小时候得到的回答往往是“不！你没有什么可吸引人的！从桌上下来吧！”几乎所有的妇女在她们的成年生活中仍在继续追寻答案：“你真可爱，你是独一无二的，是的，你很可爱。”

这个问题隐藏在我们的心灵深处，悬而未决。长大后的我们往往与小时候一样会得到负面回答。“我可爱吗？你看见我了吗？你想与我见面聊聊吗？你注意到我内在的美丽了吗？”这个问题如影随形地伴随着我们的生活，而我们却没有意识到这是个需要解决的问题。[7]

有些读者一定会问：“如果是这样，作为父母，我们应该怎样回答女孩的这个问题呢？我们怎样将她们培养成自信的女人？有没有一种方法，既可以保护她们的

温柔和女性的特征，又可以坚定她们的独立人格？”

我相信有许多方法可以培养女孩健康的自我价值感。但是这需要有一个充满爱的家带来的安全感，特别是需要父亲有爱心并且愿意肯定女孩。母亲在很多方面的作用至关重要，但是女孩的自我价值感往往因为与她们父亲的关系不稳固而动摇。

这一点在另一本很好的书中也谈到了。我希望你们也能够买来读一读。（当然，在读完我的书之后，怎么样？）那本书由儿科医生美姬·米克（Meg Meeker）所写，书名叫《父亲是座山》（*Strong Fathers*，*Strong Daughters*）。米克博士这样描述女孩的特点：

> 我观察过女孩是怎样与父亲聊天的。有外人进屋，她们的谈话就变了。她们的一切都变了：眼神、嘴巴、姿势，还有身体语言。女孩在父亲面前从来不是一杯温水。她们可能对母亲不在乎，但决不会对父亲不在乎。她们要么欢呼雀跃，要么哭泣。她们的目光不曾离开你，她们的心里回想着你说过的话。她们希望你注意她，并一直等待你的注意，郁闷地等待甚至失望地等待。她们需要赞同的示意、点头鼓励，或者一个简单的目光对视以表示你在乎她并愿意帮助她。
>
> 当她和你在一起的时候，她会格外努力。你教她，她会学得更快。你引导她，她就会变得自信。如果你完全理解你的言行对于女儿一生的影响深远，你会大吃一惊，或者顿觉不能胜任。男朋友、兄长，甚至丈夫都不能像你那样对女孩有影响力。你会影响女孩的一生，因为她信任你超过任何男人。
>
> 许多父亲，特别是青春期女孩的父亲自以为他们对女孩没有什么影响力（当然，父亲的影响力要小于女孩同龄人以及流行文化对她们的影响力），并认为女孩们需要自己弄清楚生活的方向。但是，你们的女孩面临的环境与你成长的环境有很大不同：其更加冷漠、道德失控以及高度危险。市场上难寻6岁以后的“小女孩”的衣服。许多外套裁剪得使她们看起来就像那些打扮性感以吸引男孩注意的13岁的少女。比起上一代或者上两代女孩们，她们更早地进入青春期第二性征（男孩们也会看到她们9岁就开始发育的胸脯）。无论你是否允许，不到10岁，她就已经从杂志和电视上看到了含蓄的性感图片或者赤裸裸的性行为图片。在小学里，她们就已经

知道了诸如艾滋病病毒（HIV）和 艾滋病（AIDS），可能已经知道了为什么会有性病以及性病是怎样被传播的。

你的生活需要减速，你需要睁大眼睛，察看你女儿今天、明天和以后10年里所面对的社会。当今世界残酷得令人恐怖，但这是事实。尽管你希望这个世界对你的女儿谨慎一些、温柔一些，但实际上是这个社会残酷得超出你的想象，甚至在她还不到10岁的时候就已经如此。尽管她可能不去参与那些恶行，但是四面环绕她的就是恶，如性乱交、酗酒、脏话、违禁药品以及不怀好意的企图占便宜的男孩和男人等。

这与你的职业和居住区域无关，无论你是牙科医生、卡车司机、公司总裁，还是学校教师；无论你是住在康尼尼克农村1万平方英尺的一栋房屋里，还是住在匹兹堡1千平方英尺的公寓，丑恶无处不在。在过去，丑恶被包裹着，被包裹在帮派里，被包裹在毒品贩子那里，以及被包裹在“坏人”那里。它们被定义在某个范畴，被局限于某个社区和学校。现在再也不是这样了，丑恶无处不在。

你可以使你女儿的生活不一样！你不得不如此，因为我们很不幸地生活在有毒的流行文化中，这对于女孩和年轻女人非常不利。能够有力地抵挡流行文化毒害你女孩的人就是你！

毫无疑问，父亲可以改变女孩的命运，甚至拯救她们。自从她从母胎落地你眼睛湿润地看到她的第一眼起，直到你将她嫁出去为止，时钟就开始嘀嗒嘀嗒运转了。这个时钟记载着你与她相处的时间，记载着你影响她的机会，记载着你如何培养她的品格，记载着你如何帮助她找回她自己，也记载着你教她如何享受生活。[8]

米克博士的看法卓越而富有远见，包括她所提到的令人不安的当今社会的“丑恶”。当今社会“残酷得超出你的想象”，并危害着这一代女孩的身心健康。它直接对准女性性欲做文章，从她们青春期前一直到她们成年，性文化一直在引诱她们。如果没有父亲的保护及呵护，女孩们常常得自己面对各种强大的势力。简言之，父亲在女孩生活中发挥的或正面或负面的影响渗透到她生活的方方面面。特别是在塑造和坚定女孩的自我价值以及保护其温柔特质方面，父亲的影响起着或积极或消极的决定性的作用。

因此，我呼吁所有的父母，特别是父亲们，要从女儿的儿童时代起就开始塑造她们健康的自我形象。一有机会就对她说：你很漂亮可爱；经常拥抱她；常常称赞她可爱的个性特点；花时间陪她关注她，以便帮助她树立自信心；在她挣扎时，保护她；让她明白她在你心中有特殊的地位。她永远都不会忘记的。

妈妈们，你们的职责就是要将女孩的女性天性发挥到极致，女孩需要你的肯定和鼓励。第5章和第7章会重点谈到你们的角色。爸爸妈妈们，我提个建议，也许你们愿意听：好的育儿之道几乎总是需要父母的自我牺牲。孩子的儿童时代不长，应当在它快速走过的时候给予它优先的次序。仔细观察你的孩子，思考一下他们是怎样感受的，考虑一下他们正在受到怎样的影响，然后，给他们提供对他们最有益的一切。

这也许意味着你们俩都想离婚的时候决定不离婚；这也许使你们作出不利于你们职业发展的决定；这也许意味着经济拮据，因为妈妈需要待在家里培养孩子；这也许意味着你需要放弃每周六4小时的高尔夫球健身活动。我的意思是，从我的角度来看，我认为孩子们值得我们付出一切。

也是因为这个考虑，我放弃了我在南加州大学医学院的教授职位。这个职位待遇丰厚，但是需要我横跨美国东西，一年两次查看15个大型的医学中心，我需要经常出差在外。当我父亲指出我出差在外正消极地影响我的家庭时，我辞职了，以便有更多时间给予妻子和孩子。

我承认，最初的学术成就及享受的待遇就像成熟的果实一样唾手可得的那段时光，是很甜蜜的，说真的，离开学校的时候，我觉得我离开了好的生活，这对于A型男人（编注：A型性格的人较具进取心、侵略性、自信心、成就感，并且容易紧张）很不容易，但这个决定是对的。随着岁月的流逝，我意识到我并没有失去什么，我只是换一种方式使用我的特长和机会，并且我比以前更加满足。感恩的是，我父亲督促我要以家庭为重。我与已成年的儿女们的美好关系让我知道当年的决定很值得。

因此，愿你们给予你们的小女孩小男孩一个安全的、充满爱的家。这是让他们的双眼永远闪着幸福光芒的最可靠的保证。

下一章，我们将要仔细了解女孩的大脑，其独特性和设计实在奇妙。如果不考虑生理、神经、荷尔蒙、基因等因素带来的影响，我们就不可能完全理解女孩。你们会觉得这个话题很有趣，对于你们与女孩的相处也是有帮助的。在小女初长成之时，青春期就像龙卷风袭来一样，完全打乱了一切规矩和期望。这就是为什么说，抚养儿女是父母最艰难的人生经历。被称为“女孩”的小可人儿要比她的兄弟们复杂多了。相信我，没错！

我以一首歌来结束本章，歌名叫《愿望箱之歌》。作者是史蒂芬妮·本特利（Stephanie Bentley）：

妈妈买来愿望箱，
要她将梦想装进箱。
难忘的时光和玩具，
她都可以珍藏，
魔术棒旧娃娃塑料珠珠藏进来。

小女孩毕竟就是小女孩，
温柔的心要对她的宝贝说愿望，
因为将来有一天她要离开你去追寻梦想，
小女孩毕竟就是小女孩。

有天放学回家，
她悄悄将纸条放进箱。
皱皱巴巴的折页下
是她写的心里话：
“玫瑰红，紫罗兰，
喜欢我就打个钩。”
小女孩毕竟就是小女孩，
温柔的心要对那个他诉说心中的愿望，

因为将来你要放手让她去追寻梦想，
小女孩毕竟就是小女孩。

风和日丽七月天，
花园里他们把婚结，
他们坐进婚礼马车挥手告别。
妈妈回屋叠结婚礼服，
一封信放在愿望箱之上。

信上说：
小女孩毕竟就是小女孩，
你寂寞之时可在此说愿望，
常看愿望箱，里面回忆藏，
小女孩毕竟就是小女孩，
我要永远做你的小女孩。[9]

第 4 章

为什么她就是她

BRINGING UP GIRLS

一位读过《培育男孩》的母亲给我讲了个幽默故事。她带着4岁的女儿玛尔娜第一次去见她三个堂兄弟，她估计女儿看到那些好斗、顽皮和没规矩的男孩时会大吃一惊，因为他们与她的女孩玩伴太不一样了。回家的路上，玛尔娜摇摇头说："妈咪，那些男孩子比我想象的还要糟糕。"

玛尔娜很快就发现男孩和女孩不一样，但愿所有的成年人也像她一样善于观察，因为生长于1965年至1995年之间的人们不愿意承认男女有别。在这三十年间，一些知识渊博的人断言，男女除了生育和生理差别以外，没有别的差异。认为男女差异源自父权制社会生长环境的观点风靡一时，据说，男孩们是被迫被塑造成传统意义上的男人的。这是个严重的社会问题。

这种观点在当时的妇女解放运动的推动下成功蒙蔽了多数精神科医生、神经病学者、心理学家、儿科医生、教育家、政治家、作家、社会活动家以及像菲尔·唐纳修（Phil Donahue）和芭芭拉·华特斯（Barbara Walters）那样的电视名嘴，还包括西方世界的广大父亲母亲们，或者至少表面上是如此。

我当时是儿童发展专业的研究生，看到这种无性别差异的观点正得到大学教授和其他本应知道更多的学者们的认同，我很迷惑。他们似乎故意忽视显而易见的区别，包括妇女有而男人没有的绝经期，这个时期很明显地影响着妇女的情绪和行为。男人和女人身体的每一个细胞中都携带着不同的染色体，如果男孩女孩们的DNA基因都不相同，那他们怎么能是一样的呢？

最后，每一天都与男孩和女孩打交道的经历，使我相信他们生来就是不同的，连玛尔娜都知道这一点。尽管如此，无性别差异的观点在媒体以讹传讹的狂轰滥炸之下如野火烧枯草一样猖獗一时。大众跟风点头认同，就像汽车后窗里的塑料卷毛狗一样只会点头哈腰。

这种关于男性女性的流行观点与数千年以来父母的直觉产生了激烈冲突。到目前为止，这个话题甚至都无须论辩。爸爸妈妈们只是心知肚明地笑笑，便说："女孩是由糖果香料和一切可爱的东西做成的，而男孩子们就是由蛇、蜗牛和小狗尾巴做成的。”[1]当然，这只是一个笑话，但是其中的事实人人皆知。

显然，社会活动家们不赞同，他们开始游说各方努力改变男孩女孩的培养环境以同化男孩女孩的行为模式。父母们被告知：男孩好斗、浮夸、粗暴，并在许多方面都有缺陷，他们应该进矫正班，在那里玩娃娃过家家，而不是玩卡车踢球；男孩需要多哭一哭，并敏感一些。简言之，这些人劝告各位要尽早修正男孩特征，好使他们更女性化。

相反地，女孩们太被动、情绪化、恭顺以及女性化。这也需要被改变。她们应该主动出击、勇猛、放肆一点、不要情绪化，对了，还要多点肌肉。这些众口一词的观点导致人们一起努力从托幼机构起就开始重新设计抚养孩子的环境，并期望这些努力有利于妇女们的政治地位。曾几何时，广大父母们积极响应，努力实践，却收效甚微，因为他们在与不可抗拒的基因力量对抗。

如我们所知，性别同一性的观点彻头彻尾是个谬误，从来没有科学依据。如果没有影像科技的巨大进步，包括MRIS技术、CAT扫描和PET扫描，这种谬论恐怕还将继续主导我们的思想。以上所提到的设备可以让神经学家和其他专业人士无须开颅就可以检查人类大脑。屏幕上的一切令他们惊诧万分：男女大脑不仅构造不同，在同样的刺激下反应区也不同。[2]然后，人们对那群令人晕眩的独特的荷尔蒙因子也有了更好的理解。广为流传的观点从头到尾就是谬误。学术界不得不承认，男女行为差别不是因为父权制下的养育环境造成的，而是由受孕那一刻就开始的基因的强大影响所致。

好，我们回到我们的主题：为培育女孩这一有难度的任务提供建设性意见。为了正确抚养女孩，我们需要了解女性特征有哪些——从神经学角度、荷尔蒙角度以及情感角度。关于大脑以及它如何影响人们行为的书籍估计可以装满许多座图书馆，而且这一研究每一天还会有新发现。恕我不能在此深入展开这个话题，但我可以略略分享一点儿有用的信息，以帮助读者了解女儿的行为并知道她为什么是她。神经学的基本知识有助于我们辨认孩子个性特征的细微差别，我们来看看我们是否能够清楚地展示一幅容易混淆的图画。

估计市面上可以买到的最好的导读书是露安·布瑞丁（Louann Brizendine）所著的《女性大脑》（*The Female Brain*）。布瑞丁博士是在耶鲁大学受训毕业的精神病医生。20世纪70年代，她注意到学术界在女性神经解剖与男性神经解剖显而易见的差异方面的研究是空白的。她开始为一些问题寻求答案，例如，为什么得抑郁症的女性是男性的两倍，为什么女性看问题的角度如此独特。她后来开办了一个女性情感和荷尔蒙诊所，挂靠在圣弗朗西斯科的加州大学之下。她从基因、分子神经科学、胎儿和儿童内分泌学、神经荷尔蒙发育学等方面研究过上千案例，之后写成了此书。布瑞丁以令父母和其他入门者感到通俗易懂的方式阐述了这个迷人的医学话题。例如，关于男女的独特性，布瑞丁这样写道：

> 常识告诉我们男孩女孩表现行为大有不同。这些不同天天上演在家里、游戏场以及教室。但是，大众文化并没有告诉我们这是因为男孩女孩的大脑主宰着截然不同的行为模式。孩子们的冲动天生如此，即使成年人企图将他们朝另一个方向训练，孩子的本能冲动也会不请自来。我的一个病人给她3岁半的女孩买了许多无性别倾向的玩具，包括鲜红的消防车而不是娃娃。有一天下午她走进女孩房间，看见她用婴儿毛毯裹着卡车，抱着摇晃，口里念念有词："不要担心，小卡车，一切都会好起来！"
>
> 这不是社会环境塑造的结果。这个小女孩哄她的"小卡车"，因为她的大脑并没有因为环境的塑造，就变得无性别倾向。世界上不存在无性别倾向的大脑。她生来就拥有一个女性大脑，携带着女性的内在冲动。女孩生来就已经是女孩，而男孩生来就是男孩。从出生的那一刻开始，他们的大脑就不一样，而他们的大脑驱使着他们的内在欲望、价值倾向以及现实表现。[3]

迈克尔·谷瑞恩（Michael Gurian）在他的《奇妙的女孩》（*The Wonder of Girls*）一书中也表达了同样的观点。书中关于女性话题的信息很实用。他引述了堪萨斯市一位中学教师布仁达·高夫关于自己家庭的文字，如下：

> 我在当妈妈以前，我确信男孩女孩的差异是因为社会和家庭抚养方式不同造成的。女孩要学习温柔，男孩要学习刚强。我的第一个孩子是女孩。在小女孩15个月大的时候，她哭着说自己的袜子上没有花，她想要有花的袜子。这就是她生来就有的某些女性特征，这怎么可能是后天学会的呢？我惊呆了！

后来我有了儿子，我还是相信我可以将儿子培养成不好斗的人——不玩枪、不玩战争游戏等。不让他看有打斗场面的电视——实际上，我很少让他接触电视。结果，他刚满两岁的时候就用香蕉向我“开火”，而我吹干头发的吹风机在他3岁的时候变成了太空枪。他与女儿非常不同，而作为父母，我们养育他们的环境基本一样。[4]

谷瑞恩这样回应这件事：“布仁达的经历同样适用于很多爸爸妈妈们。为什么不呢？这是人类天性。”[5]

的确如此！那么，人类天性的哪些因素与男女性别特征有关系呢？男孩和女孩从受孕那一刻就开始了两条不同的发育路线。

这个交叉点将影响男女一生的思考方式、感觉方式和行动方式。男女大脑在受孕8周以前基本都一样，直到8周时男性大脑被睾丸素的巨浪冲击。自此以后，男性大脑发生了巨大的变化，甚至连颜色都变了。

这种男性荷尔蒙杀死了部分交流细胞，包括部分叫作胼胝体的神经。胼胝体神经是一串联结着主管情感的右脑和主管语言的左脑的纤维。尽管胼胝体神经躲过睾丸激素的大清洗，但男性大脑永远不能够像从前那样畅通无阻地与主管情感的右脑交流了，这也意味着日后男性的情感敏感度降低而力量性特征开始发育。睾丸素还增加了位于男孩性别区和攻击区的神经元和结构体。

男性雄性激素水平高出女性20多倍。[6]这解释了为什么男孩通常爱跑步、跳跃、打闹、抓头发、大声喊叫、玩汽车、卡车、飞机和坦克；他们对臭哄哄的闷屁特别有兴趣；他喜欢扔东西，用玩具枪砰砰“开火”，或者用黄瓜、胡萝卜和任何像枪的东西假装开枪。雄性激素是这一切的根源。这就是为什么爱他的妈妈必须随时保护他，以防止他伤及自己。他毕竟是男孩，男孩就是这样的。

由于女性大脑在孕期及以后没有受到大量雄性激素的冲击，它的交流和情感区域没有受到破坏，而且其结构还在持续增加并通过神经互相连成一片。女孩的胼胝体神经比男孩多出25%。[7]换句话说，女孩的胼胝体神经相当于8个车道的高速公路，能够将大量情感信息运送到左脑；而男孩的胼胝体神经只相当于乡村公路。

结果，女孩生来就比大多数男孩更善于表达，也更加情绪化。她可能对事物感觉更加深入，对环境细微差异更加敏锐，而男孩可能丝毫未觉。对于一个人的性格和内心动机，她把握得远比男孩准确，虽然她不能用语言来解释原因。她哭的次数较男孩多，即使成年后也是如此。每一个男人都知道这一点，并为此不知所措。女孩就是女孩，她们就是这样的。要理解少女特点和倾向，有必要理解她们的婴儿初潮。[8]在6至13个月大的时候，女婴卵巢产生大量雌激素，水平与成年妇女相当。正如睾丸激素在孕期淹没男婴的大脑一样，雌激素这时淹没了女婴的大脑。雌激素别名叫"亲密素"，因为它刺激大脑产生强烈的亲密需要，诸如联结、呵护和交流。此后，从女孩开始直到成年妇女，她都将是一位朋友、爱人，感觉敏锐、喜欢交谈，甚至有点喋喋不休，这就是她的女性特征。

这就是我在前一章里描述过的女性特性，我们所见女孩的温柔和敏感是神经发育的结果，荷尔蒙力量塑造并影响了她的行为。

我们再来看看布瑞丁博士是怎样帮助我们理解女性大脑结构以及它是怎样影响思维的。她这样描述：

> 如果左右大脑的交流区比另一侧大脑的交流区大一些会是什么结果呢？如果左右大脑的情绪记忆区比另一侧大脑的情绪记忆区大一些会是什么结果呢？如果某个大脑半球比另一边大脑有能力识别更多线索会是什么结果呢？如果是这样，你会发现此人在现实生活中的明显特征是擅长交流联结、情感敏锐以及反应敏捷。此人的这些特点盖过其他特点，却会遭到不认为这些特点重要的某个人的打击。从根本上讲，你会遇到某个拥有典型女性大脑的人。[9]

我们从女婴的行为中可以看到大脑中这些线路连接和荷尔蒙基础。出生不久，她们注视着带感情的表情并能够理解某个表情和触摸的含义。当女婴看到没有表情的脸，诸如哑剧演员或者脸部注射太多除皱肉毒杆菌素的人，她就显得迷茫。她会扭头去看附近表情更丰富的人。在出生后的头3个月里，女婴与人双目对视的时间增加了40%，而男婴与人双目对视的时间并没有增加。[10]

女孩天生就会观察，包括能够分辨各种频率的人类声调。哈佛医学院发现，出生24小时以内的女婴就能够听出房间里混在各种声音中的另一婴儿的哭声。[11]再大一点的女婴们能够听出妈妈稍稍变硬的语气正在告诉她们不应当触摸某个禁区。然而，小男孩就不会较快地分辨出妈妈不高兴的语气，或者他们根本不在乎，妈妈们不得不采取行动来禁止他。[12]2岁的女孩能够知道成年人是不是在听她说话或者是不是忽视她。如果不被注意，她会生气地离去。

布瑞丁分享了一则有趣的故事：有一天她的心情有点儿沮丧，她18个月的女儿立即就知道不对劲儿。她爬到妈妈的腿上坐着，弄弄妈妈的头、眼镜和耳坠。然后，她盯着妈妈的眼睛，双手捧着妈妈的脸，使妈妈的情绪放松。布瑞丁说："这个小女孩清楚地知道自己在做什么。"[13]我知道，这种对他人的呵护预示着她为人母以后与孩子特有的亲密。这就解释了为什么上文中讲到的3岁女孩会告诉她的"小卡车""不要担心，一切都会好的"，她在练习将来怎样当妈妈。

简单地说，女性是调试好的极精美的机器，按固定的时间表运行。我们再次发现，女性的行为来源于幼年时在与环境互动的过程中荷尔蒙激活的天生的感觉器官受点。环境和荷尔蒙互相影响，要么正面，要么负面。例如，孕期母亲的压力可以产生被称为皮质醇的压力荷尔蒙从而打破生物化学平衡，它可以改变正常的神经线路，对婴儿的情感健康造成终生影响。研究还表明，女婴在2岁以前大量吸收了家里的情感氛围。[14]在诸如婚姻矛盾和经济紧张的压力之下，孕妇会将焦虑传递给女性后代。因此，父母需要牢记他们敏感的小人儿，特别是女孩，正在随时地观察他们的一举一动。

布瑞丁博士进一步说明了幼小的女孩是怎样看待关系的，并将男孩与女孩作比较：

> 如果你是女孩，你生来就希望社会和谐。即使身处21世纪的社会中，大家不觉得社会和谐如此重要，然而社会和谐对于女孩的大脑却是生死攸关。我们在一对3岁半孪生姐妹的行为上观察到这一点。每天早上，这对姐妹爬到对方的带镜衣柜上取柜子里的衣服。一个女孩有一套粉色两件套外套，另一个女孩则有一套绿色的。她们的妈妈每一次都会笑对这样一个场景：她们换着穿上衣，就变成了一个女孩穿粉色裤却穿着对方的绿色上装，而另一个女孩穿着绿色裤却穿着对方的粉色上衣。这两个女孩从来不会为此争吵。常见的对话就是："我能借你的粉色上衣穿吗？我以后会还

> 给你的，你可以穿我的绿色上衣。”如果是孪生兄妹，就不会是这样的场景。很可能是这样的：男孩会去抢他想要的衣服，而女孩会试图讲道理，但结果往往是以女孩的哭收场，因为男孩没有她那样好的语言表达能力。
>
> 雄性激素少而雌性激素多的典型女性非常投入地维护和谐关系。从婴幼儿开始，她们就在和平人际关系中生长得最舒适和愉快。她们喜欢回避冲突，因为不和谐会导致争吵，有时她们也争吵，而争吵的目的却是希望彼此融洽或者征得对方同意和爱护。女婴出生后，持续24个月的大量雌激素的刺激带来了女婴初潮，使她们更加渴望通过交流和妥协而达到社交亲密。游戏场上的莱拉和她的新朋友们就是这样的。她们见面几分钟以后，就开始提议玩游戏，她们一起努力，建一个小小的共同体。她们找到了共同点，可以一起玩，并可能发展友谊。还记得（兄弟们）吵闹着掺和进来吗？这通常会打破女孩们精心营造的和谐气氛，使大家那天都很扫兴。[15]

迈克尔·谷瑞恩提到这种“亲密倾向”的时候，称之为“不可缺少的亲密”，并定义为“隐藏在每一个女孩和妇女内心的渴望，就是渴望属于一个关系亲密的安全网”。[16]他讲了自己女儿早年踢足球的经历，她与其说是在打比赛还不如说是在社交。比起男孩们在场上的你争我夺，她的女儿不是这样的。她在赛场绊倒对手的时候往往会停下来查看她的伤情，而此时对方球队会得分，父母们也在旁大声喊：“注意！注意目标！”[17]

对于这些女孩们来说，赢球没有友谊和亲密关系重要。女孩们年龄小的时候更是如此。女性的“生化之王”雌激素在起主导作用，它使女性将关系置于首位。

那怎么解释特别害羞的女孩呢？她们可不容易与他人交往，她们与那些爱群居的姐妹们不一样吗？不！谷瑞恩博士写道：“那些女性即使喜欢独处，她们的大脑也集中于想她与周围人的关系，以及怎样改善关系。”他发现这个女性特征非常显著，不像其他男性的冲动。他写道：“我知道我与妻子和女儿们不一样。女性亲密经历的某些东西是我永远不能完全理解的，因为我身上没有这些。”[18]

我们在考虑荷尔蒙如何影响女性特征的时候，我们也不要忽视大脑的实际构成。女性大脑血液流动量高出男性15%，很可能惠及左右大脑。[19]你对女孩说话的时候，她的左右大脑都在思考，而男孩主要用其中某个大脑思考。这就解释了为什么女性往往在作决定或者采取行动之前会提出想法；这也解释了为什么女性对于日常决定感觉痛苦。神经科学家鲁班·果（Ruben Gur）观察到“女性大脑活动比男性大脑丰富得多，女性大脑转速快多了”。[20]的确如此，朋友们，的确如此。

随后，谷瑞恩问道：“你是否注意到让女孩或者妇女的大脑‘暂停工作’有多难？”[21]这也是真的。当我和雪莉结婚之初，我就发现了这个特点。我们如果因为小事发生了争吵，我会简单地将它丢到脑后，心想明天再谈吧，我认为好好睡一觉以后会找到解决办法的。可是，雪莉会躺在她那半边床上，感觉实在无法忍受沉默，她不得不把我弄醒，说：“你要陪我讲话！”我不得不陪她解决那些让她心烦的问题。除非我愿意清醒过来好好表现，否则我们谁也睡不成觉。因此，我们就商谈我们的不同。当问题解决以后，她就会像个婴儿一样酣睡。真的，这就是男女有别。

谈话在女孩和女性的生命中如此重要，怎么重视都不为过。虽然统计数据稍有出入，男性每一天说话用词大约7000个，而女性是2.2万个单词。[22]妇女不仅说话多，而且享受谈话的感觉也更加强烈。说话联结并刺激了女孩大脑的愉悦区，为女孩提供了大量情感养分。只有青春期的女孩才沉迷于发短信或者网聊。这也解释了为什么妇女们对婚姻的最常见的不满就是丈夫们不愿意与她们说话。如果你告诉我某个丈夫不愿意与人分享思想，我就会告诉你他的妻子会有强烈的挫败感。

我曾经多次坐在餐馆里观察邻桌用餐的夫妻是怎样共同进餐的。他们整个用餐时间内彼此都不说话。他们的眼神游离。看到这种景象总是令人难受。他们虽为夫妻，各自心中也有各种思绪萦绕心头却找不到值得在一起分享的话题。我总是很同情这种情况下的妇女们，因为我知道她们多么需要交流。她们中的一些人对彼此交流已经不抱希望了。

小女孩以及半大不小的女孩都需要说话，特别是需要谈她们的感觉。忙碌的爸爸妈妈们，我知道你们忙了一天已经太疲劳了，没有精力与你们的孩子说话了，吃饭时不想说，孩子睡觉前也不想说。如果是这样，你们可是犯了严重的错误。你们需要知道孩子们在想什么，他们也需要享受与你们谈话的快乐。即使一些多嘴的孩子要把“公羊的双角都说没了”，而你回家后太累了实在不想听了，你也要强迫自己听一会儿，特别是对你的女儿。有一天，她们会主动与自己的同龄人谈心，不太愿意与父母交谈，这一天很快会到来。因此，今天你们不与她们说话而错过了互相了解和亲密时光，其后果一定会在她们长大以后显示出来。

这就是为什么应该让孩子们参加活动并鼓励她们多交谈的原因，这些活动包括一家人一起吃饭，一起玩桌面游戏，邀请小朋友聚餐，一起做饭，一起搭建东西，领养可爱的小猫小狗，培养共同兴趣以及全家参与诸如滑冰打网球等运动。牢记女儿天生的特点，在她乐意的时候进入她的私人世界，你不会后悔的。

我重申你们已经知道的一点：女孩并不总是甜心，她也会经常不配合。如果她们得不到内心想要的，她们可能与男孩一样吵闹蛮横，在某种情况下，她们可能表现得更恶劣。随着年龄的增长，个人意志特别强烈的女孩会争辩、尖叫、用力摔门，并让全家人不得安宁。虽然如此，进入青春期以前的女孩总体来说要比男孩容易相处。随着她们的长大，开始有月经，女孩们开始显露凶相，这给那些想与她们讲道理的父母特别是母亲出了不少难题。

现在我们来总结一下讨论过的话题。3到6个月的小女孩经历了女婴初潮。[23]她们那微小的卵巢开始产生相当于成人剂量的荷尔蒙，高出男孩体内荷尔蒙的20倍。这些小女孩将要从生理上及行为上向女性特征发育，最后成为“永远的女人”。这种雌激素的冲击行为将一直持续到3岁，然后戛然而止。3岁以后，女孩进入了安静的童年。[24]它会持续5到8年。童年期间，她们的身体为青春期巨量荷尔蒙的冲击在做预备。

这种生理、神经传递素、荷尔蒙、受点以及情感同时相互作用的过程呈现了一幅奇妙的智力设计图。当亚当看见夏娃时，他惊叹不已：“这真是我的骨中骨，肉中肉。”夏娃生来独特奇妙之极，显然亚当看出来了。

我们将身体发育的话题暂时搁下，到本书第10章时再回来。在第18章我们要谈青春期初潮、少女时代以及母性天赋。花了这么多篇幅谈小女孩和儿童时代，现在我们要来谈谈青春期少女。如果你了解了自己的女儿体内正在发生的变化，面对女儿每一次迷人的、富有挑战性的特殊时期，你就不会惊慌了。那些年日，眨眼之间就过去了。

第 5 章

教养女孩变淑女

BRINGING UP
GIRLS

在我们一起探讨了女性大脑在神经上和生理上的精密结构之后，我们顺理成章地进入本书的主题：应该怎样教养女孩。从天生的特性出发及至后天的养育，这真是一个非常复杂的主题。进入这个主题以前，我们来追溯一下几百年以前最重要的人生起步原则。我所讲的思想和观点在200年前真实地存在，而目前却遭到非议。

我们先来看看美国的第二任总统约翰·亚当斯（John Adams）。他涉猎广泛，擅长政治，著书立说，为美国作出了不可估量的贡献。他不是完人，但他的成年生活按照公义的标准而行。在亚当斯的自传中，他谈到了道德行为，并称之为“行为举止”。虽然，这本书的语言太为正式古老，但我还是强烈建议你们找来读一读、想一想。他的观点对于今天的我们意义重大：

> 通过阅读政府历史、人类生活和行为举止方面的书籍，我得出了以下结论：妇女的举止是反映某个国家道德水准和美德最可靠的气压计。我在不同的国家所读的书籍、所做的观察都证实了上述观点。妇女的举止是决定一个国家能否实践共和政府的最可靠的标准。当犹太人、希腊人、罗马人、瑞典人以及荷兰人的妇女丧失了端庄朴实和居家美德的时候，那么整个民族就都忘却了公共意识、共和原则、传统以及政府的共和典章。
>
> 国家道德的根基必须根植于每一个家庭之中，如果在孩子们幼小的时候放松道德管教，对他们的行为习惯放纵姑息的话，那么，我们在学校、大学、研究院等机构对他们进行道德和行为矫正的努力将会是无效的。母亲是年轻人最早、最重要的老师。[1]

亚当斯将整个国家基本品格塑造的重担放在母亲的肩上，这是多么有远见啊！当然，父亲的角色也很关键，但是母亲的作用绝对是影响最大的。将经得起考验的是非观点传递给下一代是母亲的主要任务。有一句古老的谚语这样说：“摇动摇篮的手是统治世界的手。”这是真的！如果妇女厌弃这份责任，或者她们自己丢失了道德指南针，再没有任何人或是机构能够拯救这个国家。这就是约翰·亚当斯总统的观点。

在某个场合，他详细说明了民族特征与民主传承之间的关系。他这样写道：

> 我们没有能力建立一个政府，这个政府强大到能够抗衡那些不受道德和信仰约束的人类冲动。贪婪、野心、报复还有鲁莽将会折断最坚固的宪法之绳，就像鲸鱼冲破牢笼一样。我们的宪法只对有道德有信仰的人起作用。除此之外，宪法对其他人的治理不起任何作用。[2]

换句话说，亚当斯的意思是，像我们这样由众议员组成的政府如果没有信仰的根基是很难幸存下来的，因为百姓决定着他们自己的命运，这也是民主的最大软肋。我们的政治体系应当是亚伯拉罕·林肯所希望的那样，“民有、民治、民享”，[3]而这样的政府如果缺乏牢固的民众整体道德基石，也是不稳固的。这与我们每一个人都有关系。没有国王、独裁者或者专制的暴君来辖制我们的行为，如果我们选择作恶，实际上没有人能拦阻我们。简言之，我国主权仰赖于将民族道德行为传承给下一代这样的工作，而这个工作应当始于婴幼儿。

但是，当今社会，这种早期教育要以什么样的形式实施呢？我们首先应该从基本礼仪开始，因为行为举止和道德是直接相连的。正如霍阿斯·曼（Horace Mann）所说，“行为举止很容易而且很快地形成道德习惯”[4]。先期的行为举止带动后来的道德习惯，几百年前，有教养有信仰的家庭都知道这一点，他们意识到男孩女孩以及所有的人天生都是不完美的，都有作恶的天性。因此，古老的英国和早期的美国社会不遗余力地教导孩子优雅的社交礼仪。教授孩子礼仪始终是父母和老师的首选，因为这关系到孩子对信仰的虔诚问题。

非常遗憾，21世纪的英美文化不再承袭这一美德，而是反其道而行之。小女孩通常被许可甚至被鼓励表现鲁莽、粗暴、粗陋、污秽、无礼、无羞耻感、高声喧哗、好斗，等等。上述某些行为在最近几年甚至在“训练女孩自信”的旗号下有意识地被教导给女孩子。如果这些课程仅仅是为了帮助羞怯和恐惧的女孩变得更自信，我可以支持，但是，一些女孩被教导而养成了“没有教养”的男人所拥有的最恶劣的行为举止。我知道我的话在当今社会听起来非常传统、不合时宜，但是其中的重要内涵，是需要思考的。

很显然，人类的天性在过去几百年间并没有变得越来越善良，而且永远也不可能。其变化正如我所描述的那样：许多父母越来越多地陷入繁杂的事务中，他们过度劳累、精疲力竭，以至于没有精力考虑怎样教导孩子们的行为举止和道德品格。乔伦·撒弗杰在堪萨斯州的托皮卡城（Topeka）开办了一所社会礼仪学校，她说，在社会礼仪方面，这个社会正处于空前低谷状态。精疲力竭的爸爸妈妈们似乎没有意识到自己的孩子们所面临的危险，很显然，礼仪教育比以往任何时候都紧迫，但是，要做到这一点很难。正如已故的舞蹈家弗雷德·阿斯特（Fred Astaire）所说："孩子们现今最难的功课是学习礼仪却看不到礼仪。"[5]如果这不适合你家的情况，请原谅阿斯特，也原谅我。

我在此向妈妈们呼吁，教养女儿使她们成为文雅端庄的淑女是你们的职责。这在高科技的现代化世界中是不是一厢情愿？也许是吧，不过，即便如此，这也很有意义。正如在位于华盛顿州的西雅图市的画龙点睛学校（the Final Touch Finishing School）的教师丽萨·费舍尔所说："礼仪总是与懂规矩有关。"[6]因此，应当教育女孩怎样吃饭、谈话、走路、穿衣、打电话，怎样对成人以礼相待。父母应当示范礼貌的仪态和餐桌礼仪，例如在腿上放好餐巾，教她们何处摆放餐具，嘴巴里有食物时不要说话。父母们要告诉她们应当知道当众打嗝、狼吞虎咽、剔牙，都是不礼貌的行为。

我也坚定地相信，父母应当要求孩子们说话时用"谢谢"和"请"字，以示我们的世界不是一个"给我！给我！"的世界。家是最好的培养感恩态度的地方，教导孩子们如何梳洗打扮、如何讲究个人卫生、如何健康饮食等，也是必要的。可以用角色扮演的方式教导她们怎样当一位优雅的主妇，以及如何正式地引荐父母和朋友。当她们离开餐桌的时候要说"对不起"，指导她们如何交友，在小组谈话中如何按次序说话，以及如何对待他人投来的目光。甚至还可以教她们怎样做饭和照顾孩子。这个主意是不是有新意？

尽管我在教育女孩上述优雅礼仪方面不是专家（我学的是男人应该遵守的规矩），但是我一眼就能分辨出来这个女孩是否有礼仪。我在此贡献一点几年前学到的技巧，这是帮助男孩女孩如何谈话的技巧。我以前曾经分享过，但是为了那些对此不太重视的父母们，我愿意再分享一次。

先将女儿安置在6英尺以外，你面朝她，对她说，你们准备一起玩个游戏。然后，请她注意你手中的网球，并告诉她你准备将网球朝她弹去。她接到球以后，站在原地与你互相对视。然后你就说："你将球拿在自己手里不好玩，是不是？为什么不将球抛回给我呢？"也许你女儿很快就将球抛回来了。有几秒钟，你站在那里不动，然后开口说："好吧，我现在要把它给你了。"孩子会对接下来发生什么事很好奇。然后，你带着她坐下，并给她讲游戏的含义。告诉她一起谈话也是游戏，叫作谈话的游戏。这个游戏只有将球抛回给对方才能继续玩。如果某个人向你提一个问题，你接过了话题后不再提问，游戏就结束了，你们谈话双方都觉得不好玩。但是，如果你也向对方提问，你们的谈话游戏就会进行得很好。

你接着说："假如我问'你喜欢你正在读的这本书吗'，我就是在将球抛给你。如果你只是简单地回答'是的'，那么就意味着你接过球了却把球拿在手里。但是，如果你说'这本书很有趣。我喜欢读关于动物的书'，那么，你就将球抛回给对方了。"然后，你告诉孩子，"我可以问一些问题使我们的谈话继续下去，例如'你最喜欢什么动物'，如果你回答说'小狗'，那你就又一次将球握在了手里。但是，如果你回答说'我喜欢狗是因为它们暖和可以抱着玩'，那么你就将球抛回给我了。我们就会将谈话游戏继续下去直到两人都想结束谈话。"

孩子们通常很快就掌握了要领。以后，你可以通过评论孩子们与其他成人或者朋友之间的谈话来帮助他们巩固谈话技巧。例如，你可以这样问女儿："你今天下午听见史密斯夫人问你喜欢吃什么食物了吗？她想与你谈话，而你只是简单地回答一句'汉堡包'。你想把球抛回给史密斯夫人吗？"

孩子可能承认她将球握在手里了，然后，你们俩就可以讨论哪些地方应该改进。你可以建议孩子这样回答，这就意味着将球抛回给史密斯夫人了："我喜欢吃妈妈做的汉堡包。"

史密斯夫人可能就会问："你妈妈是怎样做汉堡包使得你这么喜欢吃呀？"

你就可以告诉孩子："这就开始了另一个话题。来，我们练习练习'相互抛球游戏'。现在，你问我吧。"

行为举止除了有助于养成道德习惯之外，还另有好处，就是提高孩子的自信心并培养她们良好的心态。训练有素的女孩在陌生环境中一般不会失去平衡，她知道别人希望她怎样做并知道如何回应。成年人对于她的魅力、仪态和优雅的肯定使她对自己更加自信。如果妈妈想帮助女儿在人生道路上开个好头，使之在社会上更有竞争力，这就非常值得一试。

这些行为举止属于必修的家政课程，应当教给女孩。可惜，20世纪60年代青年革命之后，这些课程大都取消了。在马路上飙车、在餐馆里大声打电话、插队、将垃圾抛出汽车窗外、衣冠不整等，天天上演。

莫妮卡·布兰德在那所叫作画龙点睛的学校里针对孩子和年轻人教授商业礼仪。[7]她说，行为举止基本上反映了我们如何对待自己和他人。《365儿童礼仪》（*365 Manners Kids Should Know*）一书的作者舍瑞尔·爱博莉（Sheryl Eberly）也有同感。[8]她说，那些训练有素者按照黄金法则生活，在举手投足之间有颗感恩的心。她提醒我们——这很有必要——我们在教导儿童社交礼仪的时候，我们就是在训练下一代人的自我管理和自我控制能力。如果我们能这样做的话，约翰·亚当斯一定会含笑九泉。

简单地说，教导女孩合适的言谈举止就是帮助她们在一个不怎么文明的社会里做个有教养的淑女。我敢保证，MTV以及愈演愈烈的粗野文化正在不顾一切地抢夺你们的女儿（还有儿子），要把她们带入粗野怪异的丑恶文化的洪流中，但是，你们可以帮助她们逆水行舟，不随大溜。

我的妻子常用来教导优雅礼仪的方法就是与我们的女儿丹妮玩怎样做女孩的游戏，例如，在丹妮四五岁的时候，她们常常举办精美的茶点派对，丹妮乐此不疲！

在她们的游戏中，有一个角色名叫帕瑞夫人（由丹妮扮演），有斯纳夫人（她妈妈扮演），还有一个临时征召的小男孩当演员，取名叫“格林先生”。有时候，她们也会邀请附近街区的孩子们和他们的妈妈。这个游戏使我的妻子有机会向女儿解释怎样正确摆放餐具、怎样喝汤而不出声、怎样端茶杯、怎样喝茶、怎样用餐巾、怎样闭着嘴巴咀嚼食物、怎样主持集体谈话、为什么需要等每一个人都坐到餐桌旁以后才可以吃饭，等等。这些茶点派对活动非常有效地教导了孩子们礼仪常识，效果好得超出想象！我从来没有被邀请参加这样的茶点派对，让我觉得受到了冷落，哈哈！

但是，对于那些自己没有受到过社交礼仪训练的妈妈们，我们该怎么办？要让她们传授自己没有学过的东西显然不现实。还有，对于那些实在太忙而不能亲自教导女儿的妈妈们，我们有什么建议？这就要向她们推荐专业的社交礼仪培训课程了。为了满足这个需求，美国各地的社交礼仪培训班出现了。[9]

这些培训班学费可能价格不菲，但是非常值得投资。对于那些经济上比较紧张的家庭，可以参加妇女俱乐部开办的礼仪课程。还有，我们也不要忘了姥姥奶奶们贡献的智慧，她们可能记得更加文雅的礼节，而孙女们会很喜欢的，因为她们喜欢被更多的人关注。

另外，爸爸妈妈们还可以阅读目前可以得到的相关资料和书籍。我已经提到过一些，书后附录里列出了。还有一本公开出版的书，作者叫卡伦·散托穆（Karen Santorum），这本书有400页，书名叫《每日礼仪：儿童礼仪典范》（*Everyday Graces：A Child's Book of Good Manners*）。[10]卡伦是前宾西法尼亚州参议员瑞克·散托穆（Rick Santorum）的妻子，也是我见过的令人印象深刻的妇女之一。卡伦拥有匹兹堡大学法律学士学位，还拥有匹兹堡杜昆斯大学（Duquesne University）的理学学士学位，专修护理。很显然，她原本可以在医学或者法律方面有更好的职业发展，但是在细心寻求以后，他们夫妻选择了不同的职业道路。（顺便提一下，我认为如果卡伦·散托穆当我国第一夫人，一定很美！）

卡伦是8个孩子的妈妈，其中一个孩子已经夭折，她在家教育其他7个孩子。最小的孩子出生于2007年，是个宝贝女儿，患有染色体异常症，类似唐氏综合征，她名叫伊莎贝拉，人们亲切地称她贝拉。参议员夫妇在怀孕期间就已经知道她可能有这个病，他们和医生判断正确，贝拉大脑发育不正常，可能不能存活多长时间。令人悲哀的是目前90%以上的夫妻在这种基因变异的情况下选择堕胎。[11]可是，对于散托穆夫妇，他们永远不会堕胎。他们本来可以用羊水穿刺术来确诊，但他们不愿做。参议员说："这个手术并不能改善这个疾病，那为什么要做呢？"贝拉就这样进入了充满爱的家人的怀抱。前阿拉斯加州州长莎拉·佩林（Sarah Palin）对他们的婴儿贵格也作出同样的选择。[12]在贝拉出生前，散托穆夫妇作为爱家协会广播节目嘉宾，接受了我对他们进行的访谈，这里我可以分享一点访谈摘要（文字稍有处理，以方便理解）：

杜布森博士：你选择做全职妈妈而放弃了做律师或者护士，为什么？

卡　伦：哦，我就是觉得做妻子和母亲是最重要的事情，我喜欢抚养孩子。我觉得能够在家与他们共度时光很幸福！很美好！

杜布森博士：你是否问过自己做全职妈妈这个决定是不是正确的？

卡　伦：是啊，当瑞克穿着礼服去参加晚宴而我却在擦地板上的牛奶时，我问自己，这是怎么啦（大笑）？但是，当我年纪越来越大、离生命的尽头越来越近的时候，我知道我爱丈夫、爱孩子的一生是值得的。

杜布森博士：对了，你写了一本讲你如何抚养孩子的书，书名为《每日礼仪》。这本书与其他讲礼仪的书不一样，因为它专注于古典美德，请为我们解释一下。

卡　伦：我和瑞克相信这个道理：对于儿童来说，最好的学习方式是通过榜样及通过听故事来学习。因此，我们给孩子们读了上千本故事书。孩子们坐在你的腿上的时候，好事总是会发生。这加深了我们的感情，联结我们的身体。他们还会在故事中发现好的品格，这使我们有机会传授道德理念。

杜布森博士：大部分父母没有时间给他们的孩子读故事，对吧？我想起小时候我妈妈给我讲的故事时，我就觉得很温暖。我的整个成年期，也与父母很亲密。

卡　伦：哦，你父母也记得的。我们都需要节奏放慢一点，关掉电视机和收音机，当然你的电台节目例外啦（大笑），腾出时间给孩子们读故事。

杜布森博士：雪莉过去常常带我们的儿子瑞恩到图书馆。他们在那里常常找到一堆想看的书，8本10本的。瑞恩恨不得第二天就把它们全部看完。雪莉就要瑞恩出去玩一会儿，好让她有时间考虑要把哪些书带回家。这是令人愉快的问题。

卡　伦：孩子们喜欢读诸如《清秀佳人》（*Anne of Green Gables*）这样的故事书。

这本托尔金系列（Tolkien series）以及刘易斯（C.S. Lewis）的《纳尼亚传奇系列》（*Narnia series*）都在我的书中有描述。我们目前在读布莱恩·雅克（Brian Jacques）的《红墙》（*Red Wall*），我们最喜欢的事是将炉火点燃，围着炉火一起祷告，一起读书。

参议员散托穆：在这样的家庭时光，卡伦就是出色的讲故事者，为孩子们解释故事的含义。

杜布森博士：请讲讲你是怎样通过故事教导优雅举止的。

卡　伦：我们会用类似《伊索寓言》（*Aesop's Fables*）的书。

杜布森博士：可否让我们领略一下你给孩子们读的故事？

卡　伦：好啊。有一首无名诗人所写的甜蜜的诗叫《无名先生》（*Mr. Nobody*）。孩子们当然不想承认自己做错了事，因此他们总是说："这不是我干的！"这首诗写的就是这样的事情：

我认识一位有趣的小男孩，
静悄悄如老鼠，
到各家各户，
调皮捣乱！
没有人见过他的脸，
但我们都知道，
每一只破盘子
都是无名先生打碎的。
他撕破了我们的书，
不随手关门。
他扯掉我们衬衣上的纽扣，
将缝衣针撒落一地，
还总是让门发出吱吱声。

求求你，你看见没有？
润滑油在这里，
无名先生，
请给门加润滑油。

他在火上放湿柴，
让水烧不开。
双脚带进泥来，
地毯上满是泥土。
纸张乱放，
除了他还有谁？
没有谁会把纸扔来扔去，
除了无名先生。
门上有指印，
不是我们的指印。
是谁没拉好窗帘？
谁让墨水溢出？
靴子东一只西一只，
这可不是我们的靴子，
那都是无名先生干的。

杜布森博士：我相信孩子们一定很喜欢。我注意到你在每一节后面加了一点你的观点。

卡　伦：是的。你需不需要我分享一个例子？

杜布森博士：当然。请吧！

卡　伦（开始读）：就像你的爸爸妈妈每天为你们做了许多事情一样，你们也可以做一些事情来表示你们爱爸爸妈妈。一种很好的表示就是爱的行动。例如，为你的妈妈采一朵花，这件小事就表示你爱妈妈。记得爱默生（Ralph Waldo Emerson）曾说过“举止得体需要费心”。

杜布森博士：卡伦，你说过你在写《每日礼仪》前找遍了图书馆和书店，却没有找到这方面的书籍和资料，这也使你下决心自己写书？

卡　伦：对！我开始为自己的孩子们写书。我想如果有一本出版物采用了比尔·本内特（Bill Bennett）《美德》（*The Book of Virtues*）一书的传统文体一定很有趣。比起给孩子们一堆允许和禁止的规矩，我更想通过讲故事的方式教导他们美德。将正确的价值观传递给孩子们是父母们一项非常重要的工作，而给他们讲故事就是最好的方式。

参议员散托穆：今日美国是自我中心文化，人们为所欲为，不考虑他人。举止得体的人就不是这样。得体的举止意味着尊重他人，特别是尊重他人的兴趣。例如，为他人开门、排队，还有说一句体贴人的话都表示了对他人的尊重。这些优雅社交礼仪反映了完全不同的世界观。然而，如果父母未曾有意识地教导这些价值观和优雅礼仪，社会文化自然会负面地影响孩子们。卡伦刚才向父母们示范了怎样用讲故事的方式实现这一目的。

杜布森博士：卡伦，谢谢你写了这本书，也谢谢参议员先生做我节目的嘉宾。我欣赏你们夫妇建立模范家庭和教育孩子的方法，也欣赏你们所选择的生活方式。[13]

散托穆夫妇将道德观和社交礼仪的教育融进故事里的教育方式，给父母们提供了一个值得信服的样板，我举双手赞成。同时，我的一些读者们特别渴望将女孩培养成文雅端庄的淑女，我也举双手赞成，因为近几十年里流行文化已经与此背道而驰了。

有人可能会质问，让女孩回归传统意义上的女性真是那么令人神往吗？是不是会意味着让女性回到父系社会中再次受压制呢？是不是会再次迫使她们隐藏自己的聪明才智、掩盖自己的成就呢？妈妈们，请听我说。我现在一点也不想夺走当今妇女们所喜欢的、靠打拼出来的成就所赢得的尊重和解放。这些文化的进步应该保持，愿它们地久天长。

相反，我想指出的是女性不等于软弱，女性常常是性格坚强的。我出生的家庭里女性就性格坚强，她们知道自己的身份。我外祖母其中的一个女儿——我的母亲，同样也是很自信很有成就的女士，而我的母亲和她的姊妹们毫无疑问都有女人味。

一方面，我的父母彼此很相爱。他们的婚姻关系很健康，互相配合，各尽其职。父亲尊重我母亲、保护她、支持她。我从来没有见到父亲对她无礼或者粗暴。记得成年以后，有一次母亲对我说了令我不悦的话，我大错特错地去向父亲告状。我永远不会忘记我父亲的蓝眼睛用钢铁一样强硬的眼神盯着我，生气地说："听着，小子！你妈妈是你最好的朋友。我不会支持你说任何不尊重你妈妈的话。"谈话戛然而止了。我知道爸爸叫我"小子"的时候，就是我该老老实实的时候。

另一方面，我妈妈尊重我爸爸，她尊他为丈夫，尊他为男人。她从来没有想过，不做好饭等他回家。她虽然来自南方却从不介意他坐在他那高大的椅子上对她喊道："嗨，老婆，给我来杯咖啡吧！"他是她的男人，而她照顾他。他们的关系建立在彼此尊重上，很成功。他们双方举止得体，遵守道德，男人像男人，女人像女人。我父母以身作则的方式在我童年时代持续地训练着我。

在我与一位名叫雪莉的大学同校女生的第一次约会上，就体现了我的这种训练。我带她去了加州好莱坞的一家一流餐馆，我告知服务员我们希望坐在哪里，然后我就替雪莉摆好椅子，问她想吃什么，然后将点餐单交给服务员。我们谈了一个多小时，主要谈雪莉自己的事情。然后，我付账，带她上车。在街上，我走在外沿，就是最靠近行车道的地方，这象征着男人有责任保护女人，上车时我为她打开车门，我们开车回到学校。我将车停稳，出来走到她那一边为她打开车门，然后将她送到她的宿舍大门口。她微笑着谢谢我，然后互道晚安。我没有试图亲吻她，因为这会令她处于容易妥协的情形，就好像她欠我什么而要"付出"一样。

那个迷人的夜晚我一定做对了，因为现在我们已经结婚49年了。我想得体的举止一定积极有效。过去曾经帮助我赢得芳心的礼节和尊重仍然激励着我继续这样待她，而她也想方设法地讨我欢心。顺便说一下，两周前，我和妻子又回到南加州。我们的女儿要求我带她和妈妈再去当初那家餐馆，我高高兴兴地带她们去了。我把那张52年前我和妻子曾经坐过的桌子指给女儿看，并回忆起那个意义重大的晚上我们说过的话、做过的事。就是这个晚上之后，我们之间的爱情延续到今天。

自那以后，社会文化变化很大。我不得不说现在很多年轻男人对待女朋友的方式令我厌恶。一些男人会在大街上高喊，叫女孩出来。当她还在打开车门的时候，他就已经发动汽车了。然后，他们带女朋友去吃像麦当劳和塔克拜尔这样的便餐。甚至，男的还会希望女友AA制付费！知道为什么会发生这种事情吗？因为女孩们愿意。我要劝告年轻女孩只能仅此一次，尽快告诉对方马上送她回家，然后永远不再同意与他约会。任何不尊重女孩的男人不值得给他第二次机会。

妇女拥有调控男人行为的钥匙。男人往往是想得到自己希望得到的，若不是不得已，不太愿意多做。在某种程度上说，现今男人身上缺少得体的礼仪也与妇女自身有关系，因为她们要求极少或者没有要求，所以得到的尊重也很少或者没有。如果女孩将自己当作女孩，她就会期望护花使者有绅士风度。如果她尊重自己，那位男人也就尊重她。如果她不喜欢他使用某些言语，她就应当直截了当地拒绝。如果她希望他常想着她并给她打电话，她应当等待他自己主动打这个电话。主动的女人大多数情况下都会被男人拒绝。我不在乎这个男女之间的游戏规则是否已经改变，我仍然相信女孩使劲儿追男孩是个坏主意，她应当让他主动追她，因为男人天生就喜欢表现主动。

父母们，要将这些观念教给你的女儿们！如果女儿希望男友带她去一个好地方，她就应该期望男孩安排一个晚上都属于他们，而且要在一周前预约。如果他不提前打招呼却在周五晚给她打电话说“想出去玩吗”，那她应该告诉他她已经安排了其他事情。如果她希望他是名绅士，那么她就应该要求他的表现也像绅士，她应该牢记自己是位女士！

如果女孩希望男人与她结婚，她就必须在性上不许他随意放肆，随意的性会毁了两人的关系。此外，随意的性在道德上也是错误的。无论如何，她都不应该与男人婚前同居。

婚前同居很可能使她受伤害并终身后悔，他得到了他想得到的性，而她却得不到她想要的安全感。男人推迟结婚或者根本就不想结婚的第一个理由就是他已经得到了他想要的（爱和性）而无须承诺终生。[14]一个自尊的、道德上纯洁的女孩一定不愿意如此游戏人生。

很显然，如果一个男人不愿意结婚，她就应该打发他离开，为他们间的关系画个句号！不要和蠢人争吵！和他一刀两断即可！如果他举止无礼、利用女孩，不要指责他，告诉他你希望他怎样对待你，而如果他不理你了，那就立即离开他！如果他酗酒或者沾染违禁毒品，应当快点儿逃走！他自己的问题一大堆，是不会有能力照顾你的。你的心里不要给这样的人留丝毫位置。如果你的标准高一点，一定有更好的男人。

归根到底，男女如果结婚的话，他们一生的关系将会体现出女人在他们恋爱期间所设定的底线。恋爱期间他还可能有所改变，但是结婚以后恐怕就不会了。如果她的情感需要从他那儿得不到满足，她就不应该勉强结婚。第一要考虑的应当是双方对于言谈举止和道德观是否有共同的认识。这是千年以来男女相互结合的理由，至今仍然是建立经得起考验的健康家庭的基石。

然而，仅仅教导女孩成为淑女还不够，我希望我们的女孩将来能够将这些真理传递给下一代，没有什么比这更加有意义的了。

现在，我们可以回到约翰·亚当斯总统的重要文字，他严肃认真地讨论了这个国家中的妇女话题。你可能还记得他这些话：

> 国家道德的根基必须根植于每一个家庭之中。如果在孩子们幼小的时候放松道德管教，对他们的行为习惯放纵姑息的话，那么，我们在学校、大学、研究院等机构对他们进行道德和行为矫正的努力将会是无效的。母亲是年轻人最早的最重要的老师。[15]

这在1778年是真实的，在当代也是真实的。

***

几年前，我在爱家协会领导力学院对学生们作了一次演讲。演讲结束后，我与他们非正式地聊了聊刚讲过的话题。现在我又听到录像机的转动声，以下就是我们的谈话录音（经过编辑处理）：

杜布森博士：请问女生们，你们怎样看待男生约你出去吃饭却希望你分摊费用一事?

（女孩模糊的声音）：艾尔奇珀。

杜布森博士：我听到有人说“艾尔奇珀”。

女生1：是的，它的意思是太可怕了。

杜布森博士：请解释一下你为什么认为太可怕了。

女生1：是这样。男生常常期望女生们分摊出去玩的费用，意思好像是说，“我有钱，你也有钱，因此我们要分摊”。

杜布森博士：那么你拒绝了吗?

女生1：如果我早知道应该怎样面对这种情况，我会拒绝的，我当时就随了大溜，但我以后不会再与他们出去了。

杜布森博士：是啊。如果有男生没有事先打电话就来到你家门口，你们感觉怎样啊?

女生2：如果我住在父母家里，绝对不会出现这种情况。我妈妈告诉我，如果男生将车停在路旁坐在车里向我鸣喇叭，她不会允许我踏出门半步。

杜布森博士：我们大家都听见她妈妈说的话了吧。（鼓掌）

女生3：我妈妈也是同样的观点。我小时候妈妈告诉我，如果男孩们想约我周五出去，他们应当在周一，最迟周二给我打电话预约。因为我们是女孩，应该被照顾、被欣赏、被看重，这一点很重要。

杜布森博士：请允许我问你们一个问题：你们主动给男生打电话吗?

女生4：不！我可能主动打电话给朋友，但我绝对不会在电话上主动提议做什么事。

杜布森博士：我们来问问在场的男生，如果女生打电话主动约你们出去，你们觉得怎么样？

男生1：哦，我不太喜欢。如果女生给我打电话，想约我出去，我就认为她剥夺了我对一段关系的主动权。

杜布森博士：有女孩主动打电话约你吗？

男生1：你是指女生打电话约我出去吗？是的，以前发生过。我想就刚才有人说过的话谈一点自己的看法。我想讲讲我家里的情况，你会觉得难以理解。有时候我爸爸和我的兄弟们坐在那里什么也不做，就打打呼噜而已。你明白的，因为这就是男人。

杜布森博士：对，这倒是令人难忘。（众人大笑）

男生1：但我爸爸同时也是我们家的精神领袖。有好多次，我找爸爸妈妈有事，却发现他们跪在床边为孩子们祷告，我父亲并不怕我们看到他祷告流泪的样子。他不仅想把我培养成为一个男人，而且还管教我，为我树立榜样。我是说我爸爸是我见过的最了不起的男人。

杜布森博士：我真想见见你爸爸。

男生1：对，你真的要见见他才好。看到他，我就受到鼓励，我就不会失去信心。

杜布森博士：很高兴听到你的分享，你很幸运，年轻人。我问你一个问题，你爸爸妈妈教导你说要为女士开门吗？

男生1：对！我爸爸妈妈教导我，在街上要走在靠近车道的外沿，要为女孩摆放椅子，在上楼的时候要伸出胳膊让女孩扶着。

杜布森博士：你知道吗？很多女生会想认识你的。（众人大笑）

男生1：小时候我如果没有这样做，我就会受到严惩。

杜布森博士：让我问问女生们，男生们为你们开门以示尊重你们吗?

女生3：是的。最近我们在一个朋友家里玩，然后我步行回家，一位男士与我同路。我们一起走，走过了他家。我以为他想去我家。他却说道："我住在这里，我现在是送你回家。"这件事令我深思。我们只认识两周。这些男士，就是爱家协会领导力学院的学生（我不想叫他们小伙子，因为他们是男士），对我们感兴趣，不是指男女关系上的兴趣。他们对我们很照顾。我有3个小弟弟，我很感恩我父母也是这样教导弟弟们的，他们已经为女孩开门了。我想问的问题是：你认为现今的父母会教导女儿们期望男士这样尊重她们吗?

杜布森博士：很多父母不会这么做，这是个问题，这也是我在此演讲的目的。传统意义上的男女关系很美。如果男的像绅士，女的像淑女，大家就会相处和睦。想到许多男士一点儿也不知道这方面的知识，我会觉得他们很不幸。我想问问在座的男士：在正式场合，你们会帮助与你约会的女士摆放椅子吗?

男生1：是的。我认为这是表示对她尊重和理解的一个很好的方式。我记不清楚了，也许我常常忘记了这样做，因为我们可能坐在包厢或类似的地方。

杜布森博士：是吗？最好以后不要再忘记了。（众人大笑）

男生1：我保证，女士们。[16]

第 6 章

令天使尴尬的文化环境

BRINGING UP

GIRLS

将女孩培养成淑女不是一件轻松的事儿，因为提倡纵欲的当代社会只会给你帮倒忙。在每一个转折点，社会的确在帮倒忙。对于这一点，作家、演说家、《华尔街日报》专栏作家佩姬·努南（Peggy Noonan）很清楚。她曾是罗纳德·里根总统的演讲撰稿人，也是我们时代最敏锐的文化观察者。

几年前佩姬（我就略过她的姓，直接叫她的名吧，因为她的写作让读者觉得关系很亲近）写过一篇评论文章，谈到淑女的含义，我忍不住站起来欢呼。你读佩姬的观点时，请你思考：为了保守女儿的女性自尊，我作为母亲该做怎样的抵制。更关键的是，我希望这篇文章会使你下更大的决心教导女儿们成为淑女，以及明白为什么要她们把自己当作淑女。

以下是佩姬·努南的观察：

> 天使也会尴尬，不要如此对待女士。
>
> 如果女士们把自己看作淑女，现在的美国一定会觉得毛骨悚然。女士们保留女性特征事实上正在遭受非议。
>
> 我先从一个词典定义开始说吧。这个定义取自《美国遗产》（*American Heritage*）这部词典而不是任何人的随意的想法，因为人人都知道淑女的定义是什么，这是常识。根据《美国遗产》，淑女意味着礼貌、善解人意及高标准的行为举止。词典中对淑女的解释，是按照别人对待她的方式而做定义的："淑女是女人，特别指别人以礼貌的方式提到或与她谈话。"在用法下面，词典这样解释："淑女通常与绅士并列使用，以强调在礼仪社会和环境下应当有的行为举止。"
>
> 我想加一点：淑女不应当是自满、责骂人的、生硬的。淑女会关心房间里的他人，这份关心是发自天性里的尊严，她愿意将此尊严发扬光大。淑女还指体现出生活品位的女士。
>
> 上述这些定义并不全面但是实用，如果有更好的定义也欢迎提出。在我讲述下文的时候请大家还是记住这个定义吧。我要讲的是上周我在机场

被叫到一边去接受进一步安检一事，这种安检在50年前会被认为是二等性攻击行为。

我被要求脱下鞋，穿过黑色塑料转门，走进围栏。一个陌生人走上前来，她个子很高，头发焦黄，大约40多岁。她的肌肉发达，印有“交通安全管理”字样的紧身T恤衫紧绷在她的肱二头肌上。她手握安检棒，就像拿着警棍一样。她开始这样下达指令：面朝行李！脚踏足印！伸展双臂，全部伸开！双腿开立，开立！我就要搜你的全身了。

这像在上演20世纪50年代女子监狱的电影。我就是那个犯了大错的街女，而她是哨兵在做收监检查。“我叫弗若尼卡，人们都叫我荣，想抽烟吗？”（她）一阵噼里啪啦，将食指和中指探入我的胸罩看有没有爆炸物，她的安检棒在我全身上下飞舞，又是一阵噼里啪啦，又一次拍拍我，然后，她不发一言地离去。我环顾四周，慢慢地放下双手，调整姿势。有一瞬间，我想可怜巴巴地说一句：“不吻别了吗？”……但是，他们也许并不享受这场戏，实际上我也不享受。

这次安检，我不仅经历了隐私被侵犯，也经历了高贵的尊严被漠视或者说被轻视。这种尊严就是一位女子、一位淑女、一个人有不被摸来捏去的权利，或者说有不被性骚扰的权利，抑或说有不感觉到被性骚扰的权利。

我在此声称拥有这个权利是不是显得古怪？尊严不会已经过时了吧？我认为这是很基本的。乘飞机旅行的中年妇女与我有同样经历的一定不在少数。我最近注意到乘客们路过正在接受安检的乘客时，不得不尴尬地侧过脸去。在拉瓜迪亚机场（La Guardia）排队等候去华盛顿的乘客们现在路过正在接受安检的乘客就是这样，而以前他们还会张望一下呢。现在，他们得刻意回避这尴尬的一幕。他们有权尴尬，这关系到他们的个人声誉。

说一点离题话：我几乎每次都会与安检人员搭讪，而且最后通常会开开玩笑。他们通常都给我讲点趣闻。最感人的还是在拉瓜迪亚机场的女安检员对我问题的回答，我的提问是这样的：“到目前为止，你在干这份以前不知道的工作时学到了什么？”她自言自语地说怎么每一个人旅行时携带的东西都一样啊。她指的是袜子、牙刷、体香剂。但是她一边讲，一边解释，我们俩都明白了她在讲更广义的东西——我们里面的东西，人是什么，人在旅途，等等。一个安检员就在上周一，还是在这个机场，告诉我，她从来没有在安检中检查出恐怖分子或者与恐怖有关的东西。有两个安检员告诉我，妇女们接受的安检比男人们更没有尊严，而她们也更加生气。她们理应生气，因为她们不仅与男士一样对于被耽搁很气恼，而且常常处于被冒犯的边缘。

那么，执行安检的妇女是邪恶残忍的吗？不，她们只是依照现代社会潮流形势而谋得一口饭吃而已，别人怎样教她们，她们就怎样执行，她们只是被教导要以某种方式做事而已。首先是我们所生活的社会，其次是雇佣她们的老板。她们在按现代政府安全专家所教导的去执行，而这些安全教育专家不会在乎诸如“这件事对于女士是不是不太好啊”这样的想法。也就是说，这些政府安全教育专家也是在现行文化中长大的一群凑凑合合的庸人。

我本周在一所天主教大学讲了这个话题。这个话题我已经讲过多次了，我这样说，在美国若想保持乐观和勇气，那就得待在家里，而我由于经常出差已经很久不能享受这种保护了。美国人躲在自己家里，以保护他们免受现行文化的伤害，这样至少可以让我们继续保持乐观。

我们一行原计划要在这所很大的天主教大学谈信仰和政治，这对于我来说，是个很大也很复杂的题目，但是值得一谈。但是，很快——我演讲不到15秒钟，谈话就被锁定在与性有关的话题上了。不久，主席台上有人大声喊道：“如果你认为手淫是罪就举起手来！”接着一个人为了减低热度就问一个非洲男人，是应该使用避孕套，还是不应该？有一会儿，我将头埋进双手。我想，我们是不是都疯了？这里有几千听众，包括儿童和年老的修女，我们就这样谈话吗？我们就这样使用想象力吗？这就是我们唯一要谈的话题吗？

但是，这当然是啊，性就是我们社会的主题。我是主席台上唯一的女士，毫无疑问这就是我为什么觉得如此奇异的原因，而实际上，这个专题报告会并不令人感觉奇异。就与当代文化是否保持一致来讲，这一点也不令人感觉奇异。令人感觉奇异是因为它完完全全地与当代文化一致。

这个专题报告会是不是本年度我所遇到的最糟糕的一次经历？哦，不！它甚至不是我本周遇到的最糟糕的事。但是，这次经历在某种程度上的确冒犯了我作为一个人的尊严，作为一个成年人，一位女士，一位淑女。而很长时间以来，我在这方面不断地经历着尊严被冒犯，你们呢？

当我看到电视上以喧嚣的方式播放有关避孕工具、女性个人卫生用品以及阳痿药品等广告的时候，我经历了尊严被冒犯；当我在机场几乎被剥光接受安检的时候，我经历了尊严被冒犯；当我听到流行音乐（如果那就是我们对它的称呼的话）的时候，我经历了尊严被冒犯；当有人问政界人士家庭中最隐私的问题并追问他们的个人观点的时候，我经历了尊严被冒犯。我很想知道，某人在某地提议，要将某个性议题作为美国人权法纳入国家议事日程第一讨论议题时，你是怎么看待这个问题的。

我来告诉你们吧，在经历了这么多的事情（专题研讨会和商业广告等）以后，我想说说心里话：我认为，我们的所作所为令天使尴尬。

请想象一下，天使是存在的。他们是有美德和光的纯洁的精灵。他们关心我们、在乎我们，也在我们中间，只是人眼看不见。在机场等待安检的队伍里有他们，在我们看电视的房间里有他们，在大人物的演讲会上也有他们。“认为手淫不合法的举手！”“我是鲍伯·豆（Bob Dole），要买伟哥。”“将脚放进足印里，女士！”我们在令天使尴尬。

我这样想是不是表明我特别高尚？哦，不！我在美德方面只是中下水平而已，而我知道社会道德水平已经下降，变得庸俗下流。

复活节前的大斋期昨天开始了，我的意思是说我需要大大收敛一下。如果你们是我的话，也会如此的。其中需要改变的是换个思维和管住嘴巴。女士们有一些权利，而女性尊严正好是我要坚持的权利。

“你在令天使尴尬”，这是我今后40天要讲的主题。无论什么时候我遇见有人在伤害文化、践踏尊严、作贱人类品位，我就要讲。我的意思是要带着信心讲，带着引导的心讲，但同时要扣题不妥协地讲。作为一位女士，我要讲。欢迎大家参与！[1]

***

佩姬·努南生动地解释了我们的文化对无视女士尊严并侵犯人们隐私的行为已经司空见惯了。不幸的是，这类侮辱正越来越粗俗下流。就在上一周的电视广告上，我看到三位年轻女士的特写，她们正在商店里大谈她们的结肠如何健康，好像我们都想知道似的！

几年前佩姬发表了她的演讲之后，机场安检程序更加糟糕了。现在赤裸的男女乘客的电子图像可能会被传送给附近隔间里的“信息中转员”，我们像傻瓜一样全部高举双手站在那里，一丝不挂就像我们刚出生时一样。想到我们的私处和脸部可能被弄模糊了，还算有点安慰。坐在那个隔间里的人可能知道怎样看到裸体全貌，你可以想见，这些人和他们的朋友可能会坐在屏幕前瞪着眼看这些裸体，也许他们会歇斯底里地大笑。

每个人都认识到在这个恐怖和血腥的时代监视和安全的重要性，但是，肯定存在一种更具人情味的方式来保护人们的空中安全。美国小姐或者某位漂亮电影明星在毫不知情的情况下其私处被模糊处理的裸体出现在互联网上，这样的事离我们还有多远？这样的可能性不仅令美女们沮丧，也同样激怒我们这些不再年轻也不再性感的人。我们还有比自己的身体更属于个人和隐私范畴的东西吗？

佩姬·努南说得对，她写道：“如果女士们把自己看作淑女，当今的美国社会一定会觉得毛骨悚然。女士们保留女性特征事实上正在遭受非议。”的确如此！我们正在令天使尴尬。那么，美国文化中这些粗俗和尊严的丧失对于女孩们来说，意味着什么？很显然，父母们需要更加努力地教导并塑造培育女孩们的品格。她们在社会环境中肯定得不到好的熏陶。如果MTV、好莱坞、流行音乐业以及同龄人攫住了她们的心，她们很可能变得张口骂人，觉得打扮越能刺激男人的性欲越美，举手投足就像没有受过教育的粗野的流浪汉。她们会不知个人尊严为何物。记住，妈妈们，你拿着自家的钥匙。我希望你会令已故总统约翰·亚当斯为你自豪——把你的女儿培养成淑女吧！

第 7 章

女孩和母亲

BRINGING UP GIRLS

自从我说要写一本培育女孩的书，读者们就不断地给我写信提供素材并提出建议。其中一位读者名叫玛勒，她当时正在抚养她的女儿汉娜，一个非常好强的7岁女孩。

她们母女俩最近发生了一次冲突。最后女儿汉娜双手叉腰，气愤地说："妈妈，你要知道这样不行的，我要换个妈妈。"

玛勒非常聪明，知道怎样处理这样的僵局。她毫不示弱地说："那好吧，我想这办得到，我知道有个人还想要个孩子。"

她走到电话机旁假装给邻居打电话。她假装问候以后，说道："汉娜决定不住在我这里了，我想问问你是否愿意把她当作你的女儿来领养？"

汉娜发现自己的虚张声势适得其反，她立即跑到妈妈身边，说："不，不，不，妈咪！我们再试试吧。"可能你们不需要我告诉你们，即使孩子还小，母女之间的这种冲突也是司空见惯的，我常听到这样的故事。如果你有好几个孩子，其中至少会有一个是个性要强的。个性要强与温顺的孩子的比例一般是1:1。抚养个性如钉子那样刚强不屈的孩子实在不容易。有时候你需要有古代君王所罗门的智慧才能够让她步入正道。当然，由于文化的负面渗透，现在抚养这样的孩子比以前更加困难重重了。

尽管母女之间有关系紧张的时候，第一要考虑的是你们之间如何保持情感交流。你需要一直这样，直到你们之间的风暴过去。你们的孩子将来在人生道路上的众多起起伏伏都与儿童时代和父母的关系优劣有关系。确实，她们怎样处理青春期的风暴常常与她们和父母之间关系是否亲密有直接的联系。现在我们来谈谈怎样改善母女之间的关系。

儿童发展学专家把上一代人与下一代人之间的至关重要的联系称为"依恋"。对依恋作用原理的研究被称为"依恋理论"，这个概念对于怎样解释谜一样的亲子教育起着关键作用。它于20世纪50年代由英国儿童精神病学家约翰·波尔比（John

Bowlby）博士以及美国心理学家玛丽·艾恩沃斯（Mary Ainsworth）博士创立。[1]他们对于母亲与孩子之间的关系进行了有史以来最详尽的研究。

为了理解依恋理论，我们先温习一下第4章所谈过的“对大脑的认识”。我们曾经谈过的成像技术向我们揭示了大脑的结构以及影响联结左右大脑交流的荷尔蒙，也让我们理解了环境怎样对大脑产生影响以及如何影响孩子的神经发育。现在我不准备进入技术细节。我只想提醒父母们要重视孩子生命的头三年，他们生命中的第一个三年将极大地影响他们未来一生的生活，这也是在儿童生长发育中变化最大的三年。我解释一下：初生婴儿的大脑重量是成年人大脑的25%。3岁孩子的大脑可以产生约10亿的细胞，并在神经细胞中有几百兆的联结或者突触。很显然，儿童在出生以前很久，他们的神经就已经发生了巨大变化。因此从怀孕中期到2岁以前，足够的营养对孩子的大脑发育是至关重要的。[2]

这令人惊讶得说不出话的脑组织和容量的飞速生长，正好解释了为什么儿童的每一个经历都如此重要。一个学步儿童吸收周围的一切并试图理解令人迷茫的世界。一个刚刚出生在产房里脚后跟被人拎着的新生儿将要很快地长大：体重将快速增加15到20磅，眼睛发光，性格中有点儿幽默，个性独特，好奇于眼目所见、小手所能触及的一切事物。其独特的个性将使其体重200磅的父亲惊讶。在自然界再没有比人更特别的了。

为了更好地理解依恋理论，我们需要去了解儿童早期发育的“关键时期”，因为在这个时期某个学习机会要么被抓住了，要么就永远失去了。例如，婴儿需要正常的视觉接触，否则可能产生永久性的视觉障碍。[3]语言能力的萌芽状态也出现在关键期，因此，父母要对婴儿不停地说话，越多越好。父母在没有对婴儿说话的时候就应该听宝宝说话，听宝宝模仿你发出的声音，听宝宝喃喃自语，听宝宝大笑。父母对婴儿行为的关注将得到丰厚的回报。我的一个孙子说的第一个词竟然是：“真爽啊。”

我重申一遍：如果这些成长机会没有被抓住，某些曾经出现的学习能力就可能丧失，也有可能被扭曲，终身难以修复。这也解释了为什么生长在被剥削、可怜贫穷的环境下的儿童在智力和情感方面都有障碍的原因。这里要记住的要点是：从某种意义上来看，就女孩与其母亲的关系，女孩的全部童年都应该被视为“关键期”。如果童年时代母女之间没有健康的联结，女孩就会受到负面影响，有些女孩因为在这方面的缺失而遭受的负面影响很大。

我们接着继续听波尔比博士和艾恩沃斯博士怎么讲。他们是最早认识到婴幼儿很容易受负面因素影响的学者，例如焦虑、恐惧和混乱。[4]也就是说，长期经历情感创伤的儿童会遇到压力荷尔蒙高峰，主要是皮质醇。这些压力荷尔蒙大量冲击还没有发育成熟的大脑，造成了不可逆转的脑神经损伤。[5]在极端情况下，例如被虐待和被忽视的儿童，可能会丧失对他人的感觉能力，而这意味着这样的儿童长大以后易与人发生暴力冲突。[6]记录在案的有些悲剧案例显示，他们在婴幼儿期独自在小床里站着，挨饿、生病、恐惧。他们中的一些人长大以后成了冷血杀手——杀死陌生人的原因仅仅是想看看人们死亡后使人震撼的情形。

有证据进一步表明，母亲和婴儿之间依恋关系的缺失与婴儿的身体和大脑疾病有直接关系。道理是明显的，如果儿童经常性地充满负面情绪并一直处于压力之下，那么她在儿童时代不能面对环境的情形将成为终身模式。母女依恋与身体虚弱之间的关联不是理论，而是现实。[7]

相反，对于情感受伤的婴儿，善于抚养孩子的妈妈能够充满爱意地及时干预，奇妙的事情就会发生。典型的情况是，妈妈轻轻地对受惊的婴儿说话，拥抱她，更换令她不舒服的尿布，轻轻地左右晃动她，边将温暖而有营养的乳汁送到她的嘴边，边轻轻地对她哼唱。孩子在她的怀抱中就会安静下来，情绪放松，身体也放松，也没有了恐惧。联结母婴之间的亲密纽带就产生于这种母婴之间的亲密经历，这奠定了他们未来关系的基础。母婴之间的紧密联系永远不会完全被抛弃或者遗忘，即使日后母亲与孩子之间的关系时不时会紧张。这也解释了为什么战场上厮杀的伤兵濒临死亡时心硬如铁但说出的最后一个字却总是：“妈呀！”

婴幼儿就像海绵一样吸收浇灌给她的情感，宝宝偏爱接受人类的刺激信号胜过其他一切。在第4章中，我们讲过，女婴相对于男婴，对脸部、触摸、声音以及气味更加敏感，她们尤其对说话和唱歌的声音特别敏感。这是不是就是产生摇篮曲的原因呢？一定是。新生儿在母腹中听妈妈的声音很久了，妈妈的声音令她舒服。

妈妈奶奶以及育儿人员所给予的关心和关注，极大地促进了孩子的大脑发育。随着年龄的增长，这种依恋给予孩子安全感并鼓励他们探索周围的环境。依恋奠定了儿童与他人的关系模式，引导他们信任他人，帮助他们理解自己的情感，并使他们了解什么是亲密关系。这种母亲与孩子的亲密联结无论对于男孩还是女孩都是非常重要的，不可小觑。[8]

简言之，妈妈们，你们真是不可替代的。你的孩子一生的起点就在你们的手中，在你们的声音中，也在你们的心中。能够张开双手迎接孩子的到来是多么奇妙的特权和责任啊！这个小东西径直来到你面前，像一份宝贵的礼物！大卫王在一首诗中这样描写他在母腹的情形：

> 我的脏腑是你所造的，在我母腹中你塑造了我。
>
> 我要称谢你，因为我的受造奇妙可畏；你的作为奇妙，这是我深深知道的。
>
> 我在隐密处被造，在地的深处被塑造，那时，我的形体不能向你隐藏。
>
> 我未成型的身体，你的眼睛早已看见；为我所定的日子，我还未度过一日，都完全记在你的册上了。[9]

如上所述，依恋在胎儿期就已经开始了，在出生后的头几年仍然是不可或缺的。事实上，2岁孩子仍然像一年前一样是妈妈的“跟屁虫”，妈妈给予的鼓励和信心是促进学步儿童大胆探索周围世界的主要动力。如果儿童与妈妈或者类似妈妈的抚养者建立了稳固的亲密关系，儿童到5岁时就逐步能够自理并且拥有自信了。

心理临床医生以及医疗社工劳瑞·波特这样解释依恋：

> 当儿童继续成长并发育的时候，他们的需求逐步有所不同，但他们对家人的信任及与家人的依恋系统使得他们能够承受成长的烦恼。青少年时期被认为是生长发育问题比较集中的一个时期，这个时期关注的仍然是依恋关系。青少年挣扎于家庭纽带与自我独立的冲突之间，造成与父母的关系紧张，而他们生命早期建立起来的这种依恋关系是这个时期解决问题的根基。如果依恋关系是安全牢固的，孩子与父母之间可以不太费力地通过协商解决一切问题。[10]

那么父亲呢？他们与依恋现象有什么样的关系？正如我们在下一章可以读到的，孩子幼小时，妈妈提供了儿童健康发育的基础，而爸爸并非没有关系，他的责任主要是支持妈妈。随着孩子越来越大，他也应该与孩子建立联系。他那阳刚的声音、身材、风度以及温柔的管教提供了界限清楚的安全感。在现今放纵的社会中，父母们已经不知道服从权威的重要性了。父亲的责任是引导孩子的行为举止得当并学习自我控制。

当我的孙子林肯19个月的时候，他妈妈和我坐在餐桌旁就餐，而他坐在高脚椅中。他妈妈与孩子的关系非常亲密，看到孩子要将杯子扔到地上，妈妈轻轻地说："不！"她说话的语气表明：这是个建议。我看到这个孩子打算不在乎妈妈的命令，所以我就加重了一点语气，说："林肯！不！"我对他并不粗鲁，但是我的语气在告诉他："这是命令！"我是头一次以这种语气对他说话。他立即转过头仔细打量我的脸，我们坐在那里一动不动地互相对视了5秒钟，然后我们两人都微笑了。他研究我的表情想知道我是不是生气了，发现我没有生气，但是他也意识到我希望他服从命令。他的微笑告诉我：他明白了我的命令。他放下了杯子。我的微笑告诉他：你是个好孩子。这两个简单的意思以及孙子打量我脸的表情，典型地说明了一个男人比起温柔的妈妈可以更容易地管教孩子。

这里再讲一个父亲角色的例子，与性别识别有关系。男孩并不是生来就知道男人意味着什么，这需要父亲不断地帮助孩子理解这个概念，孩子18个月的时候就可以告诉他了。在随后的4年中需要继续告诉他男人意味着什么，因为这段时间正是性别身份形成期。这期间，男孩需要在一旁观察并接触充满父爱的父亲或者充当父亲角色的人，而父亲应当在男孩面前树立男性榜样。男孩仍然需要妈妈肯定他们，但是妈妈不能以盛气凌人的方式对待他，因为这会削弱他天生的男人志气。换句话说，在男孩性别形成期，妈妈的角色依然非常重要，但需要加点新元素。随着年龄的增长，一个男孩常常发现"爸爸不一样，而我应该像他"，希望妈妈们不要因为男孩此时更看重父亲的角色而感到地位受到威胁，反而应该鼓励自己的男孩。

很不幸的是，在我们生活的文化氛围里，家庭解体正在成为普遍现象。出生于内陆或者贫困地区的男孩几乎没有什么机会接触到健康的男性榜样。很多男孩在街上与较他们年长些的帮派分子们一起长大，而这些人竟然成为他们学习的榜样。他们的生活充满了暴力、滥用毒品、性乱交。欲知男孩及其需要，可以参考我早些时候写成的《培育男孩》一书。

对于女孩，爸爸们所发挥的作用完全不同。大多数父母发现，男孩需要爸爸，而女孩依赖妈妈。然而，性别交叉关系的重要性也是无法估量的。女孩像男孩一样非常需要爸爸，但有不同的原因。我们在下一章会谈到这一点以及父亲与女儿之间至关重要的联系。由于近年来社会环境的巨大变化，对于男孩女孩来说，与上一代人建立依恋关系变得越来越困难。工业革命以前，父母们一起在地里干活，或者在同一间家庭作坊工作。除了男人在军队服役或者在海上作业，父母都是共同抚养孩子的。大多数父亲生活和工作的地点都在家附近。这种家庭结构现在很少见了。也就是从20世纪开始，父亲们才会整天在外工作以养家糊口。现在，几乎51%的妈妈们也在全职工作。[11]

这就是为什么建立依恋关系会如此困难：巨大的压力使初为人母的妈妈们生完孩子以后尽可能早地回到工作岗位上。美国人口调查局显示，几年以前，只有42%初生婴儿的妈妈们在家专门抚养孩子超过3个月。[12]许多人在一个月以内或者6周以内就回到了工作岗位上。考虑到我们知道的早期亲密关系的重要性，这真是一个大问题。如果有可能，我建议妈妈们生下孩子以后，在家抚养孩子至少1年。这可以使自己身体恢复、建立亲子纽带并建立一个家庭日程表。由于经济上的压力和其他考虑，我知道许多妈妈们很难全职在家，单身妈妈们通常没有选择的余地。许多妈妈面对这样的两难处境，虽然凭直觉知道与婴儿在一起的时光非常宝贵，会一去不复返，但是她们不得不将婴儿或者学龄前儿童交给保育员而离开家去上班，她们常常非常痛苦，这是外人不能理解的。

心理学家达芬妮·德·玛那菲（Daphne de Marneffe）在她的书《母性的渴望：论孩子、爱与内在生活》（*Maternal Desire：On Children，Love，and the Inner Life*）中倡导妈妈全职在家抚养孩子。她在生下第3个孩子后，她承认非常渴望在家与孩子在一起。她写道：“我感觉到一根无形的缆绳在把我拽回家。”[13]在访问了职场上众多处于矛盾中的妈妈们以后，她这样总结道：“对于任何一名妇女来说，母亲的渴望不是所有的一切，但是对于我们很多妈妈来说，母亲的渴望中最重要的部分就是回归自我。”[14]德·玛那菲博士停止了职业生涯回家当了全职妈妈。

自由作家艾琳·斯普瑞金（Ellyn Spragins）试图解释为什么不经意地提及工作，都会令职场中的妈妈们心烦。她写道：

> 是什么使职场中的妈妈们如此易怒？是不是每天早上她要去上班的时候，不得不命令满脸泪水的两岁孩子不要在车后追她？是不是当她的客户正等候在会客区不时看手表的时候，她不得不接听她五年级孩子询问感恩节庆祝一事的电话？确实是这样的。是不是她的家需要她的那一份收入？[15]

斯普瑞金讲述了问题的另一面，描述了全职妈妈的敏感之心。她这样写道：“必须工作”的念头常常响亮地回响在全职妈妈们的心中。她们失掉了一份收入过着节衣缩食的生活时，看到邻居家却在用第二份收入享受奢侈生活，例如崭新的林肯导航者豪华汽车就停在你家旁边。[16]

斯普瑞金这样继续写道：

> 有13年时间，我游离在这两个世界之间，因为我在家工作，同时抚养两个孩子：13岁的女儿可楠和11岁的儿子塔克。有时候，这种生活使我像个敏感的“两面派”。当我听见全职妈妈们抨击上班族妈妈的时候，我会别过脸去；而当上班族妈妈问我全职妈妈每天都在忙啥的时候我也会愤愤不平。[17]

这是两种妈妈内心强烈挣扎的原因。社会体制似乎两者都不支持：既不鼓励那些觉得没有职业而得不到尊重的全职妈妈们，也不鼓励因为不能专心抚养孩子而内疚的职场妈妈们。“妈妈战争”中的斗士们仍然严阵以待，随时准备投入战斗。

将来的趋势似乎是越来越多的妈妈们在家全职带孩子。根据2007年皮优研究中心（Pew Research Center）对2000名妇女的调查显示，家有17岁以下孩子有全职工作并认为全职工作是理想生活的妈妈们只占全体被调查者的21%。这与1997年的调查结果相比下降了许多。当时的数据是32%。其中，60%的妈妈们认为有一份兼职是最理想的，而与10年前相比，希望兼职的人数增加了，因为1997年48%的妈妈们认为兼职最理想。五分之一（19%）的妈妈们说，她们根本不希望在外工作。换句话说，79%的家有未成年孩子的职场妈妈们并不希望全职工作。[18]

另外，只有16%的有未成年孩子的全职妈妈们认为，她们的理想生活是全职工作，较之1997年的24%下降了。[19]而48%的全职妈妈们认为，不在外工作是理想的生活。[20]

这些统计数据没有让你们晕头转向吧？我不得不再分享一个数据。在2007年，家有5岁以下儿童的妈妈认为，在外工作是理想生活的所占的比例是16%，而这个数据在1997年是31%，现今已大大下降了。[21]

总的来说，绝大多数全职妈妈们对于自己不出去工作的决定表示满意，而那些在外全职工作的妈妈们倒希望兼职或者完全在家抚养孩子。这些数据并没有在主流媒体上被大量报道，而它们却很有意义地反映了妈妈们的心声。大部分妈妈们在外工作是因为觉得迫不得已，孩子越小，妈妈们越渴望待在家里。妈妈们极其渴望在家抚养孩子却难遂其愿，这不是令我们羞愧的事吗？由于2008年以来的经济萎缩，更多的妈妈们由于经济困难而不得不回到社会上去工作。

我在这个争议极大的论题上表明的立场太大胆了吗？我的观点如下："双份收入"家庭的匆忙脚步对于有幼儿的家庭来说真是有害无益。我敢肯定我的这个观点会使那些还在为"妈妈战争"而据理力争的人发怒，但这就是我的坚定立场。如果经济上的确有这个需要，那么决定是否在外工作是她和她丈夫的事，也是令他们很难作出的决定。其他人不应当说服她或者暗示她说，某种维持家庭运转的方式是唯一的选择，我也不会这样劝她。我的意思是抚养孩子非常累，有些妈妈们有这样的精力和耐力同时将两份工作都能做好：既做好家庭主妇和抚养孩子的工作，又做好在外的全职工作，但是很多妈妈们很显然不能二者兼顾，生活对于她们来说像马拉松一样有挑战性。我们在此还没有考虑全职在家对妈妈们的好处，而只考虑了处于关键期的幼儿最好由妈妈陪伴这个理由。

那么我们的结论如下：幼儿在有秩序、警惕和严密看护的环境下身心发育较好，而这样的环境是出外工作的妈妈们很难提供的，因为她们每晚回家时，精疲力竭，注意力不能集中，疲劳得动不动就想生气。每一个家有幼儿的家庭必须回答的是一个优先次序：哪里是妈妈们投资时间的最好的地方？在各方因素一样的情况下，我建议妈妈们优先考虑孩子的需要，特别是幼儿的需要，因为儿童的依恋期一晃而过。

在我结束本章的主题以前，在培养良好的亲子关系上我想确保我的观点没有被误解。有人可能得出这样的结论：既然依恋如此重要，那么爸爸妈妈们就不得不小心翼翼，不要冒犯或者得罪了独立的以自我为中心的孩子们。这种观点会带来很多问题。你们，爸爸和妈妈，仍然大权在握，不要害怕行使父母的权力。

在行使长辈权力的时候，如果运用得当，充满了爱，是不会削弱代与代之间的亲密联结的，反而会加深这种联结，因为彼此尊重才是关系的基石。生怕得罪孩子的妈妈们往往疏于指导、管教，也不设立清楚的界限，不利于孩子的健康发育。

例如，不要想当然地认为命令孩子做事的时候可以以问号结尾，就如这样的表达命令的方式："你现在想去睡觉吗？""你想吃蔬菜吗，甜心？"或者："我想要你晚上10点回到家，可以吗？"如果你说话听起来没有底气，孩子们就会不在乎你的命令。主动引导孩子是不会破坏妈妈和孩子之间的依恋关系的。对你的孩子负责任吧，从婴儿就开始！在需要纠正他们的时刻，可以有很多方式表示你爱他们，珍爱他们。

我记得4岁时妈妈为某件事惩罚我（毋庸置疑，我该受惩罚）。惩罚过后，她将我抱起来让我坐在她的腿上给我讲一只小鸟的故事。她这样讲：小鸟的妈妈让小鸟舒服地待在鸟巢里，可是小鸟不听话，小鸟飞出去想找小虫子。它爬到树枝上，然后摔到地上。一只大猫看见了小鸟，就飞快地跑过来抓住了它。

我肯定我妈妈在讲下面这段话的时候，我的双眼睁得溜溜圆。妈妈这样讲："你要明白，吉米，我就像小鸟的妈妈，而你就像那只小鸟。我要保护你、关心你，使你不要做可能伤着自己的事情。这就是为什么你需要随时随地听我的话，如果你不听，我就要像今天这样管教你，因为我非常爱你。好了，抱紧我，我们去吃点心。"

这次谈话已经是几十年以前的事情了，而我仍然记忆犹新。这次管教有害于我们的关系吗？当然不！它加强了我们之间的依恋关系，并在我的童年起着导航作用。这里所隐含的原则恐怕许多父母都没有明白，他们在此方面的糊涂所带来的痛苦结果将会在以后的岁月里显露出来。

卡罗·普拉特·里堡（Carol Platt Liebau）是我很喜欢的作家之一。她在《谨慎》（*Prude*）一书中告诉妈妈们为什么将自己看作孩子的“好朋友”是不划算的。她这样写道：

> 一些成年人特别是妈妈们由于极其渴望与孩子的关系好，就觉得让孩子“酷爽”是赢得孩子感情的唯一方法。因此，他们表现得自己就像是孩子们的同伴或者从没有反对意见的鼓动者，不管孩子的想法道德上是否合适，他们都不反对，而把管教丢到了窗外，只假装自己比孩子们稍大一点儿……
>
> 他们是这样的家长：要么没有能力，要么不愿意对孩子负责任，将讨孩子的欢喜置于首要……
>
> 他们会忽视教育孩子最困难的部分，就是以身作则并负起监护和管教孩子的责任，而只是享受作为朋友的乐趣。但是，如果妈妈们放弃她们对于孩子的道德监管，最终的受害者是她们的女儿，因为她们应该得到的引导和管教被妈妈们剥夺了，即成熟的成年人的智慧、经验和引导被剥夺了……
>
> 主张“妈妈即朋友”的妈妈，她们的女儿被纵容按照自己的喜好在道德问题上自作主张，而实际上她们的喜好往往就是同龄人所喜欢的，或者是文化氛围所流行的，或者是其他低级趣味者所欣赏的，而这些正在塑造女孩们做人的准则。
>
> 实际上，今天的年轻人对父母的监管和指导持有相当开放的态度，原因并不是父母所怀疑的“女儿不愿意接受监管和指导”，而是父母自己的原因。[22]

这个忠告真是明智至极！南希·斯耐德曼对此也有同感，她提议，妈妈们所犯的最大的错误就是认为她们是青春期女儿最好的朋友。她这样写道：“等你女儿过了青春期，你们之间才可以是朋友关系。”[23]

我认为，希望被孩子喜欢，表明了成年人一个隐含的想法：就是孩子们到了青春期就要叛逆。也许妈妈们在想，如果我和丈夫不告诉孩子们该做什么，我们就可以回避今后青春期的矛盾。但是，当青春期的叛逆发生的时候，两代人都会很痛苦。不敢对孩子说“不”的爸爸妈妈们通常都会将孩子培养成他们自己所惧怕的叛逆孩子。我将这种情况称之为“否定之否定”。从出生开始，儿童就需要坚定的领导者。剥夺孩子们的这个需求是残忍的，以万事绿灯的方式回避冲突那是“纵容”。纵容，在人与人之间的关系中从来行不通。

我二十岁出头的时候，曾在公立学校教过六年级、七年级、八年级学生的科学课和数学课。我看到走廊尽头有几个刚执教的老师，从第一天开始就害怕学生。这些新老师们竭尽全力用各种逗趣、游戏和当时的“开放教室”来取悦学生，规则就是没有规则。孩子们可以做他们想做的任何事，包括大声讲话、摔跤、玩游戏、扔东西。男孩女孩们本能地知道老师们没有经验并且知道老师害怕他们。结果，他们对老师完全不在乎。

我记得，有一位老师完全不能控制课堂秩序，学生们成了小暴君，常常让她以泪洗面。每当她忍无可忍完全被激怒的时候，她拿出口哨，跳上桌子对着孩子们使劲儿地吹哨子。这令孩子们很高兴。孩子王们在午餐时间商议怎样使这个可怜的女人“对他们吹口哨”。有时候，她一天到晚地吹口哨，她的教室里一片混乱。

儿童们对于权力游戏明察秋毫，他们能够很快地填补所觉察到的真空地带。对他们来说，不尊重和轻视是紧密相连的。犹豫不决和缺乏自信的成年人常常被孩子轻视。如果亲子关系的目的是建立依恋关系——当然这是对的——那么这个目的只能通过真实的爱、感情、奉献以及合理的管教、清晰的界限、坚定的引导来实现，它们互相支持共同效力。

在我的第一本书《勇于管教》的封面上，有一个天平，一边标记“爱”，另一边标记“控制”，成功的亲子关系的关键是保持两者的平衡。如果刻度偏向任何一方，偏向于纵容和过度保护，或者偏向于生气和压迫控制，问题就会出现。爱与管教并行就会产生更强的依恋纽带。

关于依恋，我最后补充一点。我在本章讲了不少理想的家庭关系，有爱意浓浓滋养孩子的妈妈，还有支持妈妈的爸爸。在现实中，这种复杂的依恋关系从来都不完美。现在有无数的单亲妈妈和单亲爸爸在困难环境中尽他们所能尽量做到最好。也有些爸爸们只顾忙事业连孩子们的名字都分不清。也有心志不成熟的妈妈，自己还在面对青春期的情绪起伏不定，却发现自己怀孕了。面对这些，以及其他无数的难以处理的家庭问题，她们应当尽可能地靠近依恋目标。尽管如此，儿童的适应能力还是很强的，常常能够安然地脱离困境。那些意识到自我局限的爸爸妈妈们，你们要勇敢！

这个话题千言万语说不尽。搁笔在此，我们要进入下一章了。

第 *8* 章

少女眼中的爸爸

BRINGING UP GIRLS

我们已经讲了妈妈对于孩子的重要性以及为什么妈妈与孩子的依恋关系这么重要。现在，我呼吁家有女孩的爸爸们，请仔细阅读本章和下一章，至于原因，你们很快就会知道。实际上，我希望每一位爸爸妈妈们都读一下本书，特别是本章结尾的结论部分。

你将在下文中读到很有见地非常动人的观点，出自学业上非常有天赋的大学女毕业生们。她们参加了一个学期的课程，是爱家协会“爱家领导力学院”（the Focus Leadership Institute）提供的。[1]该机构针对大学新生、大学高年级以及研究生分别开设课程，其课程在同类课程中属于精品。自1996年开设以来，从该机构学习结业的男女学员超过3000人，他们对生活有了全新的理解。

她们在这个学院中，使我有机会与她们详细地讨论培育女孩这一话题。我们录制了40位女生的谈话并随后转录了下来。受邀学生们可以谈她们想说的任何与培育女孩有关的话题，可是她们的话题往往直接指向她们与爸爸的关系。你将发现，有些人承认某些至关重要的东西缺失了，另一些人很感激她们的爸爸，令她们觉得自己是宝贵并受到尊重的。

几乎所有人都谈到她们希望与爸爸有更好的感情联系。我希望爸爸们听这些女士们的谈话时不要为自己辩护，而应该去理解她们谈话里的“内心呼声”。我先是感谢她们参加座谈并欢迎她们对《培育女孩》一书提出建议和忠告，然后我讲了下面一段话作为开场白：

在写《培育女孩》一书的过程中，我与很多女大学生们谈话。我把经常听到的观点总结成以下几句话：“我爸爸是个好人，他努力工作供养我们一家，并对我妈妈忠诚（其他人在此换上相反的话）。只是，我从没有觉得他真的欣赏我或者想与我亲近。他总是忙他的事，但是没有时间给我。我觉得我只是待在那所房子里，但是他似乎常常没有注意到我。”

你们中有人对以上说法有同感吗？

接下来就是活跃而热烈的讨论：

女生1：杜布森博士，你刚才讲的与我的情形一样，而我许多朋友们也有同感。事实上，我们对婚姻有不安全感，就是害怕我们将来的丈夫不会肯定我们，不会关心我们。

女生2：女孩是否能得到爸爸的肯定是至关重要的一件事，因为我小时候没有经历过。这是我对许多事情缺少安全感的根本原因，即我真的没有感觉到爸爸爱我，这是我面临众多难题的根源。

女生3：这也击中了我的软肋。我爸爸是个好爸爸，但是他总是拿我与媒体上的女孩比较并抱怨说，我长得没她们好看。他说我不够勤奋，还说要我注意饮食。他常说“你知道吃这么多意味着什么？这意味着你吃的东西要堆积到你的臀部和大腿了”这样的话。

（此处评论经过编辑处理，以保护个人信息不被识别，或者为了令意思更清楚。）

我不是个彻头彻尾的厌食症者，但是我常常想厌食。我也节食，甚至到了什么都不敢吃的地步。

很久以来，我已经饶恕了爸爸，但是这的确影响了我。幸运的是，我生活中有其他男人支持我、肯定我，包括我的两个兄弟。过去6个月，我爸爸的确付出了努力要挽回我们之间的关系。

杜布森博士：你有没有坐下来与爸爸谈谈你的真实感受？

女生3：当然，博士。一个月前我来这里学习，之后我们谈过。他还给我写了一封信，说他很抱歉，说他没有想到他的话对我有这么大的负面影响。这真是很好，我觉得我现在能够宽恕我的父亲。

女生4：当我从小女孩变成女人的时候，也就是进入青春期的时候，我爸爸完全退出了我的生活，似乎他再也不知道怎样与我相处。而这个时期正是我一生中最需要他的时期。

杜布森博士：你是否问过他，为什么那个时期他回避你？

女生4：没有。我与我爸爸的关系从来都不好，这使我卷入某些危险的行为中去。

杜布森博士：当你是个女孩的时候，你爸爸有没有花时间陪你？

女生4：没有。即使与我在一起，他也只关注他自己的事。他是个工作狂，休息时间里，他仍然忙他的事情。他邀请我与他在一起，但是他认为陪我玩的最好的方式就是玩枪。所以，我4岁的时候就开始玩枪了。我从来不喜欢玩枪，但玩枪玩得好却是我爸爸唯一肯定我的事。他会这样向人介绍我："这是我女儿。她1小时前20发击中了18发。"他从来不向人介绍我的其他技能。

杜布森博士：他从来没有肯定过你的女性特征吗？

女生4：没有，从来都是枪，我最后不得不逃离他。

杜布森博士：现在与你的爸爸和好太晚了吗？

女生4：不知道。我想我们之间的关系在改善，但是我还受过不少虐待。所以我想，这也是我们之间和好的障碍之一。

女生5：今天听到这些令人心碎的事让我觉得非常感恩，我有个爱我并愿意肯定我的爸爸，虽然他也不完美。他在家的时候喜欢讽刺人，常常开玩笑。我从小到大从来就没有苗条过，我的身材随我爸爸。我和我的姐妹们晚上睡觉时穿着吊带背心和短裤，早上起床后下楼吃早饭时，我爸爸就会用手捏一下我的腰并拿我的体重开玩笑。他从来不是有意损我，但是他常常说话之前不思考，说出很伤我的话。

女生6：我爸爸不这样。他告诉我和我的姐妹最重要的是内在美，他说我们的外表也很美。这些话支持我度过了我的初中和高中时期，当时我正在处理青春期的自尊问题。我永远忘不了六年级的时候人们问我的问题："你怎么不像你姐姐啊？"我成熟得很晚，而她成熟得很早。有4年时间，面对人们这样问我："为什么你矮一些，又这么瘦？你怎么了？"我爸爸帮助我挺过来了。如果没有他，我不知道我会做出什么事来。

女生7：要知道，我刚才听到的这些故事（对着她的同学说话），使我很难过。我以前不知道我们中间有这么多心灵受伤的女生。当然我们都有各自的问题要面对……但是，我的经历如此不同。我认识到我的很多自我形象都是来自成长中受到的肯定。我最喜欢我家人说的一句话就是："噢，你真酷！"虽然这听起来有点傻傻的，但是我爸爸总是这么说，而爸爸这么说意义重大，我觉得我真的蛮幸福。

女生8：我爸爸是个好男人，但是他很被动，而我真希望他能给我设立更多界限，并希望他多给我一些关键信息，这是我觉得最欠缺之处。在生活中，他不应该担心伤到我，而应该告诉我什么是对的什么是错的。他时时顾虑的是要使我开心，而我更希望他直截了当地告诉我："你知道吗，我觉得这个男人对你不太合适，这是我的想法。"我需要他告诉我，我对他很重要所以他要指导我。

杜布森博士：我很少听到女生们说"我真希望他能给我设立更多界限"这句话，但这个愿望比人们想象的要更常见。我相信很多青春期的男生女生们希望他们的爸爸妈妈们，特别是爸爸们能引导他们，这是爸爸们表示在乎他们的一种方式。

我想起了一位在爱家协会工作的单亲爸爸给我分享过她女儿在10岁或12岁时发生的事。某个晚上他们一起看电视，突然电视画面上出现肮脏的语言和性话题。他不想被女儿视为老古董，就听之任之。过了一会儿，他实在无法忍受了，就关掉电视，说："甜心，我觉得我们看这个节目很不好。"她女儿说："我以为你不想关掉呢，爸爸。"青少年需要界限，即使他们常常遇到界限就被激怒了。

女生9：我想简单分享一下我爸爸为我做的事情。大约在我七八岁的时候，我们开车到海边度假。我在后座上，双脚跷在前座之间的仪表盘上。爸爸开车，在一个红绿灯处停下来的时候，他摸摸我的脚，说："你的脚是我见过的脚中最酷的。"爸爸的话对我非常重要，因为那时我正在学习跳舞。有时候我觉得我的脚不好看，但是我到今天仍然爱我的脚。我一直记得这句简单的夸奖，好像我爸爸专挑它来肯定我。至今这句话对我仍然很重要，我永远不会忘记它。

杜布森博士：有人会认为你爸爸那一句夸奖没有什么特别，而你却至今记忆犹新。这说明了爱和夸奖对于儿童特别是女孩多么重要。相反，批评和嘲笑，特别是对于身体的批评和嘲笑，即使不严厉，也非常伤害敏感的人。

女生10：我最近刚刚收到了爸爸发给我的电子情人节贺卡，这是我7岁以来他发给我的第一张贺卡，这使我的整个世界都发生了变化。我很小的时候，他就酗酒。但是过去两年中，他在戒酒，他成功坚持2天不喝酒，这是21年来的首次。

杜布森博士：你爸爸的事情真是令人感动。今天在场的有多少人收到过爸爸寄的情人节贺卡或者电子邮件？（点数）大约有一半人吧。有多少人的爸爸曾经为你们安排过专门约会？（有几个人举起了手。）

女生10：我7岁时，爸爸会在周六上午带我去吃早点，但是是与其他5个男人一起吃。我从来没有被单独邀请吃饭。我想这也是为什么我总是渴望他亲近我的原因吧。我选择参加体育活动，因为我以为爸爸会感兴趣。我现在喜欢体育活动了，但我参加体育活动的初衷是想与他有某种联系。尽管他给我造成了痛苦，可我爱他，也说不清楚为什么爱他。我爱他的理由与爱世上其他任何人的理由都不同，这种爱无法解释也是无条件的，我不知道我为什么爱他。

杜布森博士：即使爸爸不断地令女孩失望和伤心，他还是她的爸爸，而她会一直渴望他的关注。她有时候会非常生气甚至责怪他的不称职，但是内心深处仍然渴望与他和好，她天生就这样。

女生11：作为孩子，不管你妈妈怎样肯定你，妈妈都不能完全替代你与爸爸的关系中缺失的部分。即使你的妈妈全职在家抚养你，你还是需要爸爸认可你。当他没有这样做的时候，你的整个人生都受到影响，你看问题的方式也将不同，我就经历了这种情况。

女生12：我爸爸是大学足球队的教练，这个工作占用了他的全部时间。教练，特别是大学教练，很难维持一个健全家庭。我真的不了解我爸爸，但他是我心目中的英雄。这尤其让我难过，因为他不仅仅是我的英雄，还是全美国成千上万年轻人的英雄。他非常出类拔萃，但也会犯错误，并为错误付出了沉重的代价。为了得到爸爸的注意，我会参加他的训练，并在心里嘀咕，为什么他如此在乎那些男孩子，而不怎么在乎我呢？

我是我们家的老大。每当他离开家去打比赛或者招聘选手时，他就对我说："好好照顾你妈。"我从小就像我们家的男人。我觉得我不够漂亮，我妈妈非常漂亮，男人们都喜欢她，我从来没有那种感觉。

当我爸爸被辞退的时候，他和妈妈的关系更加疏远了，不久他们就离婚了，我只听见他们大吵过一次。他们彼此很少说话。我只知道妈妈每天都哭，一直哭到他们离婚。看到他们关系不和真的令我很伤心。妈妈失去了自信，尽管她一直很虔诚（哭的声音所有人都听得见）。

爸爸妈妈离婚以后，我爸爸突然变了。他丢掉工作以后大约有4年时间很消沉，他很努力地想赢回妹妹和我的心，但是我刻意与他保持距离。

我不再对我的父母说我爱他们。我想，既然我不想对我爸爸说我爱他，也就不要对妈妈说，因为我要保持公平。因此，我变成了一个不让任何人爱的孩子。我想要坚强。我从来不哭，也不告诉任何人我的父母有问题。没人知道。我努力应付每个人并试图解决一切问题。但是我爸爸努力想赢回我，而我却给他出些大难题。他们离婚后，我和我爸爸就很少说话，我们只提过四五次他和妈妈离婚的事。

杜布森博士：你们能够重建你们的关系吗？

女生12：是的……

女生13：你的话让我真想哭。但我不哭，因为我爸爸叫我千万别哭。还有……

杜布森博士：你爸爸不对。

女生13：我知道，他现在也知道了，他总哭（大笑）。

杜布森博士：你们今天分享的个人经历真的令人心碎。很显然，你们走了一段相似的路。你们学习成绩都非常好，然而你们中间有些人内心经历了同样的空虚。还有人要分享吗？

女生9：我记忆中的童年很模糊。我记得与爸爸去钓鱼，或者坐在他的摩托车上，仅此而已。爸爸妈妈离婚的时候，我的亲生父亲不再问我生活上的问题，他目前仍然不问。我倒希望他问，但他不在乎。因此，这令我害怕，因为我不敢与别人讲我自己的事情。我认为我说的真的没有用，我也不知道我为什么哭。我仍然在努力让爸爸做他应该做的，但是每一次都令我失望（抽鼻子）。我只是想吸一口气而已（大笑）。

我和妈妈的关系很好，而她从不说爸爸不好的话，我非常欣赏她这一点（大哭）。对不起。

杜布森博士：请不要道歉，我们面对的是很真实的情感。设身处地为你们想想，回顾小时候的事情真的是一件痛苦的事情。

女生9：是的。我想告诉我爸爸一些事，但是他总是不愿意听，我就失望了。我妈妈总是提醒我这一点，她告诉我不要对爸爸有期望，由他去好了。我就这样照着做。我来之前告诉他我要来这里，而他只讲他收养的女儿以及那个女儿的需要，他完全不理睬我跟他讲的话。因此，我就放弃了。现在，我将他看成我帮助的对象，而不是以女儿的身份爱她。

女生15：你多久见他一次？

女生9：我在圣诞节或者感恩节见他。但是我也有好消息：我妈妈与一个很好的男人结婚了。他变成了我的爸爸，他常单独约会我，问我的生活问题。他从来不谈自己，他让我觉得自己很有价值，他还说以我为荣。这是我以前从来没有过的经历（低声抽泣）。每一次我打电话给妈妈，他就会在另一个分机上拿起话筒，因为他想听我讲话。他完全进入了我的生活，他真的在乎我。他从来没有错过我的任何一场球赛，而我的亲生爸爸从来没有参加过我的任何一场球赛。这令我伤心。

所以我现在终于找回了自信，我似乎还是很在乎他的。

女生16：对于我的童年，我真的没有多少记忆了。我记得爸爸给我登记加入一个属于我的高尔夫俱乐部。很显然我们在一起打高尔夫球。我现在经常见他，但是他从不问我问题。

当我告诉他，我要上大学了，他就问，是哪一所大学，他还问我在做什么。这基本上就是他说的所有的话了。他不想知道，我为什么要去上大学以及我想学什么。他自己没有上过大学，或者如他所说的那样，只是访问了大学几个月就退学了。他参加了很多派对，喝了很多酒之后就退学了。我基本上过着自己的生活，自己作决定，就是那样。他从来没有想过给我提建议。

我与爸爸的关系很有趣。我小的时候他离我很远，他不知道怎样沟通，这让我妈妈很为难。这也是我的短处，因为我也不知道怎样与人沟通。我父母之间从来都不亲密，我一生中只看见他们亲吻过一次。因此，我不知道亲密是怎么回事，也不知道怎样去表达爱。

我知道我爸爸爱我们，尽管他以前从来没有表达过。你明白吧，我们好像都知道这一点。我仍然爱我的爸爸，而我从来不想让他孤独。我妈妈后来红杏出墙了，这是他们离婚的理由。因此，我又学到了另一个行为——欺骗和说谎。

我妈妈从来没有告诉我爸爸她出轨的事情，她直接起草了离婚协议，我的父母离婚了。她与那个第三者结婚了。我的姐姐和妹妹决定跟我妈妈，而我跟了我爸爸。没有人愿意与他一起生活，而我不想让他太寂寞。有一段时间，我爸爸开始敞开心扉，真是令人惊讶。他学习爱我，并向我表示他爱我。现在他是我的好朋友了。

他花了很长时间才学会表达爱。我曾经像我妈妈那样，对他做了不好的事情：我向他撒谎，也做了一些在家里学会的其他坏事情，但是他一直不抛弃我。我需要他的时候，他一定在那里。他告诉我，他非常在乎我并以我为荣。今天他含着泪对我说，他非常爱我，非常感恩他有这么好的女儿。我听他的话。

当我爸爸开始表达他多么爱我的时候，我知道了我是被爱的。在我爸爸向我表达他爱我之前，我从来不觉得自己值得被人爱。

女生17：我也是这样。我爸爸来自有虐待的家庭，他的爸爸酗酒。因此，他心里想要与他的家人不一样。他是个工程师。他简直就像数学机器或者方程式一样。对他来说，A加B就等于C。他不善于表达内心的情感。

噢，我9岁时被诊断出了临床上的抑郁症，这给我的家庭带来很大的麻烦。我有几年时间接受了心理辅导并与抑郁作斗争。就在那段时间，我爸爸自己站出来了，以一种很有意义的方式肯定我。我常常为我的抑郁道歉说："爸爸，我不知道是怎么回事，但我就是无法控制情绪。"而爸爸会说："我爱你，爱你本来的样子。"

要知道，这对我有太大作用了，一直到今天这句话还在鼓励我。因为我爸爸妈妈肯定我，而我爸爸的肯定更有效，我知道我的一生应当有个美好的计划。我记得坐在他的大腿上听他说："甜心，你知道吗？我们爱你。"所以，我很清楚地相信：他爱我并积极地塑造我的生命。我认为，对我们女生来说，听到爸爸说爱我们并感觉到被爸爸爱着，这是非常重要的。我们需要被肯定，需要爸爸对我们说"你是我的心肝宝贝"，并拥抱我们，使我们体验到被爱。

杜布森博士：如果你们所谈的爸爸就坐在你们每个人的背后听你们说话，那会不会很有趣？

女生18：我敢打赌，他们也会哭的。

杜布森博士：我有同感。那我们就需要再准备一盒纸巾了。

女生19：在我的成长期，我的爸爸妈妈都没有注意到我的情感需要，我在最近两年才意识到这一点。我爸爸妈妈一直努力满足我的身体成长所需，我为此感谢他们。但是，我在情感上有个空白地带，我尤其没有体验到爸爸的爱。我觉得我若无成就就不值得被爱。

直到我上中学并表现出色以前，我从来没有感觉到被爸爸妈妈尊重过。直到那个时候，他们开始以我为荣。也就在那个时候，他们才注意我并向我表示他们爱我。

杜布森博士：你觉得你不得不赢得他们的爱，是吗？你被肯定不是因为你是你，而是因为你的成绩好？

女生19：是，但是我爸爸上周给我写电子邮件，告诉我他以我为荣，只因为我是他的女儿。现在我很难接受这一说法了，因为在我成长的过程中，他从来没有这样说过。这是事实，这也是我现在必须要解决的问题。

女生14：听到其他女生所讲的人生经历，我认识到我拥有我的爸爸是多么的幸福。他在我成长过程中花时间陪伴我。听到你们所讲的事情，我的心灵就像经历了大地震，我一点儿也不知道，你们这么多人曾经经历过这么多的伤害。我是我家10个孩子中的老二。照说，要让爸爸给我点儿特别的关注实在不容易。然而，对于我们每一个人，他都花很多时间单独陪伴我们。他常常早上5点起床，带上我们中的一个，出去吃早饭，陪我们几个小时，他争取每个月给每个孩子一次机会。我16岁时，他开始带我出去吃正餐。吃饭的时候，他会问我生活中的新鲜事儿。而他会这样说："你知道我多么地为你自豪吗？你知道我多么地爱你吗？"这是我们吃饭快结束的时候他问我的两个经典问题。

还有一件事是他必做的，虽然是小事，对我却意义重大。每天晚上我都盼望爸爸快快地来做这件小事。他逐个走到每个孩子的床前，坐下，抚摸我们的背部并拥抱我们。然后，他为我们做同样的祷告。整个童年，他都这样做，这是我成长期非常特别的一件事儿。告诉你们吧，现在我上大学了，没有他在床头为我祷告，我很不习惯。

杜布森博士：天啊，你太幸福了！你爸爸每天晚上是怎样祷告的？

女生14：他这样祷告：“天父，感谢您赐给我雪莉做我的女儿！感谢您祝福她并将她带进这个家庭！感谢您帮助她早早认识您！她今晚睡觉的时候请您保护她，她明天在外的时候请您保护她，请您保护她远离敌人和伤害，请您帮助她在您预定的时间里找到一个爱她的丈夫。”

每天晚上的祷告内容是一样的。

杜布森博士：我想把这个祷告写进这本书里，你同意吗?

女生14：同意，我很愿意你把它写进书里。

杜布森博士：这个美丽的祷告将一生陪伴你，对吗?

女生14：是的。我也会为我的孩子这样祷告，我也要鼓励我未来的丈夫这样祷告。

女生20：哇，我没想到有这么动情的场面，在座的各位，你们事先料想到吗？我们走进来看见为我们大家准备的丰盛午餐，我觉得我像个公主，然后，突然地，我们大家都在哭（大笑）。

女生21：我很幸运，拥有一个愿意进入我生活的爸爸。他非常有天赋，特别有田径天赋，他很注重自己的威信。他本来可以达到他自己所定的目标，但是他选择做牧师助理，因为这样可以有更多时间陪伴家人。

后来，他自己做了主任牧师，但是仍然有时间陪我。每周，他都这样问我：“罗宾，我们一起吃饭好吗？”他实际上还会拽着我出去吃饭，他也带我参加背包旅行。这是大部分女孩没有机会做的事情，因为一般都是男孩才背着背包旅行。我和姐妹们会背着背包与10个爸爸以及他们的儿子们到锯齿状起伏的山中旅行。他让我觉得自己真的很特别，因为我值得他花时间和我在一起，他想和我共度时光。还有，你问我们有没有建议给爸爸们，我倒有个建议。

杜布森博士：请说吧。

女生21：即使爸爸想和我们在一起，有时候女孩子们还是想和妈妈亲近。我们小的时候，很小的时候，也许是三四岁吧，我们爱吃妈妈做的饭。法式烘烤的食物如果不是妈妈烤的那一定不好吃。妈妈劳累过度，所以我爸爸就开始用点小技巧。晚上，爸爸要做的第一件事就是把我们送到床上入睡。当然了，我们刚开始的时候不要他送我们上床。因此，他就说："好吧，女孩们，你们现在上床，闭上眼睛，张开嘴巴。过两三分钟我要进来，让你们惊喜一下。"我们永远不知道将要得到的是什么。有时候是一点儿椰子甜饼，有时候是葡萄干。但是，每一次我爸爸进来的时候总是在我们的嘴巴里放点儿好东西，我们很喜欢。

杜布森博士：他在贿赂你们。

女生21：杜布森博士，它很有效啊（大笑）。我们不再总是要妈妈了（大笑）。

让我觉得最温暖的记忆并且塑造了我的生命的事情是，我每天早上很早醒来的时候看到另一间房间里那一盏小小的灯，也许是5点或者4点。我起床后发现爸爸坐在椅子里手捧一杯咖啡，他在读《圣经》。我会走到他身边说："早上好，爸爸！"他会伸出胳膊抱着我说："罗宾，这是我刚刚读到的。我按这句话为你祷告吧。"他就会把我的名字放进《圣经》的那句经文里，为我祷告。实际上，今天来这个学校的时候，他还为我祷告了。

女生22：哇哦!

杜布森博士：现在你们得再拿一盒纸巾了（大笑）。

女生22：太精彩了，罗宾。

杜布森博士：很显然，你爸爸对家庭非常忠心，是不是?

女生21：是啊，他是的!

杜布森博士：好，我们准备结束我们的讨论了。今天的讨论非常有意义，非常动情，你们敞开心扉，我对此很欣赏。我们已经用完了一整盒纸巾了，这叫物尽其用。

你们是自信有成就的年轻女士，然而你们中间有不少女士们提到了对爸爸的“心灵饥渴”，我不知道你们以前是否知道这种渴望。今天大家谈论的共同话题也是我事先没有估计到的，我没有听到你们对于爸爸的强烈愤怒和憎恨——只是表达了渴望被肯定的痛苦：来自父亲的肯定在女儿的儿童时代没有得到。你们本来可以自由地讨论任何与培育女孩有关的话题，但是你们今天所说的话题主要落在你们内心深处那个自我的核心需要。我们有理由这样设想：你们大部分都来自成功的完整家庭，如果连你们都有这样的感觉，那么成千上万的其他女性更会有同感，那就是内心深处有没有被爸爸满足的需要。

我说不清有多少读过我的书或者听过我的广播节目的女士们走近我，对我说：“你是我从未见过的爸爸。”我确信很少人能真正认识到一个女孩对于她生命中“第一个男人”有多么强烈的渴望。如果父亲缺席，或父亲人在心不在，很多时候，女儿会因为那个真空地带而长期内心纠结，甚至终生如此，我要为了你们的缘故将这个信息传递给我的读者。

男人们通常理解儿子在童年时代依赖爸爸，但我确信女孩也需要爸爸，就像男孩需要爸爸一样。女孩的自我价值感以及个人自尊与她的爸爸怎样看待她有直接关系。妈妈们对于女孩的重要性则体现在其他方面，但是有些东西只有爸爸才能给予女儿。这就是为什么今天大家分享经历中有这么多痛苦，这也是为什么今天很多人分享内心之痛的时候泪眼婆娑，这也是作为女人似乎要随着爸爸随意的一言一行而心情起伏不定的原因。当你们读这本书的时候（我希望你们会读），你们会读到关于女性特征的描述。

对于你们中间因为爸爸妈妈们过去所做的或是没有做到的事情而困扰不已的女士们，请允许我在此提出几句忠告。首先，我要说的你们已经知道了——那就是世上没有完美的爸爸妈妈，就像没有完美的人一样。我们都是有瑕疵的、自私的，常常目光短浅。我记得一位爸爸给我讲过，他的儿子对于他在儿子年幼时常常不在家感到非常愤怒。这位爸爸自以为当时这么做是对的，但是现在他认识到他应该多陪陪家人，而现在已经太晚了，他因此很自责。

我建议他请儿子原谅他，但同时提醒儿子，为人父母真是一个很艰巨的任务。我们会时不时地犯错误。还有，如果我没有猜错的话，年轻一些的男人在自己的儿子女儿身上可能会犯更严重的错误，他的错误可能与他的爸爸所犯的错误不一样，但是很可能他在将来某个时候也需要请求孩子原谅他作为爸爸所犯的错误。生活极其不易，我们面对生活中的难题往往都是跌跌撞撞的，而我们本来可以处理得更好。对于今天到场的年轻女士们，我强烈地希望你们原谅在你们年幼时曾经误解你们的爸爸，说不定将来某一天你们也需要请求你们已经成年的孩子们来原谅你们。

其次，像今天这样承认过去的痛苦经历有利于健康。如果能够求助于咨询师，在咨询师的帮助下对痛苦的记忆进行处理，这样敞开痛苦就会更利于健康。但是，这样做了以后，你就需要释放了，然后开始新的生活。你所犯的代价最为昂贵的错误，可能就是继续怨恨。这将继续伤害你的心灵。你们必须饶恕。而你们也需要放下怨恨，饶恕是可行的，而且也必须饶恕。

最后，犯错误的人常常是在儿童时代经历困境的人。他们往往将自己看成是困难环境的牺牲品而只能永远受苦。但你们完全可以从儿时最痛苦的创伤中复原。

我喜欢比尔和歌洛瑞亚·盖瑟夫妇（Bill and Gloria Gaither）在多年前写的抒情诗："有的美丽，有的好。我全部的困惑他都知道。我要奉献给他，破碎和纷争。而他将我的生命重塑成美好。"[2]

再次感谢各位敞开心扉！你们在此所说的肺腑之言对于爸爸妈妈一定很有帮助，祝福你们。

第 9 章

为什么爸爸很重要

BRINGING UP

GIRLS

在前一章中，我们与学生的互动讨论所谈及的话题非常有意义，无论怎么重视都不为过。请允许我再次回顾一下。首先，我要提醒读者，参与讨论的女生们年轻、聪明、有成就并受到很好的教育，可以说她们“样样都有”。尽管如此，她们还是在渴望某种难以言表的东西，是用金钱或是社会成功、学业成功所不能替代的。大部分女生都谈到了内心的真空地带，是因为与父亲的情感联结缺失造成的。

另外一些人要幸运得多，她们表达了对关心自己的爸爸的感激。一位女生回忆起儿时爸爸对她很酷的双脚的一句夸奖话。那一句随意的夸奖可能是爸爸随口说出并很快淡忘了的，然而女儿却永远地将这句话存在心里。那么，这究竟是怎么回事？是仅仅这群女生渴望来自父亲的肯定和关注吗？绝对不是！她们所表达的心声是女孩和女性群体普遍的需要。女性心灵深处有一个位置是为爸爸预留的，或者是为像爸爸那样的人预留的，那个位置就是永远渴望被肯定。当然，每一个女孩或是女性并不一样，但是几乎每一个女孩都希望与她生命中最重要的男人有这样的亲密联结。如果这个人爱她、保护她，如果她在这个人的双臂中找到了安全感和温暖，她就会爱慕他。她会一生爱慕他，直到他令她失望，或是一方死亡。她倾向于通过前面所说的这种关系的视角去看待所有男人。如果他离弃她，不理她，更有甚者，虐待她，抛弃她，她内心的这种渴望将会更加强烈，并掺杂着憎恨和愤怒。

我还要澄清另外一件事，是某些读者不太喜欢听到的，即妈妈们不可能填补这个特殊的真空地带。她们能够也必须满足女孩们类似的需要：爱和仰慕。实际上妈妈们在女孩心中的确占据着一个像地产一样稳固的位置。若女孩没有妈妈的爱，是非常令人悲哀的一种情况，所以我不想以任何方式弱化母亲的角色。但是，妈妈不能替代爸爸，就如爸爸不能替代妈妈。这就是为什么当前所鼓吹的同性婚姻以及同性恋收养，是与孩子的健康成长相违背的。

有些女孩为了得到父亲的关注而走极端。我想起一个男人曾给我讲了这么一件事：他开车送一个十几岁的男孩去他13岁的女朋友家。他们的车到达的时候，一个漂亮的小女孩冲出了家门，打扮得像个妓女。当她经过爸爸身边的时候，那位爸爸正站在前院，他抬头望望她，说了一句："玩得开心！"

女孩上车以后，哭着解释，她故意穿成这样，就是想看看爸爸到底是否关心她，是否会阻止她，而他却没有。她这样打扮，仅仅是要试验一下爸爸是否爱她，在乎她，而他却辜负了她。当他们开车到达目的地之后，女孩进女厕所换下了这身打扮。

在此我想解释一下第3章中讨论过的一个基本问题：为什么女孩和女性如此需要来自爸爸的肯定？为什么被抛弃和被拒绝的伤痛会影响她一生？正如你们所想到的，这种内心之痛的主要原因就是，女儿的自我价值和自信与她和爸爸的关系直接相关。[1]爸爸怎样看待女儿以及怎样表达他的感情，是她理解自我作为人的价值的主要渠道。这也影响她的女性特征，引导她怎样与男孩和成年男人相处。考虑到这在女孩发育中有这么重要的作用，那么34%的宝贵女孩出生在没有爸爸的单亲家庭就是一个悲剧。[2]这些女孩自出生那一刻起，就被剥夺了享有爸爸支持和影响的权利！

《女儿背后的爸爸》（*Always Daddy's Girl*）一书的作者，心理咨询师诺曼·莱特（H. Norman Wright）在该书中也谈到女性的身份。以下是写给女读者的他的切实的观察：

> 你与爸爸的关系始于你与男性性别的互相影响，这是关键。他是第一个你想获得注意的男人，是你第一个想"取悦"的男人，他是第一个拥抱你、亲吻你的男人，以及第一个夸你是个特别的女孩的男人。所有这些你与爸爸的经历对你女性特征的发育至关重要：这令你知道你与他的不同，以及你与其他男人的不同。爸爸关注女儿，想要取悦女儿，就是在预备女儿独特的女性特征，使她将来可以成为女朋友、未婚妻以及妻子。
>
> 如果你儿童时代与爸爸的关系有缺失，你的女性特征的发育就会遭受很大的挫折。为什么会这样？作为小女孩，你本能地表达了女性性别的萌芽特征。当爸爸在感情上没有肯定你的女性特征或者不在你身边，或者以严厉、拒绝、发怒等情感待你，你会下意识地认为，他不认可你的女性特征。你的智力尚不足以理解他的拒绝，也没有内在防御机制将自己隔离。你简单而天真地下结论："我要爸爸喜欢我；爸爸不喜欢我这个样子；我要改变好让爸爸喜欢我。"

> 当爸爸不看重或者不在乎女儿的女性特征时，她的女性特征的发育就萎缩了。当女儿在儿童时代几乎没有取悦爸爸的经历的时候，她是不完全的。她不得不独自发现自己的女性特征，与男人的关系常常以悲剧告终。[3]

莱特很有见地的分析，解释了为什么上一章中提及的年轻女性在谈到对爸爸的感觉的时候，会如此动情。也告诉我们，为什么多年前爸爸随口而出的负面的言语仍然回响在女儿心里。这也给现在家有稚嫩小女孩的爸爸们上了意义深远的一课。

请读者们理解我：我不想吓唬男人们，也不想贬低他们在满足孩子需要上的付出。大部分男人对家庭忠心耿耿，在尽力做个好爸爸。然而，生活的节奏和工作的压力使他们在许多大事中很难顾及最重要的事。前甲壳虫乐队的主唱约翰·列侬（John Lennon）在他的晚期创作中有这么一首歌："生活就是你在忙其他事情的时候发生在你身上的事情。"他无论如何想不到，当时他在世的日子只剩下几天了。

作为性格为A型气质的爸爸，当我回想育儿经历的时候，想起了许多我本来可以做得更好的事情。在过去某些忙碌的日子里，我本应放慢脚步。不幸的是，我们没有人能够回到过去，重新来过。当我们的一言一行被记录在生命册里的时候，没有人能够改变。

如果我给你们讲讲早年我做爸爸的经历，是不是有王婆卖瓜的嫌疑呢？我认为最成功的事就是那些与孩子们共同度过的特别回忆。我与女儿丹妮的回忆录中，最美好的回忆之一是在她5岁的时候，周六上午，我们常常骑自行车到附近的公园玩，我们一起在沙池里用铁锹和桶玩沙。我教她怎样建沙城堡，并解释什么是护城河和吊桥，还做其他任何她喜欢的事情。回家之前，我们去附近的墨西哥煎玉米卷的摊位吃煎玉米卷。回家的路上，我们用小小的格雷格牌（Craig）录放机播放我们最喜欢的由罗杰斯和汉默斯坦因（Rodgers and Hammerstein）朗诵的《灰姑娘》的故事，我们还一起唱歌。丹妮很喜欢这些外出的时光，即使现在她还能回忆起这些细节。想不到吧，我也喜欢。

我和儿子瑞恩也有有趣的冒险活动。他3岁的时候，我把他的熊、狮子、鹿、长颈鹿等毛绒玩具藏在房子的四周。天黑的时候，我拿着手电筒，他带上玩具枪。我们一起匍匐爬行着玩大型狩猎游戏。他12岁的时候，我们开始真正外出打猎和钓鱼。我永远忘不了与我唯一的儿子外出打猎的日子。我们现在仍然一起打猎。

从现在看来，我可以说，我在过去所做的事情当中，没有什么——比与我们的小家庭在一起度过的时光更有意义。我们今天所享受的美好关系是在那些年中培养的，而那些年正是我追逐职场成功的最好的时候，也是我最容易忽略家庭最重要之需求的时候。

我在本章要说的话主要是针对这样的爸爸：家里有年幼的孩子，并且想满足小孩子们的心灵需求。我的建议对家有成年女儿的爸爸也同样适用。也许，过去的“爸爸的小公主”现在仍然在渴望她年幼时没有得到的爱和肯定。即使爸爸们不可能再在沙池里与5岁的女儿玩沙子，现在对她们说一声“你在我眼中很宝贵”仍然不迟。几年前，我邀请我的广播听众拨打我们爱家协会的电话，并把她们对爸爸所讲的话录了下来。大约600多人参加了这个活动。我听了不少这样的录音，并将部分录音在父亲节那天播放了。在这些来电中，没有人提到父亲的职业，没有人说“谢谢爸爸挣了很多钱”“谢谢你为我们买的大房子”“谢谢你给我们买的凯迪拉克牌或梅赛德斯或宝马等名车”，也没有人提到住在高档社区。相反，一个又一个人打进电话说：“爸爸，谢谢你爱我并在我需要你的时候陪伴我。”有些人带着强烈的感情说：“谢谢你即使很忙的时候也允许我打扰你。”几乎所有的女士在电话中都提到父女关系中爸爸温柔的陪伴。

我们将她们的电话录音保存在磁带上。这里有一个录音，我希望每个人都听一下。这是打电话者的原始录音。她这样轻轻地诉说：

> 你好！我是来自乔治亚州的凯西，想要念一封我给爸爸写的信。当痛苦、药方、酗酒出现的时候，我不知道哪里出错了。我还是个孩子。爸爸，你从来没有故意地令我失望。但是，你很多次令我失望。爸爸，当1978年的父亲节即将来临之际，我一如既往地想你。当时我找到了适合你的贺卡，将它邮寄给你，我亲爱的爸爸。但是我寄迟了。爸爸，一整天，你的电话是忙音。你死在地板上，没有人陪在你身边。你倒在打翻的电话旁边，就在父亲节这一天。当我赶到波兰的时候，我寄给你的贺卡仍然躺在邮箱里。你永远不会知道这个贺卡了，爸爸。我寄得太迟了。
>
> 亲爱的天父，你时刻提醒我，迟寄总比没有寄要好，但是这不够好。爸爸，你死了，没有在父亲节这一天体会到我的关心和爱。

凯西的话至今回响在我的脑海："爸爸，"她说，"我一如既往地想你。"即使她儿时的痛苦经历已经过去几十年，她仍然在哀悼背叛家庭的爸爸。录音里她的声音，没有愤怒也没有憎恨，只有伤心，因为她"所爱的爸爸"在她需要他的时候从不在场。我记不清有多少成年女士给我讲过她们的爸爸一次又一次地令她们失望的类似经历。几年前，我读到一封非常感人的信，这封信是一位名叫凯瑟琳的14岁的女孩写给杂志社编辑的。她描述了她的生活中一个极其痛苦的时刻。信件标题为"生活有时就是这样"，这封信的内容如下：

我10岁的时候，爸爸妈妈离婚了。自然是爸爸来告诉我这个消息，因为他是我的至爱（注意凯瑟琳没有说"我是他的至爱"）。

"甜心，我知道过去几天生活很糟糕，而我不想使事情更加糟糕。但是有些事情我不得不告诉你。甜心，我和你妈妈离婚了。"

"但是，爸爸！"

"哦，我知道你不想看到这种结果，但是离婚已经办完了。现在我和你妈妈无法像过去那样相处了。我已经将行李打包好了，我的飞机半小时后就要起飞了。"

"但是，爸爸，你为什么要离开呢？"

"哦，甜心，我和你妈妈不能继续住在一起了。"

"哦，我知道。但是，我的意思是，你为什么要离开这个城市？"

"哦，有人在明尼苏达州等我。"

"但是，爸爸，我还能再见到你吗？"

"哦，当然，甜心，我们会想办法的。"

"但是，怎么回事？我是说，你要住在明尼苏达州，而我要住在宾夕法尼亚州。"

"哦，也许你妈妈会同意你夏天与我一起生活两周，冬天与我一起生活两周。"

"为什么时间不能多一点呢？"

"哦，我认为你妈妈可能不会同意这夏天两周冬天两周的计划，时间可能要少得多。”

“好吧，试一试也行。”

“我知道，甜心，但是，我们以后再做计划吧。现在，我的飞机20分钟后就要起飞了，而我还要赶到机场。现在，我要取行李。我希望你到自己的房间里去，你就不必看着我离开，也不用说再见，不然你会很长时间不愿意跟我分开。”

“好吧，爸爸。再见！别忘了给我写信。”

“不会忘的。现在，再见。回到你的房间！”

“好吧，爸爸。爸爸，我不想让你走。”

“我知道，甜心。但是我不得不走了。”

“为什么？”

“哦，你不懂。”

“不，我懂！”

“哦，再见。再——见！现在回到你的房间，快点！”

“好吧。哦，我想，有时候生活就是这样的。”

“是的，甜心。有时候生活就是这样的。”

我爸爸迈出那扇门以后，我再也没有得到他的音讯。

现在读凯瑟琳的信仍然令人心痛。我在想：她是否还在想念那个抛弃她到明尼苏达州投向新欢的爸爸？那次毁灭性的经历在怎样影响着凯瑟琳余下的青春期生活？又会怎样影响她对丈夫的选择？怎样影响她如今的生活？她的爸爸是否后悔自己多年前令这个小女孩心碎的行为？我们只能猜测而已，但是我想我是知道的。是的，我确信我知道。

我们来讲讲家庭动力学在家庭中的具体表现，并解释一下为什么女儿们常常处在弱势地位。首先，做丈夫的明白他们的妻子有一些不同于自己的更紧迫的浪漫需求要得到满足。当然，并不是所有的男人都会努力满足妻子的这些需求，但是他们肯定听说过。

同样地，有了孩子后，做丈夫的通常明白，将男孩培养成男人是自己的责任。妈妈们天生缺少一些条件，所以这就仰赖爸爸将男性特征的内涵传递给儿子们。男人们也许愿意，也许不愿意承担这份责任，但是，他们至少知道他们应当如此。

这样，我们就理解了女孩们通常在家庭中的地位是怎样的。请注意，我要讲一个我认为非常重要的观点：在一家之主的男人对家人的关注排序中，女儿们往往被排在第三位。我在做家庭工作很多年以后才得出了这个结论。我再强调一遍：爸爸们本能地知道男孩们需要特别的关注、管教和引导，但是他们常常没有意识到他们的女孩也极其需要他们。很显然，一些爸爸将满足女孩被肯定的渴望看作是妈妈们特有的责任。培育女孩通常被爸爸们看成是“女人的事”。

对于男人来说，理解妻子有时候已经够难的了。对于这些不停地需要他们关注的叽叽喳喳的小姑娘们，他们就更无暇顾及了。我再说一遍，女孩与男孩一样需要他们的爸爸。这个观点对于某些男人来说是闻所未闻，但却千真万确。

在结束本章之前，我们为爸爸们提供一些可操作的建议，使他们能够建立有意义的父女关系。这不像火箭科学那么难，但是我们所有人都需要时常提醒自己关注父女关系中女儿显而易见的需求。人类关系中一个关键因素体现于一个词语中：谈话。女孩和女士们比男孩和男士们更多地通过谈话来联络感情。每当女性与所爱的人之间的沟通中断了，她们通常会觉得很受伤，很受挫折。如果爸爸不与女孩说话，她们常常就觉得自己被抛弃了。

读者们还记得吗？上一章有两个女生提到这一点的时候泪流满面。其中一个说，她的爸爸对她完全不感兴趣，不在乎她这个人，也不在乎她做什么。另一个说，她的爸爸“一点儿也不知道怎样交流”，结果，她一直不知道亲密是怎么回事儿。她从来没有见过或者经历过亲密。

每个职业咨询师都听到过类似的叙述。所有年龄段的女性都倾向于将男性的沉默解释为拒绝她们。基于这个理解，爸爸如果想与女儿建立关系，最好的办法就是与她们交谈，谈她们感兴趣的任何话题。问她们问题，然后仔细地听她们说什么。在互动谈话中，爸爸就可以对女儿给予肯定。如果与女儿的谈话是有意义的和亲密的，这就证明了她是有价值的、安全的和被爱的。通过简单真实的谈话就可以很容易地达成这些积极效果。

对女孩来说，抚摸是建立关系的另一个必不可少的要素。就像她们的妈妈一样，女儿们也需要经常被拥抱，最好每一天都拥抱她们。女孩小的时候，她们把爸爸看作英雄和好朋友，这个时候拥抱她们是很容易的。但是，在她们青春期和性成熟期的时候，爸爸们通常觉得不方便拥抱女儿了，而倾向于回避身体接触。女孩可以准确地感受到爸爸这种不安。[4]

在我们与女生的座谈中，一位女生给我们看了一本教材中的例子。这个例子说明了父亲们通常怎样回应正处于青春期中的女儿。值得在此重述一下：

> 当我从小女孩变成女人的时候，也就是进入青春期的时候，我的爸爸完完全全地退出了我的生活，似乎他再也不知道怎样与我相处了，而这个时期正是我一生中最需要他的时期。

我猜想，令这位爸爸觉得别扭的是女儿的胸部发育和女性特征。有一些十四五岁的女孩已经拥有成年女性的体形，她们的爸爸应当不去在乎，但他们却在乎了。一位慈爱的父亲担心他触摸了不应该摸的部位或者说担心冒犯了女儿。因此，他小心地与女儿保持距离。

女孩在整个童年可以与爸爸摔跤，可以拥抱他，吻他。而现在，她可能不理解为什么她想要拥抱爸爸的时候爸爸却躲开她。一位评论者将这种行为叫作“比萨斜塔”。爸爸们不知道怎样表达他们的紧张情绪。女儿喜欢爸爸是不由自主的，通常纯洁无邪。如果家里的孩子们（无论男孩女孩）仍然紧贴着爸爸对他说爱他，爸爸就更不知如何是好。而刚进入青春期的孩子们需要亲密，并渴望找回失去的亲密关系。

这位大学女生发现爸爸在回避她，就自然而然地得出这个结论：“爸爸不再爱我了。”全世界成千上万的爸爸和女儿们正在演出这样的人生戏剧。

我想对这些爸爸们强调一下，你们青春年少的女儿正在经历极大的不安全感。她们现在极其需要你们，你们是她们的保护者，是她们稳定感的源头，你们的爱对她们学习处理同学的拒绝、受伤和恐惧的感受至关重要，她们此时比以往更需要拥抱。

我强烈建议做爸爸的继续给予女儿适当的身体接触，就像在她们小时候一样。

当然，应当是慈父式的爱抚。这很重要。你现在最不应该传递给女儿的信息就是你已经不爱她了，即使你不是有意的。因此，爸爸们，收起你们的尴尬吧，拥抱你们的女儿，就像她们6岁的时候拥抱她们一样。

当我的儿子3岁，女儿7岁的时候，我分别学到了身体接触的重要性。丹妮小时候整天黏在我身上。周六晚上我看美式足球赛的时候，她常常抱着她的芭比娃娃坐在我的腿上玩。然后，她会爬上我的背，坐到我的肩上。当南加州大学木马队触地得分的时候，我高兴地跳舞，而她挂在我身上咯咯大笑。她总是爸爸的小女孩。

后来，丹妮和瑞恩两人都染上水痘。我很幸运，从未得过水痘，我不想被传染上！成年人得水痘是一场噩梦。因此，我有5天小心翼翼地回避着两个孩子。我试着掩饰，但是我女儿看出来了，她跑到妈妈那里哭诉说："爸爸再也不想碰我了。"

这句话像一把刀扎在我心上。这告诉我，女儿仍然需要我与她有身体接触。这是我表达爱她的方式之一。当她的水痘快好的时候，我紧紧地拥抱她。这一次教训对我与青春发育期的丹妮相处很有用。顺便提一下，我没有被染上水痘，至今没有。

对于爸爸们，我想说："继续做你正在做的！"挺直你的"铁塔"！如果你倾斜了，女儿会注意到的。

我最后的建议既简单又有效：希望与小女孩乃至大女孩建立关系的爸爸们，你们需要拿出时间与她们一对一地单独相处，这是挪去障碍、建立桥梁的很好的方法。带你的女儿去某个她喜欢的地方，去吃早饭或者正餐，不一定是大餐，只要你们两个人有个安静的时间能够坐下谈话就行！还可以两人一起打微型高尔夫球，或者到图书馆看看有没有适合你们俩一起在家观赏的DVD电影。如果女儿还小，带她去儿童影院或者主题公园。事先安排好活动日期，不要取消或者推迟。永远不要让你的孩子心里纳闷，为什么你说话不算话，连个电话也不打一个。这会令女孩更加痛苦，还不如事先不去承诺。

一旦进入青春期，你的少女与你在一起的时候如果被人看见，她会觉得尴尬。没有关系，不管她提出什么要求，尊重她的选择。

永远不要忘了女孩的构成元素与她们的妈妈是一样的。准备小纸条和卡片，将它们放在女儿的外衣口袋或者鞋里。写下简短的祷告词，放在她的枕头底下。女孩爱花，这是她们的DNA！ 当你向他人夸奖她，她会乐开花。想方设法让女儿进入你的世界，或是你进入她的世界。同时，每一次你们在一起的时候都要对她说，你爱她，你将永远是她的英雄。

我喜欢写这个题目，因为它很贴近我的心。我敢打赌，很多读者也有同感。我在下一章写的，你们也会喜欢。

***

如果父女感情很好，爸爸对女儿一生各个方面的幸福都将有很大的贡献。以下是这方面的研究结果概述，读完以后，你就会明白为什么爸爸很重要。

如果爸爸温和地对待女儿并适当地控制她，她会在学业上更加成功。[5]

与爸爸关系亲近的女生较少忧虑和畏缩不前。[6]

与父母关系良好是防止女孩涉足婚前性行为及卷入毒品和酗酒的第一重要因素。[7]

相信爸爸关心自己的女孩很少有以下行为：试图自杀、对自己的身体不满意、抑郁、自我认同低、滥用药品、不健康的体重。[8]

有爸爸管的女孩愿意上学的人数是没有爸爸管的女孩的两倍。[9]

有爸爸或者类似爸爸的男监护人的女孩觉得被保护的感觉更加强烈，也更愿意上大学，一般也不会从大学里退学。[10]

在不到21岁的时候父母离婚或者分居的女孩，寿命普遍要减少4年。[11]

有好爸爸的女孩较少以炫耀自我的方式求得异性的注意。[12]

与爸爸妈妈同住的女孩相对于只与妈妈同住的女孩，更少遇到生长障碍和发育迟缓，更少遇到学习障碍、情感交流障碍以及行为问题。[13]

只与妈妈同住的女孩在控制冲动和延迟满足等方面的技能明显不足，她们对是非的辨别能力较弱。[14]

如果男孩和女孩的爸爸设立了界限和规则并向他们表达爱意，他们的学业表现就更加出色。[15]

以下的研究结果会令你觉得有趣。研究者观察到，儿童时代与爸爸关系好的女士，倾向于被那些与爸爸有相似表情的男士吸引。某些成年女儿的配偶拥有与她们的爸爸非常相似的外貌。[16]

没有结婚的女士们或许不喜欢听到这个信息！

以下提到的相关研究，最早发表在30多年前，但是档案保存得很好，在我看来仍然有效。其研究成果被写进了《爸爸的女儿，妈妈的男孩》（*Daddy's Girl, Mama's Boy*）一书，作者是詹姆士·儒博士（James Rue）和路易斯·沙娜汉（Louise Shanahan）。[17]该书的主题是女孩与爸爸的关系以及男孩与妈妈的关系。他们发现，孩子们与父母的关系大大地影响了他们未来的恋爱关系。如果女孩有一位爱她的、滋养她的爸爸，她倾向于找这样一位结婚伴侣：他的一些个人特征和性格与她的爸爸相似。相反，如果女孩有一位虐待人、拒绝人以及不负责任的爸爸，她寻找的男人会一点儿也不像他。这种情况同样适用于男孩，他们寻找配偶的时候同样受到与妈妈的关系的影响。因此，即使儿女们的童年已经过去很久，爸爸妈妈仍然在塑造着他们的浪漫倾向。

最重要的一点是：父母决定论。你不仅携带着他们的基因，也受到他们的各种影响：思维、行为、价值观、长处、短处、希望、梦想、偏见、智力、错误、失败、成功、疾病、健康、高兴、悲伤，等等。是不是有点儿可怕？这也是为什么伟大的爸爸妈妈本身就是财富。

第 10 章

爸爸对女儿

BRINGING UP GIRLS

这里有一点儿“新发现”，我在此转述给爸爸们，也转述给妈妈们。以下格言节选自哈里·哈里森（Harry Harrison）编写并公开出版的可爱的小书《爸爸之于女儿：培养女孩的生活课》（*Father to Daughter*：*Life Lessons on Raising a Girl*）。你们可以一边读这些妙语和建议，一边在特别有见识的格言下以横线做标记，我就是这么做的。

- 这是事实：你的小女孩任何时候都可能会融化你的心。
- 现在就进入她的生活，而不是等到她15岁的时候才想要与她建立关系。
- 摇她的摇篮时唱歌给她听，她喜欢听见你的声音，这是度过凌晨1点的超棒方法。
- 记住：如果你大声嚷嚷，叫儿子不要玩墙上的插座，他要么停止，要么继续玩；而女孩则会哭。
- 她妈妈教她怎样烤巧克力饼干，你教她怎样泡在牛奶里吃。
- 教她数数。先数手指头，再数甜甜圈、巧克力豆、蒲公英、萤火虫。
- 准备陪她看大约200遍沃尔特·迪士尼的影片，每一部！
- 看到妈妈和女儿在一起的样子很奇妙，永远保持欣赏的心态！
- 当她蹒跚学步时，无来由地用双手吊着你的脖子，好好享受。务必抑制内心想要为她买下世界的冲动。
- 要相信妈妈更擅长理解小女孩的秘密，而你必须了解大女孩的秘密。
- 永远，永远不要取笑她。
- 切记：你的个性特征从一开始就在塑造她。
- 永远别忘记：爸爸的支持会塑造一个高度自信的女儿。
- 经常读书给她听。很快地，她就会读书给你听。
- 在她的第一个钱包里，放上你的照片。如果你够幸运的话，她将一直随身携带。

- 不要姑息她发脾气。现在不，在她15岁的时候也不。这样，你的家就会更加平静。
- 限制她看电视，除非你想让她长大以后养成好莱坞人的价值观。
- 小女孩为自动扶梯着迷，一定要牵着她的手。
- 送给她情人节贺卡，年年送。
- 和她一起躺在草地上，看天上的各种形状的云彩。这是在她小时候触及人生话题的好办法。
- 准时回家吃饭，这很重要。
- 为她保守秘密，这样她就开始信任男人。
- 带她在林中散步，指给她看有毒的常青藤，为她示范怎样跳过溪水，教她怎样找到回家的路。
- 让她教你今天在学校里学到了什么，教你什么是朝圣者，乘法或者海牛是什么，还有怎样唱那首她最喜欢的歌，怎样烤蛋糕，怎样编芭比娃娃的发辫。
- 常常夸奖她。告诉她，你爱她本来的样子。如果你常常这样说，她青春期时就会记得。
- 夜深人静之际，和她一起轮流编故事，激发她的想象力。
- 给她惊喜：带着“欢乐餐”或者比萨饼，不事先打招呼，到她的学校与她共进午餐。
- 千万不要当着她的面与她的妈妈争论，尽管这很难，但还是回避一下她吧。
- 记住：这个社会正在教给她价值观，一周7天，一天24小时。你需要更加坚定地将你的价值观教给她。
- 绝不允许她态度粗鲁地说话，无论是对你，还是对她的妈妈，或是对别人。
- 教导她耐心、善良、包容。否则，从现在起到今后许多年中，你会后悔的。
- 带她去高尔夫球场，给她一支短球棒，让她可以在旁边打球。
- 先想好再跟她说话，否则，即使你不是故意的，也可能会伤害她的感情。

- 永远不要嘲笑她的梦想。
- 引导她听话听音，当然，要记住她在这方面可能比你更有天赋。
- 每年一次带她到某个她从未去过的地方，这会培养她的探险精神。
- 她的独奏、音乐会或者其他表演活动，一次都不要错过。现在不要错过，以后也不要错过，一直到她毕业。
- 鼓励她表达良善，包括对那些人人都不喜欢的女孩。
- 一天24小时，你随时向她开放。
- 记住：在她进入尴尬的青春期之前，她需要很强的自我形象。爸爸的爱使事情改观。
- 如果十几年来你所熟悉的可爱、温柔的天使有时候不见了，接受现实。她会回来的。
- 记住：青春期的少女会在自己的房间里花几个小时做某件事。男人永远不会完全理解这究竟是怎么回事。
- 一旦她身体开始发育，不要回避她。
- 认识她的朋友们，同辈中，中学同学的影响力最大。
- 提醒她，父女之间最重要的是信任。
- 和她一起开车出门，你就第一时间知道她每天在做什么。
- 记住：当你面对一个13岁的少女时，你面对的是一个疯疯癫癫的人。
- 经常与她谈论如何作决定以及对性的看法，谈来自同伴的压力，谈爱，谈浪漫的爱情。你永远不知道哪句话正是她需要听的。
- 她在身边时，请注意你说话的方式，也要她注意自己的说话方式。
- 青春期的女孩不好意思说出自己真实的需要，常常需要你主动关心。
- 接受这个现实：女孩们高兴时会尖叫，糊涂时会尖叫，激动时会尖叫，害怕时会尖叫，突然看到某个男孩站在队伍里也会尖叫。
- 当她特别生气的时候，和她一起坐下，听她讲一下发生了什么。记住：你听得越多，你了解得越多。

- 不要订阅那些不尊重女性的杂志，这些杂志专门谈论“你怎样看待所有的女人”之类的话题。
- 她出门前，如果你不赞同她的打扮，请她回自己的房间换一身，但态度要温柔而坚定。
- 有时候你觉得自己养了一个外星人，她同时也会觉得自己的家长像外星人。
- 不允许她挑拨你和她妈妈的关系。
- 永远不要骂她，不管你有多生气，也不管她做了什么。如果你骂了她，她会记一辈子。
- 记住：许多女孩回忆的时候，认为中学是她们一生中最糟糕的日子。要理解她身处的环境，要参与她的生活。
- 自告奋勇地开车送她和她的朋友们去看电影，然后听她们的谈话。
- 自她出生的那天起，你就要寻求各个方面的指导来抚养她。
- 当她请求你饶恕的时候就饶恕她，这是她学习饶恕他人的最好机会。
- 在这个充斥着色情图片和色情玩笑的时代，教导她怎样持守道德操守。
- 时不时地关心一下她的精神生活，如果她有什么追问你，与她好好谈谈。
- 教她怎样为恨恶的人祷告，他们可能是她的同班同学，也可能是她的前男友。
- 教她把每一天都看作神圣的日子。
- 不管你受到多大的刺激，不要对裁判大喊大叫或者侮辱裁判。否则，你会令她尴尬，显得像个傻瓜。
- 你必须教她开车，同时又不能把她弄哭了。
- 清楚地告诉她，你希望她系上安全带，即使她穿着正式舞会的裙子也要这样做。
- 劝她在油箱还剩四分之一的时候就去加油，而不是等指针落下，车子冒烟的时候才加油。
- 打扮怪异的男孩会造访你的家，不要大惊小怪，因为青春期男孩的打扮就是怪怪的。

- 让她观察你怎样对待你的妻子，学习一个男人应该怎样对待一个女人。
- 教她看着男孩的眼睛说“不”。
- 不要揶揄地问她有没有男朋友。她也许没有，而你的揶揄让她觉得她应该有一个。
- 如果她讨厌足球却突然变成了足球迷，你要理解她。可以确信，这与某个男孩有关。
- 告诉她，如果她以愚蠢的方式吸引男孩，那么被她吸引的男孩一定是愚蠢的。
- 向她解释：有危险的男孩，也有可敬的男孩。并告诉她两者的不同。
- 如果一个男孩停下车，按喇叭喊她出来，你要出去向他解释，告诉他：你的女儿回应门铃，而不是回应喇叭。
- 等她回家。知道爸爸在家等她，对她作正面的决定一定很有帮助。
- 对她的恋爱生活不要太情绪化，否则，你会失去理智。
- 不要让她的情绪或者愤怒把你排除在她的生活以外，她现在是最需要你的时候。
- 对于她要买以下这些东西：化妆品、黝黑露、洗发水、护肤霜、染发剂、睫毛膏、眼线笔、香水、古龙香水、沐浴露等，如你感到劝阻起来无能为力，就接受现实，由她去吧。
- 一定要保持家庭传统，你和她都想不到，这些家庭传统会对她越来越重要。
- 多陪她散步。如果你认真听她讲话，她会向你倾吐心声。
- 记住：她现在的家庭生活怎样，将来的家庭生活也会怎样。
- 教她如何尊重自我。
- 不允许她为了晚会修剪发型而不去上学，除非你想让她将来成为一个晚会女郎。
- 记住：你就是关于男人的定义。如果你喝酒、抽烟、吸毒，那么将来她生活中的男人也会如此。
- 如果她15岁了，一身黑色打扮，脸上化着妆，做了发型，请不要轻易放她出门。

- 当她还是初中生的时候，就陪她参观大学校园（现在不是动感情的时候，将来有许多时间动感情）。
- 准备好将来会有一天，你不再是她生活中最重要的男人。
- 给她三把智慧的钥匙：不要全部相信所听到的；不要花完所有的钱；不要想睡多久就睡多久。
- 看一眼她的房间，看一看她的画，她的照片，她的纪念品，这些是她的回忆。这是你给予她的童年。
- 记住：她离开你上大学的时候，你会伤心。但是，你会挺过去的。
- 告诉她，她是你的女儿，你会经常梦见她的。
- 最后，让她离开家吧。[1]

现在，你的喉咙是不是有些哽咽了？如果没有，再从头看一遍吧。

第 *11* 章

舞会上的灰姑娘

BRINGING UP

GIRLS

最近，我有幸邀请到一对特别的夫妇兰迪和丽萨·威尔森（Randy and Lisa Wilson）做我们爱家协会广播节目的嘉宾。兰迪是家庭研究会（Family Research Council）全国服务项目的负责人，也是一名作家，他是“纯洁舞会”（Purity Ball）观念的首创人。“纯洁舞会”已经成为全国乃至国际性的观念。丽萨是7个优秀孩子的妈妈，她亲自在家庭学校里教育她的孩子们。

威尔森夫妇在很多电视节目上做过特邀嘉宾，包括《格雷·北克脱口秀》（Glenn Beck Show）、《NBC今日脱口秀》（NBC's Today Show）、《ABC今晚世界新闻》（ABC World News Tonight）、《费尔博士》（Dr. Phil）、《ABC早安美国》（ABC's Good Morning America）、《今晚秀》（The Tonight Show）、《大视野》（The View）、《泰娃·班克斯》（The Tyra Banks Show）以及晚间新闻节目。节目的播出引发了世界各地观众进一步询问有关父女纯洁观念的话题。

关于父女纯洁舞会的报道登上了多家媒体：《魅力》杂志（*Glamour*）、《哦，奥普拉》杂志（*O, the Oprah Magazine*）、《经济学家》杂志（*The Economist Magazine*）、《今日美国》（*USA Today*）、《落基山新闻》（*the Rocky Mountain News*）、《丹佛邮报》（*the Denver Post*）等媒体。兰迪和丽萨还被多家广播媒体采访过，有美国的媒体，也有加拿大的媒体，以及爱尔兰和英国的媒体。

纯洁舞会的网址为：http://www.generationsoflight.com。该网址中的内容描述了纯洁舞会的基本理念，并阐释了其来源。

父女纯洁舞会对爸爸们来说是一个值得纪念的仪式，因为爸爸们在舞会上要在保证书上签名，保证自己在各个方面的纯洁，做一个负责任的正派男人。这个保证中有对女儿的誓言，即发誓要在女儿选择纯洁生活上保护她。女儿们默默地将一枝白玫瑰放在十字架上，以承诺要过纯洁的生活。因为我们珍惜我们的女儿，把她们看作王室公主，我们也要像对待王室公主一样对待她们。

一位参加过纯洁舞会的名叫威斯利·图里斯的爸爸，在一封信里这样表达他的感激之情："当我正笨拙地学走狐步的时候，我11岁的女儿抬头注视着我的眼睛，她天真无邪、无比开心地对我说：'爸爸，我好激动呀。'怎么衡量这个活动的价值呢？我带着两个女儿莎拉和安娜参加这个纯洁舞会活动有两年了。作为她们的爸爸，带她们参加她们一生中最盛大的舞会，她们的温柔、细腻和成长，我无法用语言形容。她们全身心地接受我给予她们的爱和关注，流露出自尊和自我认同。"

那么，女儿们是怎么看待纯洁舞会的呢？一位女孩这样写道："我的爸爸认为我的天生独特之处很美。他很尊重我，高看我。我爸爸甚至为了我装傻，在学跳舞的时候嘲笑自己。爸爸真的很爱我！"[1]

《纽约时代》甚至用了一整版篇幅刊登了妮拉·班尼基（Neela Banerjee）的特写文章。文章题目叫《舞走今晚，志在永远》（*Dancing the Night Away*，*with a Higher Purpose*）。班尼基在文中描述了第九届一年一度的父女纯洁舞会。大约有70名年轻女士头发做成晚装造型，戴着头饰，穿着曳地礼服，在爸爸、继父甚至未来公公的陪伴下鱼贯步入五星级酒店布罗德莫饭店（Broadmoor Hotel）。

她写道："与爸爸一起度过的舞会的头两个小时有点儿尴尬。基本上都是男人们在说话，而女孩们在努力地切盘子里的鸡肉。但是，吃过甜点之后，63位男士起立大声宣读了一个保证书：'我宣誓，愿意以家长的身份保护她，在纯洁方面保护她。'"[2]

兰迪和丽萨夫妇和他们的三个孩子被邀请到我们的广播室所做的这次嘉宾访谈节目，是本年度最受欢迎的节目之一。

他们夫妇10年前组织了美国第一届父女纯洁舞会，最初没有想到这个舞会会风靡美国。相反地，他们最初办舞会的目的只是想庆祝他们时年13岁的大女儿劳拉即将进入青春期，仅此而已。自那以后，事情发展都是源自这个简单的想法。不久，其他家庭很显然也想为他们的女儿做同样的事情。

夫妇俩的一个女儿，现年20岁的克里斯汀说："当今的文化说，你可以随意地与许多你愿意的人睡觉。这样做除了带给你完全的混乱之外，还有什么？"我们知道婚前性行为对于女孩有灾难性的后果。因此，爸爸们在帮助她们保持纯洁上起着至关重要的作用。

另一个女儿，现年19岁的约戴恩这样说：“我需要来自爸爸的肯定，需要他告诉我，我是漂亮的。如果我们从家里得不到这些肯定，我们就会到社会上去寻找。”

在《纽约时代》刊登的一篇文章中，班尼基指出，近年的研究显示爸爸与女儿的关系越亲近，女儿过早参与性活动或者怀孕的机会就越少。因为这个原因，纯洁的焦点应该在爸爸们身上。他们被要求做女儿的好榜样，具备高尚的道德标准和精神追求。

我问丽萨，她为什么全身心地、不遗余力地亲自在家里给孩子们上课，让他们完成学业。她的双眼立即有了泪花，她说：“哦，你的问题使我忍不住要哭。”以下是我们的对话：

杜布森博士：从经济和个人得失上来说，在家教育孩子们对你是不是一种牺牲？

丽　萨：那是当然！我不得不对我生活中的许多事情说“不”，对许多有趣的活动和机会说“不”。但是，这些活动不会带来亲密关系。而我每一天都能够把孩子们召集过来，看着他们的面庞，这对于我是多么大的祝福啊！再没有比投资这些宝贵孩子们的内心和灵魂更有意义的事了。

杜布森博士：兰迪，你欣赏丽萨为家庭所做的一切吗？

兰　迪：我可以告诉你，丽萨是我的礼物。

杜布森博士：我的妻子雪莉也是我的财富。好吧，我们来继续谈纯洁舞会以及舞会的意义。这几年我一直在写一本书，因为我对现今的女孩们越来越担心。我做了一些调查，毫无疑问，许许多多的女孩正处于很大的麻烦之中，而且，情况越来越糟。你怎么解释文化对我们孩子们的影响？

兰　迪：有许多女孩迷失了，主要是因为她们缺少爸爸的爱。许多男人不参与家庭生活，不重视家庭。然而，家里的男孩女孩都急切地需要爸爸帮助他们建立自信并认同自我，帮助他们搞清楚事实真相。我发现这些在现今的文化中已经很少见到了。由于缺少专注于家庭的男人，男孩和女孩们将会在即将到来的挑战中挣扎。

杜布森博士：很显然，大众媒体对你们所做的事产生了兴趣。据我所知，你们从来没有付钱让媒体报道你们。但是“纯洁舞会”似乎正在蓬勃发展。媒体是怎样描述你们的目的和意图的？

兰　迪：记者们不理解我们正在做的事情，他们也不想弄明白。他们带着事先列好的采访提纲，按自己的价值取向来写报道。例如，有一次女孩们在科罗拉多春泉市的舞厅排练，《纽约时报》的记者采访我。我说：“要知道，我们已经对许多媒体讲这件事，讲了一年多了，我每一次都讲同样的内容。纯洁舞会提倡父亲要负责任，也就是父亲要为他们的女儿设立是非标准，并帮助她们建立健康的两性关系，我们的目的不是要控制女孩们。”尽管如此，记者们还是继续做相反的报道。他们指责我们过分强调父权并过度保护女孩，这是对我们的曲解。我们在支持女儿们顶住伤害她们的混乱的文化潮流。父亲们表达他们爱女儿，并保证在她们面前以圣洁的生活作为榜样，难道还有人批评父亲们这样的努力？关于这一点，媒体记者们说是“很有争议的”。

杜布森博士：你是不是也在向你的女儿们生活中的年轻男性传递一个信息？

兰　迪：对，纯洁舞会也是为儿子们树立一个榜样，向他们示范应该怎样对待他们生活中的女士。

杜布森博士：请多给我们讲讲纯洁舞会以及那个迷人的晚上发生的事。

丽　萨：精美的晚宴过后，兰迪上台讲话，请男士们担负起做父亲的责任。接着，他邀请男士们来到舞厅中央，让他们站成一个圈，手牵着身着可爱的舞会盛装、容光焕发的女儿们。爸爸们将手放在女儿们的身上，然后一起祷告要保持心灵和身体的纯洁。然后，男士们大声读出保证书。

杜布森博士：你今天随身带了一份保证书，能不能为我们读一读呢？

兰　迪：好，以下是我对我的长女劳拉的保证：“我，劳拉的爸爸，宣誓愿意以家长的身份保护她，在纯洁方面保护她。我自己作为丈夫，作为爸爸，也愿意过圣洁的生活。我要做一个诚实可靠的男人，作为家庭最高领导，带领我的女儿和全家，并指导他们，为他们祷告。愿我的誓言将影响我们的后代。”

丽　萨：接着，整个会场响起了一阵相机快门的“咔嚓”声，摄影师们为签保证书的爸爸们照相。

杜布森博士：我敢保证，很多人都会感动得流下眼泪。

丽　萨：噢，是的！那个时刻真是令人震撼！接着，女儿们在保证书的见证人一栏签下了自己的名字。

兰　迪：那是个很神圣的时刻。

杜布森博士：这有点儿像灰姑娘的夜晚，是不是？除了没有玻璃鞋和南瓜车，其他都差不多，是不是？

（在场的威尔森夫妇的一个女儿说：“对呀，毫无疑问。太令人惊讶了，而且我们有被人深深爱着的感觉。”

另一个女儿这样描述这次舞会经历：“当所有的爸爸们站起来对他们的女儿朗读保证书的时候，我觉得那些话进入了我的心里。我爸爸承诺为我过诚实圣洁的生活，他在保证书上签名，而我作为见证人签上我的名字。因他承诺过圣洁生活来坚固我，所以当他带着我走进舞池的时候，我的心充满了力量，同时我也知道了我的人生将不再一样。”）

丽　萨：我还邀请了收养非洲孤儿的爸爸们。参加舞会的人中有养父、继父、叔叔，还有祖父。有一位40多岁的女儿打电话邀请关系不和的爸爸参加。最初，他拒绝了女儿的邀请，但是后来决定参加。我们看到他老泪纵横，整晚都与女儿在一起跳舞。

杜布森博士：哦，天啊！

丽　萨：是不是很令人激动?

兰　迪：纯洁舞会打开了那个父亲的心。老人祝福了他的女儿，这是她一生中第一次听到他的祝福。我们认为纯洁舞会提供了一个尊重和珍爱女儿的机会，它呼唤爸爸们回来负起为人父的责任，呼唤现今文化中已经丧失的做父亲的责任，它意图来重续、重建父女关系。

丽　萨：爸爸们把剑放在十字架上以示他们保护女儿的决心，也象征对女儿的祝福。然后，父亲和女儿一起跪下，由女儿将象征着全心全意和纯洁的白玫瑰放在十字架上，真美好!

我们还准备了麦克风，以便爸爸们祝福女儿，女儿们祝福爸爸。整个晚上，都有人等待祝福的机会，爸爸和女儿们都非常感动。这个社会没有其他地方可以表达两代人之间的尊重和祝福，而这个舞会提供了这样的机会。发生的这一切会令你惊喜万分。爸爸们开始与女儿跳舞时，晚会达到高潮。

杜布森博士：你来自不健全的家庭，对吗?

丽　萨：是的，我两岁的时候，爸爸离开了妈妈。当时，妈妈21岁，却要抚养3个年幼的孩子。我爸爸的余生一直在试图与我恢复关系，但是没有成功。在他去世前6周（哽咽了），他看着我的眼睛说："我很想说，对不起，我真希望重新来过。"

当我想到我的丈夫每周一次，把手放在孩子们的头上或身上祝福他们的时候，我的眼泪再也控制不住了。我们已经赢回了失去的领地。许多爸爸们自责地活着，但是已经失去的难以赎回。

杜布森博士：你们想对没有丈夫保护自己女儿的单亲妈妈们说点儿什么吗?

兰　迪：哦，我们经常会问："有没有祖父，或者兄长，或者叔叔愿意做女孩的代理父亲？"我们经常听说某个家庭中这样的男人怎样带着女孩参加纯洁舞会，并保证在她的生活中承担父亲的角色。他会说："我为你而努力，在你的人生路上，我引导你，并以身作则！”对生活中没有父亲的女孩，这样的男人将起多么大的作用啊。

兰　迪：杜布森博士，我常常听到爸爸们讲，他们的女儿回家路上一直在谈论这个舞会，并要求爸爸明年还带她们参加。

约翰·福勒（主持人的搭档）：在我们播出之前再讲讲杜布森博士提到过的一些男人吧。他们中的有些人一定坐立不安了。你和丽萨所讲的打动了他们，但是他们可能会这样想：我把事情弄糟了，我现在没有办法挽回了。但是，我听到你说：“还来得及，来参加舞会吧，当着众人的面挺直腰杆，签保证书，与女儿跳舞，做个女儿心目中的男人！”你们怎样可以让男人有这么大的勇气迈出这一步？

兰　迪：哦，他们可以先与女儿聊聊，带她们到甜品店或餐馆就餐。先问她们一些问题，例如：“你能告诉我，你希望我为你做点什么吗？”“给我讲讲你最害怕什么。”“给我讲讲最令你高兴的是什么。”“如果你有机会做任何事，那会是什么呢？”这些问题，可以打开女儿心灵的窗户。这样的谈话有助于让父女关系开始一个新的篇章。纯洁舞会给了你一个进入女儿内心的许可。

约　翰：会不会有些男人觉得很不舒服？

兰　迪：那是自然，但是对他们来说也不太难。房间里到处是别的爸爸们，他们只需四处看看，看到别人怎么做，跟着做就行了。

丽　萨：有爸爸第一次参加这样的舞会，也有代表着重组家庭的继父参加。我们看着他们做以前从没有勇气做的事情，听见他们请求女儿原谅过去没有在女儿身边尽到做父亲的责任，而现在是他们新的开始。我们与他们一起哭泣。

杜布森博士：令人震撼！知道吗？你们说话的时候我在想，如果我对我和女儿的关系信心不足，我要问她的第一个问题是：“你是否知道（哽咽）我非常爱你？”这是很好的开始。

丽　萨：嗯。

杜布森博士：我们该快点儿结束谈话啦。兰迪，给我们讲讲纯洁舞会的发展情况。

兰　迪：杜布森博士，10年前我们不知道纯洁舞会走向哪里，现在我们仍然不确定，我能够确定的是纯洁舞会正在发展壮大。自从《纽约时代》报纸刊登了报道文章以后，我收到来自各地的电子邮件，询问某个州是否也有纯洁舞会。我告诉他们可以自己在社区举办一个。我建议爸爸们自己举办一个。我们没有精力在全国各地组织这样的舞会，但是人们可以到我们春泉市来参加一次。

丽　萨：我们收到来自17个国家的询问，有的通过翻译打来电话。他们询问纯洁舞会的细节，我甚至收到来自半岛电视台网站（Al Jazeera network）的询问。

杜布森博士：呵呵，还没有达到众所周知的程度。但是爱家协会的节目已经在世界上150多个国家播放了（大笑）。好了，兰迪，结束之前，我们还需要告诉对纯洁舞会感兴趣的家庭，怎样去了解更详细的情况。

兰　迪：对，他们可以到这个网站（http://www.fatherdaughterpurityball.com）获得父女纯洁舞会的详细介绍。该网站上还有我们的图书《信心的庆祝》（*Celebrations of Faith*）的信息以及相关讨论，我们也回复咨询邮件。

***

2008年5月21日，歌手斯蒂文·科提斯·柴普曼（Steven Curtis Chapman）和他的妻子玛丽·倍思失去了他们珍爱的5岁女儿玛利亚·苏，她被车撞倒并碾过。这个非常有信心的家庭面对爱女死亡的表现，堪称其他遭受同样磨难的家庭的榜样，并对他们是极大的鼓励。车祸发生后不久，斯蒂文发表了一首名叫《灰姑娘》的催人泪下的悼词，献给他的宝贝。以下是这首撼动人心的抒情诗：

她随任何歌曲翩翩起舞，无忧无虑。

我坐在这里，肩上重担沉沉，
经过了漫长的一天，工作还没有完成。
她拉拉我，说：“爸爸，我需要你！
城堡那里有舞会，我接到了邀请，需要练习舞步。
哦，请吧，爸爸，请吧！”
所以我要与灰姑娘跳舞。
在她还在我的双臂里的时候，
因为我所知道的一些东西是王子永远不知道的。
哦，我要与灰姑娘跳舞
我不想错过任何一首舞曲，
因为午夜的钟声很快就要敲响，
而她就要离去。

她说，他是个很好的男生，很吸引她。
她想知道，我是否喜欢她的打扮。
她说：“爸爸，还有一个星期就到舞会了，
我要练习舞步。
哦，请吧，爸爸，请吧！”
所以我要与灰姑娘跳舞。
趁她还在我的双臂里，
因为我所知道的一些东西是王子永远不知道的。
噢——哦——噢，
我要与灰姑娘跳舞。
我不想错过任何一支舞曲，
因为午夜的钟声很快就要敲响，
她就要离去，就要离去。

哦，今天她回家了，

手上的戒指闪闪发光，
提醒我们他们已经订婚。
她说："爸爸，婚礼在半年之后，
我需要练习舞步。
哦，请吧，爸爸，请吧！"
所以我要与灰姑娘跳舞。
趁她还在我的双臂里，
因为我所知道的一些东西是王子永远不知道的。
噢——哦——噢，
我要与灰姑娘跳舞。
我不想错过任何一支舞曲，
因为午夜的钟声很快就要敲响，
她就要离去，就要离去。[3]

第 *12* 章

沉迷于外表美

BRINGING UP GIRLS

幻想世界中的灰姑娘以及其他传说中的公主几乎抓住了现今每一个女孩的心。已故的沃尔特·迪士尼的创造性天才和他创立的公司，令众所周知的公主运动对一代女孩产生了巨大影响，并为迪士尼机构带来了超过30亿美元的年收入。[1]

佩吉·沃恩斯坦在《纽约时代》上这样评论这个现象：

> 我们生活在一个捧星时代。在女孩们中间，公主就是“潮流”的代名词，就像哈利·波特是一本书的代名词一样。现在有超过25000种迪士尼公主物品……其有望成为地球上最大的女孩特许加盟连锁机构……粉色俨然就是新型黄金。[2]

《汉斯维尔时代-阿拉巴马》（*Huntsville*（*Alabama*）*Times*）的专栏作家，大学英语教师贝斯·詹姆士在她的文章《粉色的美和威》（*Pretty in Pink but Powerful, Too*）中也有同感：

> 我被困在“公主世界”里了，在这里，一切都是粉色。从床单到角落里的背包，再到薄纱面料做成的轻飘飘的礼服，都是粉色的。公主从高处笑盈盈地看着她所拥有的，从玩具架到外衣架，这里是公主力量的神殿。
>
> 还有市场营销的威力。迪士尼团队将女性角色串在一起，就像比比-德-柏布-阿迪-波公主。我有一堆的公主，公主家族中还有传统公主家族，如白雪公主、灰姑娘，外加美人鱼爱丽儿、《美女与野兽》中的贝尔公主，等等。
>
> 每一位公主都有一串的故事，甚至有她们最喜爱的食谱。粉色的公主专用火炉，会发出声音念出灰姑娘爱吃的南瓜派以及白雪公主的脆皮水果馅饼的配方。水壶发出嘶嘶的声音，茶准备好了，同时还摆好塑料香蕉、热狗以及杯形蛋糕。
>
> 公主们以杯形蛋糕为生，迪士尼以公主美元为生。我想美元也是粉色的。

在汉斯维尔卖场逛一逛，就能体验到公主的威力。玩具商店里有公主用的茶具、礼服和字谜，有公主爱看的光盘和电影。

所有的公主都长得差不多，你很难分清对你说话的是白雪公主还是波卡洪塔斯公主（译者注：波卡洪塔斯是《风中奇缘》中化解文化冲突的受人敬仰的公主），所有的公主说起话来都天真活泼、甜甜蜜蜜。

不要因为我们都读过《白雪公主》的故事，或者说大多数人都读过这个故事，我们长大后就要为七个小矮人煮饭和打扫房间，并为了逃避邪恶的继母的伤害而躲藏在森林深处。[3]

我们需要回答的问题是，为什么女孩们如此沉迷于公主梦想？我的女儿丹妮还是小姑娘的时候也很喜欢做公主梦。我问过她，为什么公主故事这么吸引她？以下是她写给我的答案：

1）美丽

每一个女孩都希望自己长得引人注目，而公主们个个美若天仙。白雪公主被魔镜称为“最美的美人”。当灰姑娘步入舞厅时，全场宾客都注目在她身上（甚至舞会演奏人员也暂时停止了演奏）。仙女们送给睡美人的生日礼物就是美丽，一首向她表达祝福的歌包含这样的歌词“头发如金色的阳光”“双唇令鲜红的玫瑰也自愧不如。无论到哪里，万物复苏如春天”。

2）唱歌

每一个迪士尼公主都有动听的歌喉，而有些故事正是据此展开的。睡美人出生时收到的一份礼物是歌唱的天赋，在森林里吸引菲利普王子的正是她超群的歌声。小美人鱼的歌喉可爱得令海中的女巫愿意给她地上行走的能力，以此交换她的歌喉。白雪公主和灰姑娘总是一边做家务一边欢快地发出声音（故事中她们一边工作一边吹口哨），并且她们使每一个王子以歌声唱出而非以言语说出梦想。

3）美丽的衣服

公主们穿着色彩艳丽的可爱礼服。小女孩们喜欢穿上类似的戏服以模仿她们所喜欢的公主形象。到迪士尼世界看一看吧，你会看到许多小女孩穿着她们喜欢的公主的衣服，变成了小号的白雪公主、贝尔公主和灰姑娘们在园区各处走。

4）英俊的求婚者

公主总是被相貌引人注目的男性追求，而且通常是王子——是无论在哪个国家每一个女孩都喜欢的追求者。跌宕起伏的故事发生到最后，公主无一例外都得到了梦想中的男人。在《美女与野兽》中，当城堡的咒语被破解的时候，即使野兽也变成了英俊王子，和贝尔公主一起在舞厅畅舞。

5）从贫穷到富有

有些公主本来就生活得像皇族（如爱丽儿和茉莉），一些是通过嫁给王子而变得富有（灰姑娘和贝尔），还有一些生来就是公主（白雪公主和睡美人）却没有生活在奢华之中，直到故事结尾。有一点在所有的故事中是共同的：她们都在最后与富有的白马王子过着富有的生活（至少能够买任何她们心仪的漂亮衣服）。

6）永远幸福

这一点适合每一个迪士尼公主，但是很不幸的是，并不适合我们。然而，渴望嫁给一位英俊王子并过着永远幸福的生活（没有矛盾和问题），却吸引着小小做梦人。她们也希望有朝一日享受同样的特权生活。“永远幸福”听起来非常浪漫和吸引人，是不是？

7）梦想成真

公主们在故事开始时许下愿望和梦想，在故事结尾总是实现了梦想。灰姑娘在影片开始大声唱出自己的梦想：“不管你的心多么悲伤，如果你不放弃希望，梦想终究会实现。”白雪公主也这样许愿并唱道：“将来某一天我的王子会出现。”

作为公主，就会被认为是漂亮的，值得追求的，并能看到所有的希望和梦想成真。因此，谁不希望当个公主呢？

我们都理解为什么小女孩们喜欢加入快乐俱乐部。但是，为了深入地探讨这个现象，我问过一位名叫克里斯汀的聪慧过人的妈妈，为什么她处于青春期的女儿们很小就怀有公主梦。她回复如下：

> 大多数女孩喜欢浪漫，而公主比其他任何事物都能够满足她们的这个需要。梦想当公主也尊重了女孩们以及她们的“女孩特征”，将女孩与男孩区分开来。我的两个女孩吉娜和茱莉亚分别是16岁和17岁，她们仍然会在万圣节这一天把自己打扮成迪士尼公主。她们也喜欢读《圣经》中关于以斯帖和路德的章节。女孩们被这样的故事吸引：成功的美女们得到了“白马王子”。迪士尼利用这个愿望赚钱，他们恰到好处地抓住了时机。

克里斯汀，你说得对！几乎所有的女孩都和她们的妈妈一样喜欢浪漫，同时，通向白马王子的道路是浪漫曲折的。这反映了她们内心对爱与被爱以及“此后永远幸福”的渴望。这一点还有其他因素继续推动着灰姑娘童话。

我问过另一位叫瑞安的少妇对公主潮流的感想，她的看法有点儿不同，她说公主运动中含有对尊重和尊荣的渴望。她的回复如下：

> 我认为，想当公主不仅仅是想变得漂亮一点。女孩和妇女们渴望被他人看作是特别的、有价值的人。我们的文化常常把妇女当作没有头脑的，被男人用来满足自己欲望的性工具，有时候甚至不惜牺牲女人的自我价值。年轻女孩成长过程中周围充斥着来自媒体的这种信息，例如E-channel、MTV、BET等媒体，还有流行广播媒体、全球媒体、《少女流行音乐迷》杂志等的推波助澜。少男少女们对于这些负面信息很敏锐。
>
> 我相信妈妈们希望自己的女儿被看作是聪明的、受尊重的，与男人一样对社会有所贡献。这也是妈妈们愿意花钱把女儿打扮成公主的一个原因，她们希望女儿们改变不良的自我形象以及对其他妇女不好的错误看法。
>
> 当女孩把自己看成公主的时候，她觉得自己本身就是有价值的。实际上，外表的美丽只是锦上添花而已。她是平等的，有价值的，而且是特别的。更重要的是，不管等多久，她都有信心等待白马王子的到来，而不会将就次等的男人或者失败者。

我也同意瑞安的观点，公主运动抵挡了某些针对女孩的劣等文化。正如我们所知道的，时装行业和娱乐业正在继续向青春期前甚至学龄前的孩子们营销很多非常刺激男性性欲的产品。这些女孩子们在没有能力面对这些事情的时候就被推入了青春期行为，许多妈妈们认识到了这一点，并在为女儿寻找安全港湾。灰姑娘和她的皇家姐妹们有助于满足这个需求。

当然，并不是每一个人都欣然接受公主运动的复兴，某些女权主义者近年来紧张得咯咯乱叫。当然，教授们与其他学院派人士间发生了激烈的辩论。他们害怕公主童话会侵蚀正确的政治意识形态。例如，珍妮弗·道恩就担心公主们向孩子们传递了一个信息——妇女比男人软弱。[4]这些批评者们最不希望女孩们读到落难少女向英俊王子求助的故事。但是，他们也觉得左右为难，因为他们的女儿也喜欢公主。

佩吉·沃恩斯坦觉得这个运动“令人烦恼”，并承认她想到自己孩子的时候也很矛盾。她说：

> 作为一名崇尚女权的妈妈，看到公主狂热现象以及日渐增多的衣着暴露女孩，我吃惊不已。看到同为母亲的朋友们曾经发誓说她们绝不依赖男人，而现在她们听女儿们用颤音高唱“这就是爱”（So This Is Love）（译者注：“这就是爱”是《灰姑娘》的主题曲）却乐在其中，或者当女儿们坚持要被称为“白雪公主”的时候却欣然微笑。那么，当她们的儿子们乞求得到作战服和仿真AK-47步枪时，她们是不是也会立即点头同意？还有，当我的女儿每一天径直走到她的学前课堂装扮角的时候，我很肯定这使我的心备受折磨，我在忧虑允许她把自己打扮成小美人鱼究竟在教她些什么？在我的写作生涯中，我花了很多精力写这些有害于女孩的东西，提醒家长们，过分关注身体和美丽（电影、电视、杂志以及玩具等的推波助澜）对于女孩们很危险。那么，我现在是不是要耸耸肩一笑置之呢？如果这些全方位贩卖活动对3岁孩子没有什么影响，那么这对6岁的孩子有没有影响？对8岁的孩子呢？对13岁的孩子呢？[5]

执教于圣迈克尔学院（Saint Michael’s College）的沙荣·兰姆（Sharon Lamb）教授对此有一针见血的见解：

> 你真正要表达的是性纯洁，而在彩虹尽头的是圈套。[6]

兰姆是在反对这个事实：纯洁正在回潮，至少在公主运动中如此。而这令她以及其他自由主义评论者们感到不安。真奇怪！我很难理解会有妈妈不喜欢自己的女儿受纯洁运动的熏陶。我喜欢公主运动的理由之一是纯洁得到推崇。迪士尼以其含蓄的方式展现了婚前处女的健康形象，然后她们与心爱的人一生彼此相爱。这些故事也倡导女性美好的特征：善良、礼貌、职业操守、服务精神以及对他人的“好感”。在当代流行文化中，你还能在哪里找到这些以这么引人入胜的方式表达的价值观？

女子领导力机构的瑞切尔·西蒙斯（Rachel Simmons）撰文支持女孩儿们扮演公主。她大声赞美其可以制约几年前流行的粗俗行为以及街头帮派分子的顽劣行为。她也喜欢传统公主的衣着打扮，因为这可以鼓励小女孩继续做孩子，而不是明目张胆地炫耀性。灰姑娘和白雪公主从来不穿低腰牛仔裤或者人字拖鞋。她接着说道：

> 公主现象教给我们的女孩什么呢？打扮很好玩。王子可能路过你家，亲吻你，邀请你跳舞，但是之后，他就消失了。对于整个公主场景来说，他不重要，公主文化是母权文化。再见，迷人公主。公主可能被王子看中了，迎接她的马车可能在准备当中，但是这些公主们非常非常地忙。准备沏茶的水烧开了，电话铃响了。公主们在午夜钟声敲响之前，有许多事情要做。[7]

沃恩斯坦和其他女权作家提到的两个传统观点值得在此思考一下。第一个观点是关于故事的喜剧主题。一切顺利，结局圆满，然后王子和公主“永远幸福地生活在一起”。沃恩斯坦想要女孩们——她的女孩，我们的女孩，生活在现实而不是幻想中。她问道：3岁时打扮成“公主”的女孩们，6岁时是不是要打扮成“被娇惯的女孩”，而到12岁时又打扮成“色情女星”呢？[8]

我没有找到支持这个假设的证据：把自己看作公主的小女孩们，更有可能在进入青春期以后变成调皮鬼或者脱衣女郎。这观点令我觉得可笑。

但是，应该承认的是，生活并不像灰姑娘的经历那样顺利，沃恩斯坦也不是唯一担心这个问题的家长。但是，我们在这里谈论的毕竟是孩子们。将来一定会有许多时间让他们知道痛苦、悲哀以及其他成人生活的复杂。或者，正如一位母亲所写的，她们的余生都将是疲倦不堪的。当她们还是孩子的时候，还是让她们做孩子吧。

沃恩斯坦对于公主运动的最后一点忧虑，我认为是值得深入思考的。并不是每一个小女孩都能够变成“全国最美的”女孩，也不会长得像爱丽儿公主或者睡美人。因此，关于公主运动的这一个侧面，父母们应当看到并以智慧和敏锐的方式给予回应。在儿童阶段过分重视身体的吸引力可能使孩子产生一生也无法达到的期望，我们需要在这一点上随时随地地给予孩子引导。但是现在，我需要提醒你们，生活中每一件事情都有其另一面。玩具、书籍、动画片、多媒体游戏以及互联网等，它们都有好的用途，也都会被滥用。我们可以完全抛弃它们，就像我们倒洗澡水的时候连婴儿一起倒掉，或者我们可以保护孩子们，使她们免受其中不完美一面的伤害。

我相信，好一点的方法是仔细甄别和选择，只将适合的东西引进孩子的日常生活。我们的工作就是教导并解释她们需要理解的东西，她们从我们身上所学到的要远超过从童话故事中学到的。面对公主运动，父母也要如此做。最后，妈妈们必须决定是否要让女孩们接触这些或者其他类似的装扮游戏。我相信公主运动的益处大于害处，而且也肯定比布拉茨娃娃以及芭比娃娃们要好。父母们的确需要很认真地考虑孩子们所面对的压力，这些压力会继续影响他们的未来生活。我早期当心理医生的时候写过这个主题，而现在由于我关心孩子们的利益，我仍然非常关注压力这个话题。我在《让孩子自信过一生》（*Building Confidence in Your Child*）一书里讲到过压力。我相信我当年的咨询对于今天的孩子们仍然有效。

> 在儿童早期生活中，儿童就开始了解人长得漂亮在社会中的重要性。社会价值观取向毫无遮拦地展现在孩子们面前。许多成年人从不掩饰他们的偏见（每一个孩子都知道）。长得不漂亮的人就不能当“美国小姐”，也不能当啦啦队队长，更不能当电影明星。
>
> 看到我们这么有效地教育孩子们接纳这种追捧外表美的文化，真是令人吃惊。我们的确深陷于这种价值评价体系。例如，经批准供四年级读者用的加州州立教材中有一个关于三个小女孩的童话故事。其中两个小女孩非常美丽，拥有可爱的头发和漂亮的面容。因为她们美丽的外表，人们喜欢她们，并给了她们一个王国来统治。第三个小女孩一点儿也不漂亮，没有人喜欢她，就是因为她长得不漂亮。人们不愿意给她一个王国，她很不开心，很伤心。但是，故事的结尾倒有一点儿令人鼓舞，即人们让这个小

女孩管理动物。这是不是一个很好的解决方法？她的质朴使她与精英世界隔绝，这与当今的现实是一样的。她的身体缺陷被描述得很仔细，使得四年级的小读者很容易理解。因此，教室里的有类似缺陷的孩子们就被挑出来了。如果哪个孩子还不能辨别天生拥有或是并不拥有的外表美丽，那么他一定脑子迟钝，而且班上的每一个孩子都知道童话故事中描写的这些特点可以安在谁身上。

我们目前所宣扬的价值观是多么的扭曲啊！如果父母没有站在孩子这一边并及时给予干预，这对处于挣扎中的孩子会造成多么难以修复的伤害？她既不能解释也不能道歉，还不能掩饰。不管她走到哪里，邪恶的声音都会伴随着她，并在她不成熟的心中响起："其他孩子们不喜欢你。""看看，我说过你会失败的。""你是另类。""你是傻瓜。""他们讨厌你。""你没有价值。"随着时间的推移，这声音会越来越大，越来越急躁，直至湮没了青春少女脑海中其他所有的声音。[9]

作为相关案例，我想在此分享一位少女最近写给我的一封信，她目前正为这个问题苦恼万分。

亲爱的杜布森博士：

我叫蕾妮。我读了你写的题为《真正的美丽》一文。尽管我的童年和成长的环境很稳定，我还是有你说的这个问题。我从没有被虐待或是有其他不好的经历，但是你的文章给了我安慰。每个人的生活都有难处，我对于自己非常不认同。我过去常常用赶潮流来改善外表，并用化妆品来遮盖脸部。尽管我相信依靠外在的东西并不对，但我还是认为遮盖内在的美丽，可以隐藏我内心的恐惧。在我没有花几个小时在镜前塑造一个完美形象之前，我从来都不出门，即使我生病了也是如此。然后，每当我卸掉妆容的时候，我就崩溃了（我想是因为疾病的原因吧）。我知道这对大多数人来说听起来很愚蠢，但是我真的不能接受这种状况。我会坐在镜子前，不化妆，哭红双眼，连续几个小时说自己又丑，又愚蠢，又可怜，没有价值，我相信我的确厌恶自己。我的父母帮助我度过了那些艰难的时刻。我相信我苦恼的焦点不在于我的妆容消失了，而在于我是否认识到我从来都是真正漂亮的人，过去是，现在也是。我想有些人需要听听我的故事，因为很多父母以及青春期少女都不相信有如此多的年轻女孩们在为此苦恼。

我也很想知道你们是怎么看待这个问题的，祝福你！

请注意，帮助蕾妮走出自我憎恨的是父母。我请求爸爸妈妈们陪伴处于压力之下的孩子们，你们掌握着她们战胜压力的钥匙。我们一定不要因为太忙而没有注意到这些压力。我的父母在我13岁经历类似的危机的时候就陪伴着我，他们带领我走进了洒满阳光的世界，你们也可以为你的孩子做同样的事。他们特别需要你的爱和关注，教给他们技能让他们有自我认同感，即使他们有时候不配，仍然尊重他们；在那些高度敏感时期说话要小心措辞；为正在寻找安全港湾的迷失的孩子们敞开家门和心扉，帮助他们交朋友。虽然没有魔术般的答案，但是有答案。记住，如果你们精心对待这个让你疯狂的女孩，她将来会成为你最好的朋友。

与蕾妮同时代的成千上万的人都是错误价值观的受害者，即以暂时的、不诚实的和压制性的个人价值观来评价一个人。媒体行业和娱乐业应当为这种破坏性的价值观负主要责任。他们倡导完美的身体形象，推崇“超级模特”“玩偶”“情人”“彪男”等。这对儿童和青少年的负面影响是深远的，这影响不仅是全美范围的，也是全球性的。

现在，我们来换个角度看看这个问题。那些天生丽质的人常常对自己的外表并不满意。曾有一位世界上最动人的美女，已故的费拉·福赛特（Farrah Fawcett），她从高中开始就拥有倾城的美貌，她被看作是会走路、说话的芭比娃娃。她大学一年级的时候参加第一个大学女生联谊会。大学兄弟会的成员们被邀请来挑选他们愿意约会的女孩，大多数女孩被不超过两三个男生选中。而她的情况完全不同。希望与她交谈的男生们围绕会场排起了长队，其中包括足球队的四分卫。[10]她后来身着红色泳装摆出姿势被拍成了挂历照。她的泳装挂历销量超过800万份，为她日后成为国际“性感猫”奠定了坚实的基础。[11]

费拉拥有的特质是大部分妇女梦寐以求的（当然也是男人们梦想的），然而，我们都知道她把自己的美丽看成诅咒。美貌使她很不舒服，因为只要她出现在公共场合，不管男女都使劲儿盯着她看。她认为人们没有认真地把她看作一位女士来尊重，或者说，没有把她看作一位女演员来尊重。

在她的职业高峰时期，她说：“你总是处于需要看起来美丽和感觉很好的压力之下。如果你每天都被人拍照，你会感觉如何呢？”[12]

正如你所知道的，她于2006年被查出患上了癌症，经历了漫长的疾病带来的痛苦消耗。她失去了美丽的金发，没有了力气，美貌也黯然失色。2009年6月25日，她去世了，享年62岁。[13]成千上万的观众见证了她事业的开始和结束，并为她感到悲哀：时间残酷地夺走了她的青春，可怕的疾病夺走了她的生命。天啊，邻居家的天使怎么这么快就消失了呢？

这个故事对于我们崇尚年轻和美貌的社会有什么可借鉴的吗？如果有，是不是应该分享给你的女儿们呢？是的，毫无疑问应该这样做！

我们再来看看另一位悲惨的美人王后的生死故事吧。她名叫安娜·妮可·史密斯（Anna Nicole Smith），于1993年成为《花花公子》的“玩伴女郎”，也是Guess牛仔裤的模特。她梦想成为玛丽莲·梦露第二，并被比作是性感女星珍·哈露（Jean Harlow）。安娜26岁的时候嫁给了89岁的得州石油大亨。[14]她死于2007年2月8日，她在旅馆房间里被发现的时候处于昏迷状态，死亡原因是过量使用9种不同类型的药物。[15]从这个意义上来说，安娜达成了目标，成为玛丽莲·梦露第二。她们两人都是过量用药之后独自死去。

作家马克·杰尔曼（Marc Gellman）针对安娜·妮可写了一篇有洞察力的也令人不安的文章，在她死后一周公开发表。你将会发现，他形象地描述了通常被当成“肉体”对待的漂亮女人的悲剧。

> 男人怎样看待漂亮女人，随着时代的不同发生了变化。在16世纪的安特卫普（Antwerp）市，画家彼得·保罗·鲁本斯（Peter Paul Rubens）教导荷兰男人要追求身材矮胖的黑发女子。20世纪的美国，休·赫夫纳（Hugh Hefner）（译者注：《花花公子》杂志的老板）教导美国男人要追求像安娜·妮可·史密斯这样的丰满金发女郎。听到安娜的死讯，人们的第一反应是这个伤痕累累的世界上又一个还没有老、不应该死的人死了。39岁的女人不应该死。我们也为她年龄幼小的女儿悲哀，尽管她可能很富有，而现在已经命中注定没有妈妈的陪伴长大，正如她的妈妈安娜·妮可没有爸爸的陪伴长大一样。然后，我们必须强迫自己记住：这个封面女郎的悲惨故事反映了成千上万的无名女郎未曝光的悲惨故事。与安娜一样，因为她

们太漂亮了，她们或死去，或被杀害，或陷入致命的成瘾习惯。这些女人死了，因为她们成为掠夺女人的男人宴会餐桌上的任人宰割的肉。她们的死不能被看成单纯的意外悲剧，而应当被看成对我们大家的警示，特别是在提醒这样的男人们，他们接受了这样的教育：把女人当作玩偶，而不把她们当作和男人一样的人。

把女人特别是漂亮女人当作“肉体”不是一个新的社会病，也不是刚出现的罪。只要世界上有男有女就有这种罪。我确信在人类社会的初期就有男人骚扰和追逐拥有靓丽毛发的美女们。在《圣经》中，把女人当作“肉体”被称为是淫乱。

现在，对于把女人看作是“肉体”有个专有名词：“物化”或者“客体”。不管被贴上了什么标签，其本质仍然是扭曲人性的尊严，而这一点并没有因为时代的变化而改变。主张对占据世界上一半人口的妇女们以外表衡量其价值，仍然是对妇女人性尊严的公然践踏。

安娜·妮可被丑化为可怜的白色垃圾。然而，如果认为只有贫穷的美貌妇女才会为了逃离活动房屋而变成轻浮女人、脱衣女郎以及掘金者的话，就大错特错了。我在富裕的市郊会所一直见到模样轻浮的年轻女人。可悲的是，有些12岁左右的非常聪明的少女却突然让自己变笨好吸引男孩，使他们不会被她的聪明智慧吓退。我也在看似成功的20岁出头以及30岁出头的群体中看到安娜·妮可的追随者。她们那小小的黑色鸡尾礼服既暴露了她们的乳沟，也掩盖了她们绝望的想法，即她们以为追求职业就等于抛弃爱情和家庭。女权运动在机会均等方面的确获得了重要成功，但是同时也使妇女们向掠夺型男人投降。这些男人们将妇女们新获得的自由看作是自己放弃性责任、尊重以及绅士风度的绝佳机会。实际上，女士们可以既享受新自由又无须歪曲她们自身的价值。

解决将妇女当作“肉体”的许多现有的办法，远比这个问题本身更糟糕。有些团体的解决方法很简单，却大逆不道，即把女人当作战俘。用一件袍子罩住她们的全身，让公众永远看不见她们的面貌，也不让她们有职业。这比我们被迫听到下面这些明星的最新爆料更糟糕：帕丽斯（Paris）（译者注：希尔顿酒店帝国创始人的曾孙女）、林赛（Lindsay）（译者注：美国电影《贱女孩》女主角，偶像歌手）和布兰妮（Britney）（译者注：美国流行歌手）。另外，认为女人自由地暴露身体，随心所欲地对待性欲望没有什么错的想法也同样大逆不道，因为这种论调支持了色情。色情使我们的文化粗俗，降低妇女的品位，也导致了一个家有幼女的女人的非正常死亡。我们需要在这两个极端之间找到平衡点。我们的未来文化以及男人和女人的尊严都有赖于我们现在就找到这个平衡点。

停止将女人当作“肉体”的重要步骤，就是恢复爱与性的不可分离关系。如果性行为被普遍看作是表达爱的一种方式，那么就不会有色情了。如果性行为就像搔痒痒一样简单，那么它就不会是带着爱与信任肢体接触的结果。爱永远不是随随便便的，如果人随随便便地发生性关系，那么就不能满足人对爱的需要。有人说，恢复爱与性两者之间关系的最好办法就是教育人们：只有婚姻能够满足爱与性关系中爱的内涵。我同意这个观点，但是这也不是说我们首先需要社会文化变得更有节制才行。如果男人女人都决定只与他们深爱并信任的那一位发生性关系，那么我们的文化就会走上正轨。

在这样的社会环境中，安娜·妮可可能还活着呢。[16]

马克说出了一个值得纪念的真理：我们高度活跃的性文化将许多美女变成了妓女，而我们必须尽可能地保护我们的女儿免受其害。

就我来说，我无意于谴责费拉·福赛特（Farrah Fawcett）、安娜·妮可·史密斯、玛丽莲·梦露以及其他任何传说中走向功名利禄之凄凉道路的美丽女神，我为她们感到悲哀。我想再次表达，对人的价值认识不应过分地建立在身体吸引力上。更有甚者，我们已经知道了，天生有惊人美貌的妇女往往比普通人过得更差。以某人的身体是否有吸引力来决定是否接纳他/她，对大家来说有害无益。甚至在当今社会，男孩也反过来被这个错误的价值观伤害了。

我想起了一句话，要我们的社会应当以合宜的态度对待妇女。它是这样说的：“艳丽是虚假的，美容是虚浮的。”要让憎恨自己的女孩接受这个观点很困难，尽管如此，这是合宜的观点。

我当然不是唯一写书谴责这种虚假的价值体系的作者。我很高兴地向各位报告：自2004年以来，一个叫作“关于美丽的真相：一个全球报告”（The Real Truth about Beauty：A Global Report）的项目启动了。[17]其目的是要改变社会看待妇女和孩子们的方式，它是由“联合利华”的“多芬”赞助的。报告显示，全球三分之二的女性相信“媒体和广告设定了一个不现实的审美标准，是大多数妇女永远达不到的标准”。[18]他们的研究显示，只有13%的妇女对自己的体重和外形十分满意，只有2%的认为自己是美丽的。超过半数的人说，她们讨厌自己的身体。[19]这就是你们的女儿成长的世界！

南希·额特卡夫（Nancy Etcoff）博士是哈佛大学的教授，同时也是麻省总医院精神病科主持“美学与健康”项目的主任。额特卡夫博士这样谈到妇女和美丽：“当一个社会被节食和整容攫住，而只有很少的妇女对自己的体重和外形感到满意的时候，这个社会就该改革了。”[20]

是的，的确如此！这也促使“多芬”在2005年发起了“真实的美丽运动”，并在全国范围内为这个项目做广告。“多芬”的高级副总西尔维亚·拉各纳多说道：

> 通过调查询问大家公认的对美丽的定义，我们希望帮助妇女改变她们看待自己身体的方式，并鼓励她们去体验每一天都是美的。[21]

那么，让我们把这个信息传递给我们的女儿们吧。

第 13 章

问与答：关于外表美

BRINGING UP GIRLS

问：你说少女和女士们对男人有很大的影响，而且她们也掌握着男人行为的钥匙。有时候，我觉得很难相信这一点。你能否详细说明一下这是怎么一回事？并请告诉我在抚养自己的女孩成为淑女的过程中该怎样运用这一点。

答：当然，这个观点并不是绝对的真理。但是，女性对男人的影响的确值得认真考虑，特别是双方都觉得对方不错而又彼此吸引的情况下更是如此。典型的情况是，男人更需要女人，而不是女人更需要男人。实际上，她可以塑造他，也可以摧毁他。这也是为什么婚姻在社会文化中如此重要，因为婚姻为了家庭的利益而约束了男性的冲动。虽然也有例外的个案，但是单身男人更倾向于变动：不停地换工作，喝酒过多，开快车，不明智地花钱，以及不为性行为负责任，等等。专心爱一个女人不仅使男人的精力和激情用在正道上，也有助于建立一个更健康的社会。

女人有如此大的影响力。女人应该使用这个影响力，促使男人朝着负责任、专一、注重道德等方向前进而不是以此来控制男人。任何男人都不希望女人冲他唠叨、威胁他、轻看他。如果有人这样对待他，他就会坚守自己的立场。相反，他所需要的是尊重、钦佩和欣赏。当一个女人真正这样去看待他，并自豪地支持他时，他就有了自信，也有了力量在竞争激烈的世界中成功。我刚结婚，还在读研究生的时候，我的妻子就是这么待我的。她信任我，并告诉我，她迫切地想看到我的天赋怎样发挥出来。她还将这种尊重灌输给了我们的两个孩子。

智慧的女人知道男人的情感构造，并鼓励他把他的四个关键角色付诸实践。这四个角色依次是供养者、保护者、领导者以及作为全家的精神领袖来确定心灵追求的方向。当他在这些责任中感觉舒服的时候，这舒适的感觉会反过来影响他对妻子的看法，使他更想满足她的需求：特别的保护、爱怜、细心以及浪漫的爱情。此外，他还会满足她的其他需求：记住他们的第一次约会、第一个结婚纪念日、她的生日以及任何令她开心的事情。聪明男人会这样做的。

以下是一个傻乎乎的童年小故事，可以说明一个女人（这个案例中是小女孩）拥有的影响力。当年我是个正释放大量男性荷尔蒙的男孩，也就习惯于冒险干傻事。我曾经学电影中的人猿泰山，在抓住树枝荡秋千的时候摔了下来。不幸的是，我并没有吃一堑长一智。我14岁的时候，妈妈叫我把后院里樱桃树上的樱桃全部摘下来。每一个树枝上都果实累累，所以我立即行动起来。摘完低矮树枝上的樱桃以后，我搬来6英尺高的梯子开始摘高枝上的。最后，我到达树的顶端，斜着身子去摘树顶上的樱桃。有一点儿常识的人都会知道此举的后果，我却不知道。

就在这危急关头，同校的最漂亮的女孩碰巧路过我家，她名叫劳瑞，与我住同一个街区。我当然也看见她走过来了，看到她停下来看着我，我很高兴。她甜甜地说："你最好小心一点儿，免得掉下来。"这么美丽的女孩站在那儿担心我的安全使我激动不已。

我说："我没事。"接着，我扭动下半身向她表明我无所畏惧也没有失控。很显然，我体内大量的辛烷荷尔蒙正蠢蠢欲动。就在这时，我的双腿突然晃向左边而我的身体晃向右边，掉下树了。我惊得屏住了呼气，似乎整个俄克拉何马州的空气都凝固了。劳瑞跑去找我妈妈，她们两人一起扶起我。我一边喘气一边咕哝着，羞得要死。太可怕了！

不要对我说，女孩们不能积极或消极地影响男人的行为。她们当然能，劳瑞只是对我表示了一点关心，就让我从梯子上摔了下来。我希望妈妈们将这个原则教给女儿们，并督促她们不要浪费了她们强大的影响力，将来有一天会有更大的用处。

问：你曾提到男孩女孩常常出于不同的动机参加有组织的运动。这是我们的经历：去年，我们为8岁的女儿玛丽莲报名参加美式足球队。我们的目的是让她锻炼一下身体，呼吸一些新鲜空气，交一些朋友，享受快乐！

她对运动一无所知，该球队是初学者水平。她所在的球队队员都是与她同龄的男孩女孩。但是，球队里有不少男孩已经有3年的踢球经验！把他们放在一起的结果说明了这个主意行不通！

在首次比赛中，玛丽莲进球了。不幸的是，她将球踢进了己方球门！男孩们为此狠狠地挖苦了她一通。实际上，其中一个男孩第二年拒绝上这个学校，而且他对玛丽莲说的第一句话就是："你去年将球踢进了自己的球门！"真是令人尴尬！

在当时的首场球赛中玛丽莲还遇上了另一个难题，她看见一个小男孩脸上装着

夹板。这吓坏了她！自此以后整个赛季，她再也不碰球了！那么我想，如果这种社团将男孩和女孩分开，是不是会好一些呢？今年玛丽莲参加了安妮戏剧表演以后，对我说："妈咪，足球不适合我，可是我真的喜欢在舞台上表演。"我们鼓励她尝试不同的活动，然后弄清楚她喜欢什么不喜欢什么。

她对自己误将球踢进了己方球门一事一直不能忘怀。你认为男孩和女孩应该在同一个球队吗？

答：一般来说，我认为男女同队运动不是个好主意。而我可以肯定，在进入青春期以后，这是个馊主意。我承认，很多人对此持反对意见，还有许多读者也不同意此观点。我的观点深受社会学家乔治·吉尔德（George Gilder）的经典著作《男人和婚姻》（*Men and Marriage*）的影响。他反对男女同队比赛是出于考虑女孩们的身体素质，但也考虑到女孩们对发育稍慢的男孩们的影响。他说：

> 运动可能是现代社会中唯一重要的男人活动。不管贬低者们说什么，运动对于男人来说就是其道德情操的具体体现。身处同一个队中，队友们学习合作，认识到共同追求崇高理想的过程中一些品质的重要性：忠诚、奋斗、坚忍、自我牺牲等。当攻击性荷尔蒙以前所未有的冲击力充满全身的时候，男孩们知道了攻击性必须得到管理和规范才能在社会上有效地发挥出来。他们也学会了团结一致与比赛的轰动效应密不可分。
>
> 初中或高中的青春期女生常常比男孩们个子大些，她们大量进入运动队对发育迟缓一些的男孩们是灾难性的。例如，（内陆）儿童外展体能训练的领队们发现，最好的田径选手在女性在场的情况下发挥照常，只是精神状态不同而已。可是，那些个子小、害羞以及发育迟缓的男孩却完全被女孩们吓坏了，不敢下决心表现一番。此外，团队合作的功课也没有了。成功的男孩（在所有男性群体中起着推动和鼓励作用的那些人）在这种混合队伍中只是单单在女孩们面前炫耀一番。这种混合编队对女孩们也没有益处，有些女孩表现还不错，但是她们的表现主要也是为了作秀给男孩们看，而不是真正在乎运动本身。
>
> 在混合竞赛中，女孩们打击了弱小的、发育迟缓的男孩们的男子气概，而她们自己的运动能力并没有得到较好的提高。真正能够在混合编队里效力的女孩微乎其微，这些女孩反而会干扰并削弱年轻男孩们最宝贵的

斗志。[1]

我赞同吉尔德的这个观点，特别是这关乎青春期及成年以后男孩女孩的心理健康。至于是否给孩子报名参加男女同队的运动，父母们必须根据具体情况作出决定。我倾向于不参与，即使在童年时代也不参与，因为男女性别不同带来的差异很大。玛丽莲不成功的经历是有普遍意义的。

问：我有一个三岁男孩和一个小女婴，他们都是我的宝贝，我希望将最好的给他们，这是我人生现阶段的首要选择，我的丈夫与我有同感。但是，我也有一份很棒的工作，我一直想在生下第二个孩子后尽快恢复工作。现在，听你讲了母亲与孩子的依恋关系以后，我不知道应该怎么办。每个人都告诉我，我家附近就有很好的育儿中心。因此，我上班的时候，把孩子放在育儿中心会对他们很好。你是怎么看待这一点呢?

答：随着孩子的出生，许多夫妇都有这个苦恼。正如我在第7章中所说的那样，有些家庭因为经济压力而别无选择，我理解他们的两难处境。但是，对于可以选择的人来说，在我看来，怎样做对孩子们最好是没有异议的。我可以绝对地说，有父母在家照看的孩子在身体、情感和智力上都要表现得好一些。这个结论来自无数的科学研究，包括有案可查的最全面的研究。它就是由美国政府授权全国儿童健康和人类发展研究所（National Institute of Child Health and Human Development，NICHD）进行的长期研究结果，花费了几百万美元。如今，它仍然是里程碑式的研究。

NICHD的研究人员确定，每周日托30小时的儿童比起每周日托少于10小时的儿童更有攻击性的倾向，包括争吵、冷酷、打架、欺负人、大发脾气、情绪失控、缠人、课堂捣乱以及其他不好的行为表现。日托对儿童的影响可以持续到6岁。[2]

杰·拜尔斯可（Jay Belsky）自1991年开始参与NICHD的协同研究。他同时也是儿童、家庭和社会问题研究所的所长（the Institute for the Study of Children, Families and Social Issues）。在这个领域里，他享有很高的威望。拜尔斯可这样谈到他的发现：

出乎这个领域中的许多人的意料，NICHD研究表明：儿童在四岁半以前，待在育儿机构的时间越长，等他们四岁半的时候在幼儿园表现得越具攻击性，越不顺服，更倾向与成年人对抗。在考虑了儿童家庭的多样背景以及儿童所在的各种档次的育儿机构之后，这种模式仍然没有改变。

你们阅读NICHD新闻发布会的新闻或是听许多评论员的评论时都得不到这个信息。毕竟，这些结果在政治上不受欢迎：许多人已将他们的高级幼儿教育职业说成能解决各种社会问题的社会万能药。因为育儿机构已经存在了，争论归争论，重要的就是改进它们的质量。任何人如果强调了令人不安的证据就是反对育儿机构。也就是说，预报要下雨就是反对天晴。

有人会问，为什么政府花了几千万美元之后会有如此多的人回避并弱化这些研究结果呢？想到我们谈论的是千万儿童的早期教育，这一点特别令人震撼。现在的美国儿童通常在人生的第一年里就被送到育儿机构，每周常常超过20～30小时不在妈妈的看护之下，他们进入小学之前会一直如此。

然而，最近的研究结果虽然出乎人们的意料，却与过去多年所报道的研究结果是一致的。公开出版物显示，不管育儿机构的档次如何，在育儿机构托管的时间越长，2岁儿童的行为问题就越多。孩子被托管的时间越长，孩子分别在6、15、24、36个月大的时候，妈妈对孩子的需要会变得越不敏感。如果妈妈们的抚养方式对孩子的需要相当不敏感的话，孩子在15、36个月大时，令孩子感到安全的母婴依恋关系就变得相当脆弱了。[3]

另一位我尊重的儿童发育方面的专家是布尔顿·怀特（Burton White），他是哈佛前任学前项目的主任，也是三岁前早期教育的领军人物。他也如此评论育儿中心：

在研究儿童发育30多年以后，我不会把自己的幼儿放进任何一家全日制的育儿机构，特别是育儿中心。

除非你有很好的理由，否则我强烈建议你，在孩子3岁以前不要把抚养孩子的主要工作交给任何人。婴儿在他们一生中只依恋你一次。婴儿开始学习语言的机会一生中只有一次。这些过程对塑造每一个新生儿的未来，起着主要作用。[4]

了解到机构化幼儿教育的问题以后，我们为什么会如此惊讶？常识告诉我们，政府支付保育员工资而使他们为孩子们所做的工作肯定比不上妈妈们的义务劳动付出的多。爸爸妈妈可能满怀激情地为孩子们奉献自己，而别人不会如此关心他们的孩子。很显然，父母与孩子之间的个别关注和语言互动明显优于保育员所给予的关注和互动，因为他们受雇于人，同时面对许多孩子。这很关键，因为孩子的智力能力极大地受妈妈与孩子之间生动的语言互动的影响。妈妈抚养与一个人照看多个孩子的委托抚养，两者之间的质量简直不可同日而语。

我确信怀特博士和拜尔斯可博士以及其他儿童发育领域的专家所分享的观点是对的，而我则是在强调他们的结论。

好，至于你的问题，如果可能的话，建议你在家亲自抚养孩子，至少在他们上小学以前。尽管如此，决定应该由你和你丈夫来做。如果你还是决定回到全职工作岗位上，我建议你尽可能请近亲在白天帮助照看孩子。近亲可以是奶奶、外婆、姐妹、可靠的朋友、保姆或者是可以在白天帮你照看孩子的小团体。最理想的情况是能有一个你的孩子们认识也喜欢的人。照看者也应当是孩子们能常常见到的。儿童们是习惯的产物，因此，他们不适应突然的改变。他们每天的日程越是一致，他们感觉到的压力就越小，这对你也是如此。

问：你提到了与幼儿机构相关的各种问题，还有其他问题需要我们注意吗？

答：有！还另有令人很头痛的问题。最严重的问题就是疾病传染。布莱恩·罗伯斯特（Brian Robertson）在他的《育儿机构隐藏的问题》（*Day Care Deception*）一书中直指这个问题。他收集的数据已经陈旧了，但是，他的研究发现仍然相当有效：

> 幼儿机构中急剧上升的传染病案例，在儿童医生以及流行病学家中几乎不是秘密。这个问题在10年前以引人注目的方式浮出水面。当时，《儿童年鉴》（*Pediatric Annals*）针对育儿机构相关的疾病出版了一期特刊，其刊首标题是《日托、日托：求救！求救！》，其统计数据的确吓人。根据美国家庭医生协会（the American Academy of Family Physicians）公开发表的数据估计，日托的儿童比其他儿童发病率高出18倍；在任何时段，育儿机

构中有16%的儿童可能生病（82%的生病儿童会继续上育儿所）。任何地方的年龄在三到四岁半的日托儿童比起在家抚养的儿童更容易生病住院。一项研究估计："染上致命或者致残疾病的日托儿童每年以50%~100%速度增长。"[5]

关于日托对儿童行为及母婴依恋关系的负面影响的最新发现，仅仅是对过去40年来无数儿童发育专家所发出警告的最新印证。他们的警告基本上被处于支配地位的鼓吹日托的研究者、媒体记者以及议案说客们压制了。实际上，这些母婴依恋关系的专家在很久以前就发现了证据，证明了日托确实对三岁前的儿童发育有负面作用。

值得一说的太多，真是意犹未尽，但这都是因为我们需要考虑低龄幼儿的敏感和弱点。在他们的人生之初需要我们尽力给他们最好的照顾。尽管目前还不确定日托对较大的儿童有什么负面影响，我个人相信我们应当尽可能长地在家抚养孩子。即使孩子已经到了青春期，他们也乐意回家时看到妈妈在家，但这是另一个问题。

问：听到你说这些对我有多么困难，你知道吗？我是单亲妈妈，不得不在外工作供养这个小家。独自抚养三个孩子，我已经尽了全力。

答：我的确理解你的处境，因为我辅导过很多像你这样每一天都很艰难的单亲妈妈们。这也是为什么我说过，独自抚养孩子是"世上最艰难的工作"。我对以群体为导向的育儿中心的评价并不代表我不考虑到有些人必须利用规范的育儿机构。许多年来，我一再这样倡导：希望健全家庭以及其他人能够对单亲妈妈们给予慈善帮助。例如，爸爸们可以邀请没有爸爸的孩子与自己的孩子一起钓鱼或者一起运动，这就是很好的活动。单亲妈妈们常常独自苦撑着抚养幼儿而得不到帮助。

我愿亲切地问候你，并为你祈祷。正如你所说的，你已经在现有条件下尽力而为了。我为你鼓掌欢呼，我最不愿意做的就是给你增加负担。如果我在批评育儿机构的时候显得冷漠，请原谅我。我当时针对的对象是那些有能力给予孩子更好照顾并愿意听到真相的人。

问：我女儿的朋友是单亲爸爸家庭，她想在朋友家睡一晚。我女儿11岁了，我

很想知道让女儿在她家睡觉是否合适，我很愿意随时让她睡在我家。

答：如果那个家庭里没有你信任的妈妈，除非你确定你的孩子是安全的，我不建议你允许女儿或是儿子在那个家里过夜。这个案例中的爸爸可能是很好的人，但是他不是你需要谨慎的唯一理由。记住，孩子们有时候会调戏年幼一些的孩子，就像哥哥们和他们的朋友可能会调戏年幼的孩子一样。这就是为什么我认为现今的时代已经不适合到别人家过夜了。这种情况下，孩子们有很大的概率处于危险当中。

可悲的是，这个世界在最近几十年发生了很大的变化。再也没有对儿童们来说是安全的地方了。恋童癖和对儿童性骚扰的人比以往任何时候都普遍存在，这也是为什么父母们必须要费心保护他们的孩子，不分昼夜。甚至与父母在同一栋房子的情况下，有一些小淘气还被引诱离开自己的卧室。我想起了一个案例：1993年6月，12岁的珀丽·克拉斯被人从家里带走参加一个睡衣派对时突然遇袭并被杀害。[6]

除非你们像我一样面对过被性骚扰的儿童们，并看到他们眼中的痛苦，你们大概不会完全理解性骚扰带给孩子的毁灭性打击。它给受害人余生的各个方面都投下了阴影，包括婚姻关系。因此，父母们必须要考虑到任何环境中可能出现的不可思议的事情。威胁可能来自任何人，包括邻居、叔叔、继父、祖父、主日学老师、教练、音乐老师、童子军领队、临时保姆。现今，甚至公共浴池都可能是危险的。

科罗拉多州为了结束立法者称之为歧视的行为，荒唐地通过了一项法案，规定同性恋男人和男扮女装的人可以使用女厕所。[7]如果这不可笑还有什么可笑？可能一个小女孩或者一位单身女士正在使用厕所，而在没有任何提醒的情况下，一个男人贸然进来了。你能想象一个孩子在这种情况下所怀有的恐惧和尴尬吗？令人悲哀的是，科罗拉多州几乎没有人反对这项可笑的立法。

现在是最后的挑战，你们作为父母必须弄清楚要怎样保护孩子远离危险，同时又不是过度保护或者让他们胆小怕事，这会让你处于左右为难的境况。你可以开始教你的孩子识别“适当的接触”与“不当接触”之间的不同。教他们不要和陌生人说话，教他们在有人接近的时候大声呼叫，等等。但是，你们同时必须要小心，不要让他们觉得你们很害怕，或者认为他们所爱的人或是老师想要伤害他们，游刃于这两个有害的极端需要高度的技巧和智慧。

你们要知道恋童癖们通常很擅长将孩子们吸引到自己的圈套中。他们常常选择在购物中心、比萨店、游乐园，甚至是在男孩女孩们可以自由玩耍的会谈室等待猎物。他们往往几分钟内就能发现哪个孩子是孤独寂寞的，然后就献上孩子们渴望的“爱”和注意。一旦这些蠕虫般可恶的家伙们与孩子们混熟了，他们就可以很轻易地虐待孩子们了。这种虐待有时会持续7年之久。令人吃惊的是，儿童们往往不会跟别人讲被虐待的事，因为他们害怕被恐吓。有些恋童癖者非常擅长此事，他们平均一生虐待280个儿童。[8]

不要让你的男孩或女孩成为这样的受害者！保护他们，满足他们的需要，不要强化他们的弱点使之被俘获。

问：那么，请临时保姆带孩子可以吗？这是否明智？

答：我认为请成熟的少女临时带孩子相当安全。不过，你们需要告诉她们，不要让她们的男朋友进你家。不管你的孩子是男孩还是女孩，我建议不要让十几岁的男孩临时帮你带孩子，因为这个时期的男孩身体内正释放大量的性激素。尽管大多数的时候没有问题，但你必须尽力确保被虐待的灾难一次也不要在你女儿的童年时期发生。

问：我丈夫在执法部门工作，会有几天连续休息，而我从周一到周五上班。因此，我丈夫主动辅导孩子们的功课。一个小女孩想到我家与我女儿同睡，而这个时候只有我女儿和我丈夫在家。那个女孩的妈妈不在乎这种情况。可是，我觉得这不合适，你觉得呢？

答：你丈夫的动机可能完全是高尚的。但是，我再次强调，我认为让小女孩过来睡觉不明智。尽管不大可能，但潜在的灾难实在太大了。为了保护孩子，也为了保护你丈夫的名誉不受损，我宁愿因为谨慎而再次犯错。也许，我这样做是保护过度了，但是确保安全比留下遗憾要好得多。

问：为什么有这么严重的恋童癖问题？现在对儿童的性虐待是不是真的比以前多了，还是因为目前的报道机制更先进的缘故？

答：我相信报道机制的确要比以前更先进一些。但是，儿童性虐待案件已经呈指数增长了。增长的原因主要是因为互联网上的淫秽信息大量蔓延，包括违法的儿童色情。有恋童癖的人在俘获儿童的时候就乘机拍儿童的裸体照片并制成DVD光盘。他们可以与其他恋童癖者交换照片或者去卖钱。

我相当了解这种悲剧，因为我自1985—1986年在美国司法部反色情委员会（Attorney General's Commission on Pornography）任职。那期间，我永远忘不了我亲眼看到的联邦调查局提供的卷宗，包括谋杀8岁男孩的场景被拍成照片，我永远忘不了那些画面。当时，美国公民自由协会［the American Civil Liberties Union （ACLU）］的一位名叫巴瑞·林（Barry Lynn）的代表，也是现任美国政教分离联盟（Americans United for Separation of Church and State）的主任，他在会上讲到，美国公民自由协会的立场就是反对儿童色情的信息出现，但是其一旦出现，就不应当限制售卖或传播。[9]

如果美国公民自由协会的上述恶劣主张得以施行，那么一个在照相机镜头下被残暴折磨的孩子的悲惨经历将没有办法阻止那些照片被公开售卖。一个男孩一生中最可怕的经历反倒成为色情摄像者的金矿。在场的委员们看到这个男孩的案情录像的时候全都惊骇不已。

你必须了解这个事实：淫秽在本质上是很容易使人上瘾并且会逐步升级的。开始的时候人只是被比较隐晦的色情吸引，然后就会一步一步变成这样：从渴望色情到赤裸裸地追求色情，再到沉溺于性变态。因此，色情上瘾者就是这样产生的：从所谓“一般”性欲望，到对越来越变态的东西充满激情，于是变态性行为就产生了。这也是泰德·邦迪（Ted Bundy）变成连环杀手的过程。在他被执行死刑的17个小时前，我在佛罗里达州立监狱采访过他，他连续杀了30个妇女和女孩。他被逮捕定罪之前的最后一名受害者是一个12岁的女孩，他杀死她后将她抛在猪圈里。[10]

尽管媒体几乎不谈这两者之间的联系，色情几乎总是涉及诱骗和男孩女孩被谋杀。这也解释了为什么骇人听闻的谋杀案在现今社会更加频繁地发生。事实表明，色情施暴者们通常将淫秽资料藏在家里或者车库里。这就意味着爸爸妈妈们为了保护孩子们必须永远保持警惕。我再说一次，请你们在任何场合都要提高警惕，例如，在别人家过夜时、在购物中心、在公共厕所、在邻居家里或者回家的路上。

问：我的女儿是个爱“讨好别人”的孩子，我对此应该做点儿什么？

答：天啊！这真是个令人愉快的问题。我看无须“做点儿什么”，你的女儿很显然对他人很敏感，同时也渴望获得他人的注意。这些孩子在整个童年时代被成年人称为“乖孩子”，他们令人愉快的个性往往很吸引成年人。我记得电影《妙女郎》里芭芭拉·史翠珊（Barbra Streisand）唱的一首歌：“离不开人的人是世界上最幸运的人。”[11]我认为写这个歌词的人是相当明白这一点的。然而，有两点是我认为需要谨慎的。第一点，离不开人的人更容易受到伤害。不那么敏感的儿童时刻准备保护自己免受侮辱或者攻击，而取悦他人的人在寻求被肯定。作为父母，你们在引导孩子走向成年的时候应当意识到孩子的这个弱点。

取悦他人的人在情感方面会表现出的第二个负面因素是，他们有时候会在青春期晚期或者成年早期才会出现比较温和的叛逆。一个个性刚强的孩子常常会与父母面对面对抗，而一个温顺的孩子会较晚表现出固执，以不那么攻击性的方式表现。例如，饮食紊乱有时候会出现在举止温和的“小乖乖女”身上。她们从来不想挑战爸爸的权威，而是以吃或者不吃来抗拒一切试图要她们吃的外在力量，以表达她们的个性。取悦他人之人的另一个常见的反应就是拒绝家人的信仰。她们通常会回到正轨上来，但也不是总会如此。

就目前的情况而言，我建议你接受小女孩的本性，并享受与她共度的儿童时代的分分秒秒。

***

现在我们来关注一下另一种极端性格的儿童，我指的是那些每天挑战和考验父母权威的儿童。他们的独特性很宝贵，成年以后可能会更加成功。但是，他们从一开始就比较难对付。为了让你们了解一些拥有意志刚强儿童之家庭的生活色彩，我将在此列出几个正处在郁闷中的父母问我的问题。虽然这些问题各式各样，但都集中在管教“考验人”的儿童身上。这些问题如下：

问：我女儿6岁了，最近她变得像是小恐怖分子。我们正在看电影，她就无缘无故地关掉电视捣乱。她还会往地上吐痰，像水手一样粗野地骂人。她表现好的时

候又会突然随心所欲地做她清楚知道不该做的事。最近她故意把球乱扔，打碎了一件贵重物品。我不知道她脑子是否进水了。我们大家都很关注她——也许关注太多了——但是她也没有理由这样做啊。我尽力克制自己不要发脾气，但是当一个6岁孩子冲我大喊大叫的时候，我能做什么？用手打她的屁股对她已经没有威慑力了，救救我！

问：我女儿今年6月就满4岁了，她是个非常犟的孩子。我目前正怀着第二个孩子，有5个月大了。也许是巧合吧，自从我的肚子越来越明显开始，我3岁的孩子在家和幼儿园都有了较大的行为问题。她凡事都不顺服，从早上起床穿衣开始就不听任何人的命令。在学校里她不想参加小组活动，并似乎刻意与家人保持距离。你认为这种行为与我怀第二个孩子有直接关系吗？还是孩子在这个年龄段本就如此？

问：我20个月大的女儿从来都不愿意老老实实去睡觉，每次睡觉前都要抗议。我的妻子现在怀上了我们的第二个孩子，我想知道应该怎么办。

问：我的儿子和媳妇现在与他们4岁的女儿之间有很多问题。这个孩子经常大声哭闹，还动手打他们。他们俩无计可施了，根本不知道怎么办。你对他们有什么劝告吗？

问：我5岁的女儿常常跟她妈妈对抗，但是她比较听我的话。那么我们应该怎样教育她尊重我们两个人呢？

我本来可以针对每一个问题给出答案，也许我应该如此，因为以上情况涉及不同年龄段的儿童。应付不想睡觉的20个月大的幼儿应该与故意捣乱随地吐痰的6岁女孩不一样。尽管如此，我在此不会针对具体问题给予回答，因为我这个工作已经做过了。在我早期写的关于儿童管理的几本书中，讲过这些问题。这几本书是《勇于管教》（*The New Dare to Discipline*）和《我家没有小霸王》（*The New Strong-Willed Child*）。为了避免重复劳动，我从《我家没有小霸王》中引用部分关于固执儿童的本性的描述，然后再为父母提出一些建议。也许，我至少可以花点儿时间向备受困扰的父母们指一个正确的方向。

显而易见，儿童是能够意识到代与代之间的意志竞赛的。这常常变成像一场球赛般的运动。前儿童电视情景演员丽萨·威尔舍尔（Lisa Whelchel）在情景喜剧《生活的真相》（*The Facts of Life*）里描述了她与她的4岁男孩塔克之间的有趣的经历。在她写的一本很棒的书《创造性的纠正》中（*Creative Correction*）也讲了这次经历。丽萨和丈夫准备外出用餐，请临时保姆看护孩子们。当他们走到门口的时候，她对儿子说："我真希望你们今晚好好听阿姨的话。"

塔克立即回答说："噢，妈妈，我真不知道我是不是做得到。"

"为什么？"她问。

他拉长脸回答说："我心中的愚蠢越来越多了，我认为已经没有地方装美德和智慧了。"

"是吗？"丽萨说道，"也许我们需要进卫生间去把那些愚蠢赶出去。"

听完这话，塔克回答说："等一等。我觉得愚蠢现在自个儿出去了——美德已经回来了！"

丽萨与儿子之间的"遭遇"并没有表现出她的权威被严重挑战，妈妈应当以微笑回应（当时她的确如此）。但是，当一次真正的混战出现在两代人之间的时候，"赢得战争"对父母来说特别重要。为什么？因为对父母和他人表现出不敬和有害行为的儿童往往有隐藏的目的。不管他是否意识到这一点，他通常在寻找方法来证明边界是否存在以及它是否牢靠。

这种实验就像多年前警察天黑以后要试一试住户的门把手一样。尽管他试着去开门，但他希望门是锁好的，是牢固的。同样，儿童在对抗父母权威的时候，如果发现父母遭到攻击以后仍然自信而坚定，他们就放心了。儿童生活在管理有序的环境中就会有安全感。这样，他人和儿童本身的权利都因为有清楚的边界而得到了保护。

讲完这一点，我们赶紧回到我们的主题：怎样塑造儿童的意志。我将这个复杂的主题简化为6个直截了当的准则。我希望对你们有帮助，而第一点最重要：

第一，在孩子幼小的时候就教导他们尊重家长。

对于那些有过分自信、独立性很强的孩子的家长，我要给你们的最紧迫的忠告就是，确立你们在孩子心目中强有力但却充满爱的领导者的地位。要趁少爷小姐们还没到上学年龄的时候就这样做，这是帮助他们学会控制他们爆发力很强的冲动的第一步。哎，不要荒废时间！正如我们所知道的，一个天生具对抗性的小孩子长大后属于高风险类型的具反社会行为的人，在学校里他倾向于挑战老师并责问老师的教学价值。他的性格使他反对任何想要他听话的人。幸运的是，这个结构并非不可避免的。人类个性的复杂性使人不可能完全精确地估计其行为，但是，估计大致方向是可能的。因此，我会重复我最迫切的忠告：父母们应尽早地塑造攻击性很强的孩子的意志（请注意我没有说打垮他的意志或者说摧毁、扼杀其意志）。那么，怎样做到这一点呢？

好，我先来讲讲适得其反的行为吧。套牢、粗暴和苛刻对塑造孩子的意志没有效果。同样，经常责打、威胁、批评也是毁灭性的，会产生副作用。一个大多数时间刻薄气恼的家长会让孩子产生憎恨。憎恨逐步累积，通常会在他们青春期或者年龄更大一些的时候爆发出来。因此，父母需要利用一切机会营造家里愉快、有趣、接纳的气氛。然而同时，父母应当一言一行都要自信、坚定。你们，爸爸妈妈们就是老板，是负责人。如果你们相信这一点，你固执的孩子也会接受的。不幸的是，现今许多妈妈面对孩子的时候表现得犹豫不决和不坚定。如果你们在机场或者购物中心观察一下的话，就会看到这样沮丧生气的妈妈，她们面对自己孩子的某个不端行为完全不知道该怎么处理。孩子大发脾气把她们弄得晕头转向，似乎这是她们从来没有预料到的情况。实际上，孩子这样耍脾气已经有一段时间了。

第二，在对他们实施管教之前确立界限。

在任何管教之前需要先为孩子确立合理的期望和界限。在你要他为某些行为负责任之前，你应该让他知道哪些行为可以接受，而哪些不可以接受。这些事先约定的条件，将减少儿童不公平的感受。否则，当他们因为违反某个模糊的、不明确的规定而受到惩罚或是责备时，他们会觉得不公平。

第三，区分故意对抗与孩子气的不负责任。

我所说的孩子气的不负责任与“故意对抗”之间是有区别的，而且这两者之间的区别很大。理解二者的区别对于理解具体行为的含义以及知道怎样恰当地回应很有用，我来解释一下。

假定小大卫在起居室里淘气玩耍的时候撞上了桌子，导致贵重的瓷器和其他小饰品被打碎。或者艾史丽丢了自行车、将妈妈的咖啡壶忘在雨地中。也许4岁的布鲁克想要拿哥哥盘子里的东西，胳膊碰着了哥哥盛牛奶的玻璃杯，结果牛奶溅了婴儿一身，而地板上也一片狼藉。尽管这些突发事件令人扫兴，但它们属于孩子气的不负责任的行为。从长远来看，这些突发事件没有什么不良后果。众所周知，儿童们会经常弄洒东西、丢失东西、打碎东西、忘记东西、弄乱东西，儿童们天性如此。这些行为是一种保护机制：保护儿童，使他们无须承担成年人的责任。发生这些突发事件的时候，耐心和宽容就可以使这一天恢复井然有序。如果家长已经事先宣布某些愚蠢的行为是某个年龄的孩子不可以有的行为，而且这个孩子的成熟度说明他有能力避免这些愚蠢行为，那么爸爸妈妈可能需要让孩子帮忙清理他们自己造成的混乱，或者要孩子以工作为代价补偿。否则的话，我认为这样的事就可以忽略不计，接受现实吧。

但是，另有一种行为与此截然不同，那便是孩子公开对抗家长。他们可能会大叫“我不愿意！”或者“你闭嘴！”或者“不要你管我！”当小少爷在购物中心付款处抓住一把糖果不愿意放回去的时候，这种行为就是故意对抗。或者，他以大发脾气作要挟来得逞的时候，也是公然对抗。这些行为代表傲慢的态度以及不服从的决心。这种时候，有些截然不同的东西正在弥漫。你已经事先划定了界限，而孩子故意用他的小嫩脚指头践踏你的界限。你们俩都在问：到底谁输谁赢？谁最有勇气？谁在控制局面？如果你不能肯定地回答你的小犟牛，那么他们就要谋划下一次的战争一次又一次地挑战你。这就是为什么你必须立即回应这硬着脖子的小叛逆。这也是苏珊娜·威斯利（Susanna Wesley）表达的意思。她写道：“某些淘气行为应当忽略不计（指的是孩子气的不负责任行为），而另一些需要温和地责备。但是，任何有意叛逆的行为都需要根据具体环境和孩子的性格特点，或多或少地加以惩罚才可以原谅。苏珊娜在我出生250年前就得出了这个结论。她通过抚养19个管她叫妈妈的孩子得出这个结论。

第四，冲突以后使孩子得到爱的保证和教导。

当父母在与孩子的冲突中表明了自己是领导（特别是冲突使孩子哭泣）以后，2~7岁（或以上）的孩子可能需要父母对他或她，有爱的行为和爱的保证。无论如何，请父母张开双臂迎接他们、抱紧他们，并且要说你爱他们！同时，轻轻地摇晃着他们，告诉他们受惩罚的原因，以及今后怎样避免再次受到惩罚。这时是教育孩子的好机会，因为你可以解释管教的目的。当叛逆的、硬着脖子的小孩正握紧拳头与你较量的时候，这种谈话很难有效果，或者说不可能有效果。但是，在冲突发生以后，特别是以孩子流眼泪收场的时候，通常想拥抱你以确保你真的爱他们。无论你的情绪如何，请张开双臂让他们依偎在你的怀抱里。这个时候特别需要向孩子承认其实我们都是有过错的，不是完美的。被饶恕的经历是奇妙的，即使很小的孩子也能经历得到。

第五，避免对孩子有过分的要求。

要十分肯定你的孩子有能力达到你的要求。千万不要因为他不由自主地尿床而惩罚他，不要因为孩子一岁的时候如厕训练不成功而惩罚他，不要因为他实在达不到的学习成绩而惩罚他。这些孩子不可能达到的要求使他处于无法解决的矛盾之中：他会感到没有出路。这种情况会给人类情感机制带来不必要的负面伤害。另外，这实在是不公平。

第六，让爱引导你。

父母与孩子之间如果有真实的爱和感情，那么即使有时候父母不可避免地犯了错误，他们之间的关系很可能仍然是健康的。

以上六步应该是健康的亲子关系的基础。[12]我再次重申，这个简单的概述只是我在其他书中所详细讲过的内容的粗略大纲。欲知详情，请阅读那些书籍。

第 14 章

文化之河

BRINGING UP GIRLS

不管你家里是有喜欢搂搂抱抱、整天在家跑来跑去的学龄前小姑娘，还是有含苞待放即将离家独自生活的少女，了解文化正在怎样影响她们尚在发育的心智是非常重要的。我们绝不可低估文化的力量。它就像汹涌的河流一样卷走两岸的一切东西奔流而下。你可以也必须帮助孩子避免被文化潮流卷入暗流。孩子小的时候，保护他们免受蹂躏要容易得多，而随着时间的流逝，就越来越难了。这也是抚育孩子的主要的目的，应当在孩子还小的时候给他们打下坚实的道德观和价值观的基础。这些根基将帮助他们在人生的洪水泛滥之际还能够立稳脚跟，不被冲走。

我们来谈谈这种挑战。多年以前，伴随着孩子们走向成年的文化之河是一条流速缓慢的小溪。我和我的大多数朋友们一路走过的时候几乎没有遇到什么风浪。现今，父母们意识到一条条平静的小溪已经变成了汹涌的河流，就像科罗拉多河流咆哮着穿越大峡谷一样。一路上有很多激流威胁着由没有经验的桨手掌控的木筏。

现在席卷了很多青少年的河流，正是这一代出生前很久的20世纪六七十年代漫过河堤的洪水，即性解放和社会革命在西方世界的泛滥。一夜之间，这些思想席卷了整个西方，使年轻人相信：感觉好就去做吧；违反古老而受尊敬的是非标准没有不良后果；传统信仰大概在1966年死了。[1]一个名叫提莫西·里尔瑞（Timothy Leary）的可疑的心理学家（有些喜剧家称之为“真机敏”）告诉年轻人“兴奋，交合，闪人”[2]。我当时正身处一所大学校园，目睹了里尔瑞最初的糟糕教导带来的影响。我当时虽然年轻，但里尔瑞的那一套也使我不安和厌烦。

现在几十年过去了，我们正在目睹这个“文化革命”的后果：婚姻制度正被摧毁，5000多万的胎儿被堕掉[3]，暴力问题呈直线上升，性传播疾病猖獗，毒品滥用无处不在。然而，几乎没有当代的新闻记者愿意承认，当时摧毁了谨慎、传统和道德的行为是完全错误的。你说呢？

那些多年前立志“改变世界”的革命分子，在当时是非常具有影响力的。实际上，他们对文化之河的影响是长久的。他们当中多数人的名字已经被遗忘，他们有些滑稽的行为在今天看来很可笑（问问生活在那个时代的人关于60年代晚期的“胸罩燃烧者事件”吧）。但是“革命者”的激进思想和信条不仅仍然遗存，还隐藏在被认可的政治思想里。在此介绍一下这些思想的版本，可谓是从那时的文化之河流传至今的青少年群体的思想集成。

- 早期性经验对女孩来说是健康的，能给她们以自主权。
- 处女观源自压迫，应当尽快摒弃。保持处女身是件令人尴尬的事情，一些父母也有同感。
- 白种男人的权力是世上不公平的主要原因，应当抵制。在家里或者在整个文化中都要予以抵制。男人和女人除了在生孩子上有不同之外，没有其他的不同之处。真正的平等就是男人和女人行为一样、思维一样。
- 女人和女孩应当模仿男人的掠夺性。随便的、“无牵挂”的性经历对男女来说都一样令人满足。它不再暗示或者保证要有恋爱关系。因此，今天相当少的女孩们会想：“上午他会给我打电话吗？”如果女孩真的问她的性伴侣这个问题就是无礼行为。
- 文雅端庄过时了，它代表着旧时代的不自由。令上几代人惊讶的行为，不会再令现今的人们皱一皱眉头。
- 年轻女孩们真正的力量来自充分利用她们的性魅力，然后在赢得男孩的角力中大力宣扬自己。
- 曾经被认为是“随便”或者“放纵”的女孩，现在在社交上已经被同辈视为可接纳的了。因此，举止打扮粗俗或者模样看起来像妓女，都是自信和刚强的证明。在2004年超级杯比赛半场休息的演出中，珍妮·杰克逊（Janet Jackson）听凭她的胸罩在9千万电视观众眼前被人扯下来。[4]扯掉珍妮胸罩的贾斯汀·汀布莱克说，这是个“服装失误”。而同台的其他演出者打扮得仿佛站街女郎。谁能够估计那天晚上有多少女孩在观看演出并决定改变形象：从纯洁女孩变成“坏女孩”？“粗野文化”在四处游行！
- 在男女关系中，女孩们比以前任何时候都更加积极主动。传统中一般是男人主动并推动二人关系，而现在反过来了。现在女孩们主动打电话追求男孩，她们经常付账，她们也常常主动同男友上床。
- 同性恋、双性恋以及异性恋在道德上被视为是一样的，它们只是代表人们不同的生活方式选择而已。

- 浪漫爱情不流行了。如果一个女人在两人连朋友都不是的时候就愿意提供性服务，那么男人也就没有必要向女人献殷勤了。越来越少的人向对方说“我爱你”，这一点意味深长。约会基本上也过时了，现在的两性关系被称为“勾搭”（the hookup），这个词专指寻求一夜情的男女。
- 在西方社会中，人们过去常说的“姘居”或者“罪恶生活”，几百年来被认为是令人吃惊的邪恶行为。而现在已经用了中性词，例如“生活在一起”或者“同居”，不再有道德含义，只是一种无争议的居家方式。对于此，父母们没有适应之前可能会反对一下，同辈们连眼皮也不会眨一下。

这些只是40多年前被灌输给婴儿潮中出生的那一代人的若干观点。现在，这些“革命分子”的孙辈们正在长大，正在接受并按照这些一度被欢呼为“新道德”的观念生活。曾经令人吃惊的粗野下流的行为现今被称为流行文化。一些人狂热地在向青春期的孩子传讲这些哲学思想。令人吃惊的是，很久以来要“解放”妇女并试图塑造孩子们价值观的那些极端分子们成功了。大多数年青一代已经没有了其他参照物，现有的这一切就是他们所知道的全部。我想起了希特勒在1933年11月6日所说的话：“你们的孩子已经属于我们了……你们是谁？你们就要过去了。但是，你们的后代现在属于新的阵营。很快，他们除了这新的社会什么也不知道了。”[5]大约四年以后，他补充道：“这个新帝国不会把它的年轻人送给别人。”[6]天啊，这些新的“革命分子”们拥有了我们的孩子！

所有这些对于今天的孩子和年轻人的身心健康意味着什么？答案是令人震惊的，想了解详情可以去读两位天才青年作者温迪·谢利特（Wendy Shalit）和卡罗尔·普拉特·利宝（Carol Platt Liebau）所写的书。谢利特写了《回归纯真》（*A Return to Modesty*）和《温柔女孩》（*Girls Gone Mild*）；而利宝写了《谨慎：纵欲文化伤害女孩》（*Prude: How the Sex-Obsessed Culture Damages Girls*）。如果父母们希望了解现今文化并保护孩子们脱离毁坏他们道德品格的黑手，这些书就属于父母必读书。这三本书揭露了勾搭文化（或粗野文化）的有毒本质，并警告其对男孩和女孩们极具破坏性的影响，我强烈推荐你们阅读。

温迪·谢利特所写的书源于一件有趣的事，它也与本书的主题相关。当时，作为威廉姆学院（Williams College）大二学生，她在《评论杂志》（*Commentary magazine*）上公开发表了她的第一篇文章，题目叫《属于女人的女厕所》（*A Ladies'*

Room of One's Own），这篇文章发表后产生了轰动效应。该文表达了她对大学学生宿舍男女共用厕所的不快，以及她所在的学校男女共用厕所的问题。她描述了在一个狭小的、没有锁门的厕所里当着男生的面使用厕所、暴露身体多么令人尴尬。她和其他学生被告知真正解放的妇女“对自己的身体感到舒适”，并且在男生面前暴露身体也不应该感到尴尬。温迪写道：

> 不要误解我。我对自己的身体感到很舒适——过去如此，现在也如此。令我不舒适的是异性身体的复杂性，而我不需要在清晨就急切地研究它们。

该校的宿舍顾问对温迪过分淑女的想法没有表态。他们在上一年的新生指导课上说，凡对男女共用厕所不满者可以预约本校“心理服务”的咨询顾问。换句话说，文雅端庄就意味着心理有问题。

温迪为了避免在她称之为“男女共处的可爱花园”里遇到男生，那年余下的时间，她带着牙刷、牙膏和毛巾到附近的行政楼里洗漱。那里的洗手间仍然“有亲爱的、可爱的洗手间的黑色标志”，“在我看来好像是英语中最可靠的语言：‘男厕’和‘女厕’”。

第二年，温迪选择住在全是女生的套房里。心想她在那里洗澡时不用担心暴露给陌生男人。但是，事情并不是她想的那样。她这样继续写道：

> 初秋的一天，我从淋浴处出来，再次发现我与一个陌生的男人在一起——或者说，与他的后背在一起。

我问：“你在这里做什么？”“呃……我想小便。”“哦，对不起，如果令你误解的话，”我抓紧身上裹的白色浴巾，用力强调道，“但是，这里不是男女共用的洗手间。”

> 这个年轻男生回头打量了我一下。看到我打满肥皂显得有点吓人的小模样，他一定觉得好玩儿，因为他还不想离开，而是大笑着温和地抗议。
>
> 他说：“噢，这里没有标志。”
>
> 我大声说：“但是你看，我在这里，我就是标志。这里不是男女共用洗手间！你觉得现在看到标志了吗？”

> “好了，好了。”他缓和了局势，赶紧拉上裤子拉链夺门而出。他冲到大厅的时候我还听到他咕哝着说：“但是你也没必要提高嗓门啊！真倒霉，她说话的样子像我妈。”

这次事件促使温迪写了一个这样的标志牌：“此处非男女共用洗手间——仅限女士。先生们，谢谢合作。”她将之贴在洗手间门上。第二天，有人敲她的房门，要她和室友们一起开会。四位女生盘着腿坐在地板上，满脸严肃。其中一位女生代表其他女生说：“温迪，我们一直在讨论，一直在想，哦……你贴的那个标志是在排斥异性。”[7]

排斥异性？让我喘口气吧。全世界的洗手间都用母语标明“男”和“女”。现在，如果有男人不被允许进入这个极其隐私的女人圣地，男人就被侮辱了。

温迪的文章引起了轰动，其轰动效应遍及威廉姆学院和其他地方。《读者文摘》于次年重新刊登了该文。这次重登为温迪专门从事社会评论的工作奠定了基础。她接着写了两本书详细说明了社会性的性放纵态度，并对不加限制的欲望提出了警告。女权分子们当然讨厌这两本书，他们威胁温迪。但是，她那有说服力的论点不会被轻易地驳倒，甚至威廉姆学院的学生后来也为她的勇气鼓掌欢呼。温迪的书的主题是：千百年来，文雅端庄代表着女性美的精髓，现在已经发生了极端的变化。当前，处女是软弱和胆小的代名词。一个现代女性应当是轻率的、污秽的、具攻击性的、粗声大气的、爱生气的、强硬的、独立的……只要不是温柔的和端庄的，别的什么都可以。总之，她必须参与性解放，因为这是培养自主权的关键。参与随意性交、不雅行为，甚至在男女共用的洗手间里展露身体，这些被看作是培养自信和展现力量。这种悖逆的女性观与事实完全不符，简直就是颠倒黑白。然而，现代大多数的青少年和年轻人，特别是进入一些大学的年轻人被灌输了来自性放纵行为的道德相对论的观点。唉，文化之河已经将他们卷走了。

卡罗尔·普拉特·利宝也在她的文章中深刻说明了这种道德堕落：

> 性活动使得中学生产生报复心理。[8]……越来越多的女孩们将性活动定义为典型的青少年行为。[9]过去不可接受的性行为，如：同性恋，在青少年中也越来越普遍。[10]

利宝说对了，据圣地亚哥州立大学的研究者们的结论，一份根据530份研究报告而写的概述显示：1943年认可婚前性行为的妇女只占12%。这一研究历经50年，研究了25万名年龄在12~17岁的年轻人，到1979年，这个比例是73%。[11]

盖洛普调查机构（Gallup）也发现了相似的趋势。2006年，79%的年轻人说，婚前性行为在道德上是可以接受的，52%的年轻人认为婚前同居没有问题。[12]于20世纪60年代晚期爆发的性革命的影响流传下来并延续至21世纪。现在已经俘获了绝大多数的美国年轻人。

另一份美国研究也证实这些引人注目的发现。有1000多成年人接受了调查，被问到他们是否相信原罪的概念，其定义为“某些在任何时候都被认为是错误的东西，特别是从宗教和道德角度来讲”，87%的人承认他们相信。回答者接着要从30项传统意义上被视为犯罪的行为中挑出他们自己认为是犯罪的行为，并比较以后排序。81%的人把奸淫排在首位。下面依次是：种族歧视，74%；滥用毒品，65%；堕胎，56%；同性性行为，52%；流言蜚语，47%；起誓，46%；天啊，婚前性行为，45%。超过一半的各年龄段的美国成年人认为婚外性行为“不是大事”。[13]

报道这些数据的家庭调查委员会写道：“在当前崇尚道德相对论的时代，大多数美国人仍然认识并相信‘罪’这一概念，这一点令人鼓舞。”[14]

前几代人一定不会相信，传统道德观会在我们这个时代被如此践踏。专栏作家弗洛瑞斯·金（Florence King）这样旗帜鲜明地总结道：

> 新派妇女从男人的礼物沦为男人的战利品。没有了文雅端庄的社会惯例，她们对男人说“不”的特权被男人期望得到性的特权践踏了。[15]

就是因为这种文化观的巨大变化，促使温迪和卡罗尔为了保护女孩们的幸福而揭示了这类文化观的含义。我们不清楚她们写作前是否参考过对方的笔记，很显然她们得出了相同的结论。卡罗尔写道：

> 在早些年代，社交成功被定义为一个女孩在多大程度上激励了男孩去追求她，向她求爱，为她献殷勤。现在，女孩们为了争夺男孩的注意力而互相竞争，她们的成功取决于愿意为男孩在性以及其他方面付出多少。正

如女孩们自己指出的，这种竞争使男孩比以往任何时代都更能操控女孩。

> 随随便便很快地献上自己的身体，女孩们本质上已经将最有效的武器放弃了，即放弃了确保她们得到男人的陪伴的砝码，这是她们最渴望得到的。[16]

温迪强调说，认为女人可以轻松地割断同那些曾和她睡过觉的男人的情感联系是愚蠢的。相反，在勾搭文化中，很典型的情况是，女孩们付出了她们最亲密的礼物并被丢到一边以后，她们通常觉得被抛弃、被利用、被虐待。两人分手以后，男人们得到了他们想要的，而女孩们得到的则是愤怒和沮丧。我们在下一章会谈到“勾搭”生活方式的长远后果。

温迪引用了18世纪哲学家让-雅克·卢梭（Jean-Jacques Rousseau）对妇女们的警告，警告她们不要像男人们一样。他写道：“妇女们模仿男人越多，她们就越不能控制他们，而男人就真的变成了她们的主人。”[17]这是随便与男人发生性行为的妇女的精确写照。

劣行同样在情感和心灵上影响男人，只是影响的方式不同而已。保罗在《圣经》中这样描述其影响：“你们不知道那与娼妓苟合者能与她成为一体吗？”我们就是这样被创造的。有句谚语描述了古代人们怎样看待处女，这句谚语说：“贞洁就像冰柱，一旦融化了就永远失去了。”换句话说，处女可以轻易地被毁掉，但是永远恢复不了。

正如我所看到的，流行文化将公开赤身露体看作“对自己的身体感到舒适”。很多女孩接受了这个说法并厚颜无耻地为《花花公子》、电影制片人、隐在幕后的、张狂的色情摄影师以及任何愿意付钱的人宽衣解带，这当然是另一种方式的卖淫。有些少女为了吸引男人的注意力而暴露肉体，并非为得到金钱上的回报。她们用一种叫作“性短信”的方式，将裸体或者露骨的性感照片通过手机或者互联网发送给男友。随后男人们就可以在今后几十年广泛传播这些照片。超过20%的青少年都参与过这样的活动。[18]那么对人们良心的呼唤在哪里呢？它告诉一代又一代的年轻女人，在陌生人面前赤裸身体是错误的，也是廉价的。原来，良心的呼唤被流行文化扭曲了，即被谴责文雅端庄和道德，并催促女孩们要对自己的身体感到舒适的流行文化扭曲了。

她们在任何地方都能看到套路相同的青春期转型故事。我想起了观众如潮的电影《油脂》（*Grease*）。这部电影以微妙的方式弱化了传统的道德观，它于1978年上映，反映的是50年代空洞虚浮的青春爱情故事，伴以相当柔美的音乐。该影片使约翰·屈夫塔（John Travolta）一举成名。他在影片中饰演丹尼·祖可，一位令女人晕倒的魁梧的校园男生。奥利维亚·纽顿-约翰（Olivia Newton-John）饰演刚刚来自澳洲的身材娇小的金发酷女桑迪。很显然，她不了解当时的形势。她是个"好女孩"，常穿一身白色或者浅黄的衣裙。瑞德尔中学的所有女孩们似乎都比她更有趣。实际上，她的新朋友们为她令人尴尬的单纯而忧虑不已，她们邀请她过来一起卧谈，好让她变得粗糙一点。

桑迪的处女问题是此次卧床夜谈的焦点。当一位名叫弗兰奇的女孩要给桑迪穿耳洞的时候，另一个女孩给她递过来一枚"处女针"，来刺穿桑迪耳垂。懂吗？血象征着失去童贞。女孩们让桑迪抽烟喝酒，弄得她跑去厕所呕吐。当她从厕所回来的时候，这群女孩中最粗鲁的瑞索说："《小古蒂的两只鞋》使我想呕吐。"[①]然后，她戴上金色假发，以讥讽的声调唱道：

> 看看我，我是桑德瑞·迪，差劲的处女。
>
> 没有法定结婚就不上床。
>
> 我不能啊，我是桑德瑞·迪。

这首歌嘲讽了桑迪的好女孩形象。桑迪和祖可之间的关系在随后的几天里继续走下坡路。他带她去汽车影院看电影并将他的校徽戒指送给她。她说："这对我意义重大，这说明你尊重我。"接着，祖可开始有所动作了。他试图触摸桑迪的胸部，然后将坐在车前座上的桑迪按倒。桑迪大声尖叫着挣脱开，趺趺撞撞地离开他的汽车。这件事令祖可非常气愤，两人之间有了隔阂，以后他们就疏远了。桑迪对发生的事情感到迷惑不解。

接着是在洛杉矶河上举行拉力赛的场景，祖可与对手竞赛。桑迪坐在远处，思考他们的关系出了什么问题。突然，她明白了，她认识到这都是因为她"太好

①《小古蒂的两只鞋》（*Little goody two shoes*）是英国18世纪出版的儿童故事。古蒂因为品德好得到好报，此处用以讽刺美德。——译注

了”。这使她伤感地唱起了瑞索在卧谈会上唱的那首歌：

健康纯洁，噢，如此胆小不自信，

可怜的桑德瑞·迪。

歌曲的最后歌词是“再见吧，桑德瑞·迪”[19]。记住桑迪被说成是“差劲的处女”，这个问题大了。

桑迪清楚知道她应该怎样做了，她请弗兰奇监督她进行外表形象大改造。从接下来的一个场景开始，荡妇形象的桑迪出现了。她身穿皮夹克，腿裹紧身皮裤，脚蹬尖尖的高跟鞋。她看到了祖可，对他说：“给我讲讲，小子。”他们昂首阔步地在全校学生狂欢活动上跳舞。时不时地，他们会随着音乐的节奏象征性地碰一下臀部。接着，他们钻进代表着未来的汽车，汽车咆哮着绝尘而去，而瑞德尔中学的学生还在尽兴跳舞。[20]

我详细描述了这部娱乐片的情节，不是因为这部影片最糟糕。实际上，它相当柔和也非常有趣。我单单挑出该片是因为它以微妙的和令人信服的方式，摧毁了视保持贞洁为美德的道德观。它准确地解释了温迪和卡罗尔在她们的书中所表达的观点。“健康纯洁，噢，如此胆小不自信”，表明女孩如果被教导过分坚守美德，她们就会胆小不自信。为了改变她们的过分贞洁，她们需要表现得像男人一样：粗俗、轻率、在性上主动出击。

该片上映30多年后仍然影响着一代代年轻人。实际上，该片在昨天晚上通过有线电视又在本地区上映了。今天的女孩，就像她们的前辈一样，将桑迪这个角色看成是自己的榜样，并向她学习如何抛弃她们“差劲的处女”形象。现在的女孩被警告说，如果她们的打扮和举止仍然像桑德瑞·迪一样，她们将永远得不到男人的注意。她们大多数年龄太小了，并没有看过那位女演员在电影中放肆的表现。

摆在孩子面前的选择是残酷的，她要么顺应勾搭文化，要么坐在家里等待白马王子骑着白马路过她家。他可能永远不会来，这就是这部影片所表达的潜在意义，任何笨蛋也能够理解这一点。

坦白地说，我厌恶娱乐业对无数孩子的道德观所做的摧毁工作。想一想吧，有多少无辜、软弱的女孩在电影的引诱下轻率地卷入她们完全没有准备好去面对的性关系中？有些女孩有了孩子却没有能力抚养，有些女孩永远都忘不了她们的堕胎经历，有些女孩染上了无法治愈、折磨她们一生的性传播疾病，有些女孩因为害怕被拒绝而痛苦，她们的痛苦无法痊愈。

有些女孩将要经历痛苦的、开始之前就注定要失败的婚姻。她们所有的人都要品尝违背道德律法而带来的心灵上的苦果。不管人们是否相信，是非标准从来就没有废除。

电影业正生产着比上述影片更恶劣的影片。这对一代代年轻人的道德观和健康起着巨大的破坏作用。其他许多有影响力的人以及机构也正起着如此的作用，文化的方方面面的影响，正专门针对孩子们。例如，几乎没有医生会告诉青春期的少女节制比避孕药更有意义。我多么希望医生们能够花点时间告诉女孩们，避孕药和避孕套不会防止疾病。他们应当向她们解释，将自己宝贵的性献给只要性快餐的男人，对她们的情感和身体有多么大的负面影响。

令人悲哀的是，处于权威地位的成年人通常不愿意告诉年轻人真理的本相，反而鼓励孩子们参与不负责任的不道德行为。有案例为证：2007年科罗拉多大学（University of Colorado）在保德的保德中学（Boulder High School）举办了一次主席团讨论会，要求全校学生必须参加，讨论主题是“性、青春期、药品”。现场的多位主席团成员给学生们提供的建议骇人听闻。那次讨论会有录音，真实地记录了参与者所说的话。下面是现场其中一个权威人士乔·贝克（Dr. Joel Becker）的讲话摘要。他是加州州立大学（UCLA）的心理学教授。他是这样讲的：

> 我要鼓励你们发生性行为，我也鼓励你们使用合适的避孕药（学生中间响起了鼓掌和欢呼）。我为什么要持这种立场，因为反正你们会这样做。我想鼓励你们所有人进行健康的性行为。那么，什么是健康的性行为呢？哦，我不在乎它是发生于男人与男人、女人与女人、男人与女人之间，抑或是你们愿意参与的任何混合的性行为。[21]

贝克继续给这些脆弱的、易受影响的青少年喂食勾搭文化的极端猛料。他最强烈的忠告就是学生们应当参与很多“健康的性行为”，却从来没有定义什么是健康的性行为。他也没有提醒学生们要警惕恶性疾病、怀孕以及对那些最容易上当者的盘剥。记住，艾滋病以及其他30多种性传播疾病正折磨着那些经常甚至是偶尔参与婚外随意性行为的人。当然，他更没有向这所中学的学生提到某些学生在家里听到的道德观和信仰，这被一笑带过了。

然后贝克和他的同僚们恬不知耻地站在那里，披着专业权威的外衣，同意大家都用违禁毒品。他重申道："我要鼓励你们恰当地使用毒品。"到底什么是恰当地使用毒品？贝克似乎在鼓励未成年人犯罪。但是，保德市的学校当局或者执法官是否反对这些观点？保德峡谷校区（Boulder Valley School District）负责人乔治·盖西亚这样说："主席团成员整体上所讲的是恰当的。"[22]

2009年春，我会见了2007年正在该中学读二年级的达菲·怀特（Daphne White）。她是那天的听众之一，她听到了她的信仰被藐视、被冲击。在四个发言人对毒品和性乱说一通以后，现场的学生们被给予机会提问，但是不许表达自己的观点，也不许讲自己所赞同的观点。但是达菲有礼貌地站起来质问贝克博士。她说：

> 你好！实际上对我来说，我站起来说这番话感觉很不轻松，但是我觉得必须要说。你刚刚讲过的那些观点严重地冒犯了我。我认为你很有必要了解一点：即使在这所保德中学，也有一些人有不同的观点。而我认为今天讨论会的观点相当地一边倒。对不起，冒犯我的就是：你在毒品和性问题上的观点，贬损了某些宗教所持有的观点，这是很不合适的。贝克博士，我知道你贬损节制性欲，这正是许多人反应强烈的内容。而我只想让每个人都知道这个观点有两面性。而且，我注意到你将这些严肃的话题幽默化了。还有，我在想人们是否期望主席团今天讲话的目的不是在鼓励青少年滥用毒品和纵欲（我是这样期望的），而是鼓励他们节制性欲。因此，我认为主席团的讲员们需要考虑一下你们所要传递的信息的正确性。[23]

我为这位年轻女士的勇气感到自豪。达菲当着800名老师同学以及教务人员的面，捍卫了文雅端庄、节制性欲以及自己坚定的宗教信仰，她还谈到反对使用违禁毒品。我与青少年，包括公立学校的学生们打交道多年，但是，对我来说达菲在那个下午表现出的勇气真是罕见。不幸的是，她却为在众人面前站起来捍卫自己所相信的观念付出了昂贵的代价。在随后的几天，她被诽谤、被羞辱，同学们取笑她，老师们让她觉得自己很愚蠢。实际上除了她的妈妈普瑞斯利亚·怀特以外，没有人支持她。怀特夫人给学校校长巴德·杰恩科斯打电话。据说，后者支持主席团讲员们，并不支持达菲。

福克斯新闻（Fox News）评论员比尔·欧若利（Bill O' Reilly）听说了这件事，谴责了校董事会和校行政组织这种一边倒的只容自由主义者发言的讨论会。我在爱家协会广播节目中讨论了这次事件并让听众听了部分录音。接着，该校所在的社区有很多人发怒了，他们站在校方一边。不可思议的是大部分家长支持校方，有些人公开地对达菲表现出无礼。在接下来的校董会上，房间里站满了当地市民，而只有四五个父母在现场站出来抗议那天的讨论会。当怀特夫人试图讲话的时候，她的麦克被切断，她说话的声音别人听不见。这就是年轻人及其父母们想要维护自己的信条时常做的事，特别是在保德市这种自由主义社区更是如此。在青少年迫切需要了解清晰的道德界限的时候，本应协助他们立定界限的人却在给他们增加混乱，并进一步引诱他们。当成年人都在催促青少年干这些愚蠢而危险的勾当时，未成年的孩子们还有什么机会作出正确的决定？在这个性泛滥的文化中，他们保持贞洁已经很困难了。如果牧师、教师、教练、咨询师、保育员、祖父母、叔叔婶婶都对此保持沉默，他们就更不可能作出正确的决定了。没有他们的支持，邪恶将继续影响他们的孩子们。天啊，“老人河，啊，老人河！你知道一切，但总是沉默，你滚滚奔流，你总是不停地流过”（译者注：此句取自黑人歌唱家保罗·罗伯逊（Paul Roberson）的歌曲《老人河》。老人河即美国境内最大的密西西比河。该歌曲反映了美国黑人的悲惨生活，1928年在英国伦敦的一部音乐剧《游览船》中首次被演唱）。

不可理喻的是，许多爸爸妈妈实际上正在推动他们的青少年性乱交。考虑到这种行为的后果，我们很难理解这一点。回到温迪·谢利特的书，她在《温柔女孩》一书中反复提到这一难题。以下是一些片段：

> 如果父母们知道（他们的孩子正在参与性行为），许多人不在乎甚至可能还因为孩子“跟上了节奏”而松了一口气。我们期望年轻人性生活活跃，并且顾盼自雄。这显然使我们很难将性乱交视为虐待儿童。[24]
>
> 现实是父母们在实施新的低道德标准的时候同样面临着很多同辈压

力。很显然，我们对待处女的态度表明了我们的“讨厌清洁女孩”的情结。顺应这种思潮而产生的逻辑结果就更加明白无误地表明了人们“讨厌清洁女孩”的立场。[25]

女孩们发给温迪的邮件和信件中，大约70%的女孩都觉得婚姻和孩子是她们需要“隐藏”的渴望。令我吃惊的是几乎一半的来信者都表示，自己的父母认为女儿没有足够多的一夜情，从而觉得她不正常。[26]

当一位妈妈发现女儿与新任男友度过整个周末而没有与他上床的时候，这位妈妈用大事不妙的语气警告她说：“你要失去他了！”（最后她没有失去他，而是与他结婚了。）[27]

孩子们是多么可悲！他们的父母们竟然以这种方式接受并认可悖逆的勾搭文化。他们非但不教导他们智慧，反而增加了他们的混乱和试探，而引导孩子并给予道德训练的责任从根本上是落在爸爸妈妈们身上的。

下文是我读过的最有说服力的捍卫贞洁的短文：

贞洁实际上代表着一种对性激情巨大能量的尊重——就是宣告要忠诚于那些高于暂时性欲望的东西。正如散文作家莎拉·E.恒立科（Sarah E. Hinlicky）所写的：“这是献给希望的性，献给未来的性，表达婚姻之爱的性，为了孩子的性。”拒绝玩勾搭游戏的女孩们宣告了她们值得过更好的生活，比起与那些只要她们身体，或是可能说要照顾她们但并不确定要进入婚姻的男人（或者承诺有了孩子就结婚的男人）进行性摸索，她们值得过优质得多的生活。

保持贞洁意味着真正的自我控制：身体、心灵、灵魂。它可以区分出哪些男孩在乎女孩本人，而不是只在乎她的身体。尽管不能保证没有伤心时刻，但保持贞洁的确可以保证一个女孩永远也不会因为将身体献给一个不配得到该礼物的人而留下揪心的遗憾。[28]

父母们，你们听到了吗？这就是事实！特别需要把这些教给你们的女儿，也要教给你们的儿子。我几乎可以听见某些批评者会如此说：“你在支持老掉牙的双重标准，既告诉男人们可以找乐子，又告诉女人们要把守道德的关口。”需要强调的是，这不是我要表达的意思。虽然性纯洁对男女来说都一样健康，在道德上也一样意义重大，同时圣经对男女的要求也没有不同，但是女人在情感和身体上为不当性行为所付出的代价要远远高于男人，这是不争的事实。事实从来就是如此，对你们的女儿们来说更是如此。

趁你们的男孩女孩还小，引导他们躲开这种勾搭文化吧！在他们人生的起步阶段，可以教给他们文雅端庄和美德的标准。告诉他们有些事情是对的，有些事情是错的，并说出这两者的不同。向他们解释，道德标准是永久的。教导他们婚姻的意义，向他们解释为什么贞洁是给未来的丈夫（或妻子）准备的最宝贵的礼物。告诉你们的儿子和女儿们，他们没有权利将它送给其他人，并让他们确信他们永远不会因为这样做而后悔。

尤其要每一天为他们祈祷，帮助他们回避文化之河上起起伏伏的暗礁和旋涡。

第 *15* 章

后 果

BRINGING UP

GIRLS

第15章

后 果

我相信上一章的内容令不少读者心绪不宁，因为孩子们生活在非常有毒的环境里。我接着就要讲令人振奋、鼓舞人心的题目了，因为抚养女孩是可喜可贺的奇妙的祝福。然而，在结束勾搭文化这个主题以前，我觉得还是需要讲讲性乱交和其他不负责任行为的后果。我相信，即使你家的孩子还小，你也会发现这一章的内容仍然很有用，毕竟，孩子的青春期转眼就到了。

最近我刚与一对有四个孩子（三个女孩一个男孩）的夫妇谈过话。孩子们都进入了青春期。这位妈妈央求我："请帮帮我，我非常担心现在的文化对孩子们的影响，特别是对我们自己孩子的影响。我和丈夫正在尽力保护他们免受其负面影响，但是，支持他们站稳立场就已经很不容易了。最令人痛苦的是，我们社交圈里的其他父母不支持我们。他们基本上放弃了，显然他们已经决定让自己的孩子随大溜。"

这位母亲继续讲了她的难处，即如何避免孩子们接触那些不健康的电影、电视秀和互联网站。孩子们的朋友们也存在着问题，因为他们可以自由地做任何事情，没有规矩、没有管束、没有监督。她和丈夫实际上觉得在这场战斗中很孤单。

这正是我一直在讲的要点，这些父母在那些听凭孩子被文化之河挟持而下的数百万父母的包围之中。再打个比方：为了保护孩子的心灵，许多父母就像处在拔河比赛当中，不敢输。

这家人的故事听起来很熟悉，这也是我为什么要稍微多用一些笔墨描述当前正破坏这个家庭的几种力量。我怀疑，就帮助青少年安全地度过青春期进入成年初期而言，历史上再没有比这个时代更困难的了。20世纪60年代的性解放观点变成了现今的流行文化，而成年人对此已经见怪不怪了。

让我来回顾一下，在前几章我讲过许多少女心中的混乱，这些混乱在她们心里就像怀里揣着火一样。了解这些混乱就是打开她们不可理喻的另类行为的钥匙。特别是，这些混乱就是很多青春期少女以种种令人不安的方式伤害自己的原因。毫无疑问，你们在青少年人群中见过这种自毁行为的案例，说不定在你家里就有这种案例：她们把对他人的愤怒转向自己，并内化到心灵深处，她们会节食节得快饿死，或者偷偷地大吃，吃完再泻；或者吃处方药和毒品；或者喝酒自我麻醉；或者用刀划身、在身上穿孔、永久文身；或者参与卖淫、色情、脱衣舞、暴力、恃强凌弱、性主动、邪恶、粗野；或者会有近年剧增的试图自杀行为。[1]

为什么聪明的青少年和年轻人们，多数是少女，会以这样自我毁灭的方式生活呢？简而言之，答案就是自我厌恶。这些孩子在残酷无情的青春期世界里进行自我斗争。这是个可恶的环境，有输有赢，有得有失，有闪光点也有疤痕，以及会有麻痹性的恐惧。那些认为自己没有价值的人常常陷入失望，如果不借助专业的辅导就再也摆脱不出来。

作践自己的女孩常常怀有痛苦的回忆，是过去男孩拒绝、嘲弄她们而使她们自觉羞愧的回忆，是嫉妒、好说闲话的女孩的嘲笑和骚扰而令她们觉得羞耻的回忆。她们常常被人以她们令人尴尬的身体特征称呼，使她们觉得自己像傻瓜。有些人被称为“一次性女孩”。结果，她们就认为自己丑陋、愚蠢，没有人爱，也不可爱。她们对父母、老师、同辈人，更多的是对自己充满敌意。她们以一种完全轻视的态度看待镜中的自己，巴不得自己死了算了。

我们开始理解了这种自我憎恨产生的根源。首先，我必须强调的是，在每一个个案中都有多种原因，如幼儿时期在身体和情感上遭受父母一方或者双方的虐待，直到悲惨地被父母一方或者双方抛弃，等等。在本章有限的篇幅里，我们不能逐一列举各种原因。但有一种情况在今天越来越普遍，需要来讲一讲。那就是我们所讲的过早涉入性放荡的生活，是通往抑郁症的快速通道。

众所周知，愤怒是抑郁症的副产品。在很小的时候失去童贞紧接着又卷入勾搭文化的天真少女，对于许多伤害性的经历是没有抵抗能力的。在寻求爱和被肯定的时候，这个小女孩最初信任并试图取悦某个不成熟的男人，但是这个男人的动机与她的动机完全不同。因为她渴望永远被一个人珍爱从而与之发生了最亲密的两性关系，结果得到的却是虚假的承诺。激情过后，男孩无情地一去不复返，女孩渴望的是爱，而他渴望的却是征服和刺激。女孩将它称为浪漫，他却称之为“运气好”。女孩觉得被人利用、滥用了，而他却为自己得到的吹牛自夸。这也是为什么我说性解放（按它最初的称呼）是男人跟女人开的最大的玩笑。但是，这一点儿也不好玩。

令人悲哀的是，中学女生们并不能从她们最初的不幸经历中学到教训。她们会想，也许下一个男生就是她的白马王子，也许他会以爱来回报她。于是，她从一张床换到另一张床，然后很快发现自己怀孕了，却不得不独自面对愤怒的家长。她可能被学校相关人员或者妈妈赶到堕胎诊所去。她将一辈子记得堕胎的过程，心中充满悔恨。或者，她会考虑生下孩子，却痛苦地发现，自己没有为孩子的到来做好准备。我希望有人建议她同意孩子被人领养。但是，无论作什么决定，她所经历的一切均在情感和身体上改变了她。从此生活将不再一样，她怎么能不抑郁、愤怒呢？

我在这里当然不是指所有青春期的女孩，也不是指大部分青春期的女孩。但是，即使只有一个女孩走在这条路上，她的结局就是悲惨的，我为她和她的家人伤心难过。

随意性行为、抑郁、自我憎恨以及自我毁灭行为之间是相互关联的。我们来看一些证据，这些关联是我们已经观察到的，而具体的研究结果是怎样的呢？

国家健康研究所（the National Institutes of Health）对19000名青少年的研究显示，性乱交的女孩得抑郁症的可能性比仍是处女的女孩高出4倍。[2]她们都有伤心、无食欲、失望感等症状。参与性活动的女孩也更容易有自杀倾向。另外，仍然是处女和处男的男女学生们得抑郁症的比率要低一些。[3]当女孩们开始尝试性行为的时候，她们在情感上受到折磨，[4]而男孩们在情感上受到的影响较少。谁说生活是公平的呢？

《美国疾病预防杂志》（*The American Journal of Preventive Medicine*）提供了进一步的证据表明某些行为与抑郁的相关性。其研究的题目是“青少年中哪些行为是先发生的？是性，毒品还是抑郁？”[5]根据研究结果，答案是性和毒品，抑郁症排在第三，下面依次是自我憎恨和自毁行为。

美国心理学会同样证实了这种顺序，其研究结果表明，现今的勾搭文化导致了众所周知的严重的心理和身体伤害。随意性行为搅乱了个人身份的认同，产生了“物化”的结果。也就是说，女孩们开始觉得自己仅仅就是“性工具”，其自我价值感由其在高度色情化的社会中的性作用而决定。她们将自己随便献给哪个男孩，以证明她们在这个她们唯一所知道的流行文化中是有价值的。之后，特别是在她和那个男生的关系结束以后，她们觉得自己被滥用、被抛弃了。

还有更多证据呢，美国传统基金会（The Heritage Foundation）研究了最近的文献并发表了一份报告，其题目叫“性活动频繁的青少年得抑郁症并试图自杀的可能性较高”。[6]以下摘自该报告的研究：

> 与性活动不频繁的青少年相比，性活动频繁的男孩女孩们觉得自己非常不幸福，而且非常抑郁。与性活动不频繁的青少年相比，性活动频繁的男孩女孩们还有较高的试图自杀的可能性。因此，过早参与性活动，除了导致少女怀孕和目前广泛流行的性传播疾病以外，还是从根基上摧毁美国青少年幸福的主要原因。[7]
>
> 有整整四分之一（25.3%）的性活动频繁的少女们承认，她们一直很抑郁，大部分情况下抑郁，或者很多时候抑郁。比较之下，有7.7%的性活动不频繁的青春期少女认为，自己大部分情况下抑郁，或者很多时候抑郁。因此，性活动频繁的青春期少女感觉抑郁的可能性是性活动不频繁的少女的3倍。[8]
>
> 有8.3%的性活动频繁的青春期男孩承认他们一直很抑郁，大部分情况下抑郁，或者很多时候抑郁。有3.4%的性活动不频繁的青春期男孩认为，自己大部分情况下抑郁，或者很多时候抑郁。因此，性活动频繁的青春期男孩感觉抑郁的可能性是性活动不频繁的男孩的2倍。[9]

美国传统基金会接着报道了性活动与自杀的关联性，所发现的事实令人吃惊，是每一位少女的父母们应当关心的。

> 有14.3%的性活动频繁的少女承认有过自杀行为。比较之下，只有5.1%的性活动不频繁的青春期少女承认有过自杀行为。因此，性活动频繁的青春期少女试图自杀的可能性，几乎是性活动不频繁的少女的3倍。[10]
>
> 在青春期男孩们中间，有6.0%的性活动频繁的男孩承认有过自杀行为。比较之下，只有0.7%的性活动不频繁的男孩承认有过自杀行为。因此，性活动频繁的青春期男孩试图自杀的可能性是性活动不频繁的男孩的8倍。[11]

对于社会科学研究者来说，他们在所研究的课题上很少有得出一致结论的时候，大多数社会科学家却在过早参与性行为的后果上，有一致的结论。过早参与性行为通常是导致情感和身体毁灭性伤害的第一步，这在频繁地发生随意性行为的青少年中尤其如此。

我们来看看某些具体的自毁行为。首先，我们讲讲令人不安的用刀划身和给身体穿孔的行为。你们有没有开车路过快餐店时吃惊地看到，你点的餐由耳朵、鼻子还有舌头上穿着环、小菱形片以及其他小饰物的年轻人端上来？这在年轻人中很普遍。有些年轻人甚至在舌头上穿孔并挂上小尖片，说话的时候含混不清。还有些人用刀乱砍或者戳自己的胳膊和腿，使之留下难看的、无法掩饰的疤痕。

为什么有如此多的青少年以这种方式来摧残自己的身体？答案还是自我憎恨。这是呼喊救命的心声。在故意伤害自己的人群中有很大一部分人曾遭到强奸或者被性虐待。曾经经历的这些打击常常导致他们参与性乱交、酗酒、吸毒，涉嫌轻微违法犯罪以及其他不良行为。现在已经有证据很清楚地证明了酗酒和吸毒是饮食紊乱的前兆。这些情感痛苦的外在表现不会孤立地出现，它们往往以类似的方式彼此联结，而很多情况下都隐隐地显示与性有关。[12]如果你家的青少年表现出了这些行为，你必须尽早地使他或她得到专业的帮助，我将在19章专门为这些青少年的父母提供具体的建议。

过早参与性乱交的另一个毁灭性的后果是染上一种或多种性传播疾病。无论怎么强调这个问题的重要性都不为过。在美国，每年不分年龄染上新型性传播疾病的案例大约是1900万例。[13]那些“随便上床”族即使偶尔为之，也将不可避免地，我的确是说不可避免地，传染上一种或多种性传播疾病。避孕套可以减少风险，但是并不保险。避孕套会滑落、会破、会外漏，久置易脆。另外，在激情中的青少年经常不会妥善使用避孕套，或者根本就不用。某些情况下，与一个性病携带者发生一次性关系，便会让人染上恶性性病如梅毒、淋病、衣原体感染、疱疹或者其他30种常见性病。每一次与一位性病携带者发生性关系而被染上性病的概率高达40%。[14]每一天成千上万的青少年就在做这样的赌博，结局便是输。

根据疾病控制和防疫中心（the Centers for Disease Control and Prevention）的官方报道，美国年龄在14~19岁的青少年中，每年几乎一半的非裔美国人以及20%的白人会至少染上4种常见性传播疾病中的一种。[15]从这个结果可以推测，每一年有320万的青春少女染上性病。她们携带的病毒、细菌、寄生虫常常会终生影响她们的生育、婚姻和一般意义上的身体健康。然而，她们中的许多人还并不知道自己已经感染上了性病。[16]

上文提到的4种可恶的性病中的一种是人类乳头状病毒，又叫HPV，值得我们特别关注。疾病控制和防疫中心估计，每年有1900万美国人染上此病。[17]至少50%的性活动频繁者会在今生染上此病。[18]80%的性活动频繁的女性到50岁的时候会染上生殖器HPV。[19] HPV有100多种变种，只有40种变种涉及生殖区域。有些HPV变种会导致子宫颈癌变。[20]大多数染上此病的人没有觉察，会在不知情的情况下将病毒传给性伙伴。染上性病的女性需要定期进行医疗检查，需要特别的检测和治疗程序。

令人痛心的是，不断有研究表明，还处于童年阶段的孩子们也正在尝试性行为。一份由得克萨斯大学的研究者们所做出的研究结果于2009年4月公开发表，标题是《12岁之幼的中学生参与危险性活动》（*Middle School Youth as Young as 12 Engaging in Risky Sexual Activity*）。其研究对象集中在七年级的学生，以下是其主要发现：

> 到12岁的时候，有12%的学生已经发生了初次性交，7.9%的人进行了口交，6.5%的人进行了肛交，4%的人尝试了以上三种性交。马克汉姆（Markham）说："这些发现是惊人的，因为14岁以下参与性活动的青少年一生将拥有多个性伙伴，发生性行为之前会酗酒或吸毒，往往不会采取安全措施，而这些使他们处于性传播疾病的高风险当中，怀孕的风险也极高。"[21]

其他研究显示，在年龄15~19岁的青少年中，口交行为比生殖器性交行为更为普遍。[22]在年龄17~19岁的少男少女中，70%的人承认自己进行过口交。[23]不可思议的是，大多数青少年认为这种活动是随便的，不属于亲密行为。[24]有些人显然以口交代替性交以保持"处男处女身"或者避免染上疾病。[25]他们却不知道他们带回许多性传播有机体（疱疹和其他病毒），即使可以治疗却是无法治愈的。人类乳头状病毒（HPV）的变种可以导致口腔癌和咽喉癌，并且可以通过口交行为传播。这是冷冰冰的事实，无论男女是否有别，通常女孩们因为这些疾病所受的痛苦超过男孩。

最近的研究也证实了有与身患HPV性病的女性发生口交后染上HPV的病例。这是乔·恩斯特（Joel Ernster）博士得出的结论。他将这一发现发表在《喉头镜》（*The Laryngoscope*）上，这是一份享有很高声望的耳鼻喉专科医学杂志。生活在科罗拉多的男性罹患咽癌、喉癌的案例从20世纪80年代到90年代上升了36.6%，与诊断出HPV案例的上升比率相似。[26]

恩斯特博士说："口交所隐藏的危险远超过我们最初所想到的。"[27]几十年前进行过口交的已婚男性仍然可能感染这种传染性病毒。

在我们一项接一项的研究中所证实的，20多年前就已被许多人知道的事实，对青少年和刚成年的年轻人似乎仍然是一个秘密，这个秘密实际上就是从来没有所谓的安全性交。2007年美国健康官员估计，美国四分之一的14~59岁的女性身上携带一种病毒可以导致疣，这也是大多数宫颈癌的致病因素。[28]这个事实令你惊讶的程度像它带给我的惊讶一样多吗？在你们所看到的并在你们身边走动的女性，有少女、妻子、姐妹、婶婶和奶奶，她们中间有25%的人携带这种病毒，有些人将来会死于由HPV病毒引起的癌症。

请允许我再啰唆几句，性传播疾病正在我们所有人的身边转悠，但是孩子们却仍然认为他们可以玩火而不会被烧着。是的，那些将他们看重的钱财投资于彩票的人，期望着他们会在2亿比1的概率下赢得彩票头奖。当被告知赢奖的概率极小的时候，有一位不算聪明的男人不赞同我这个曾当过博彩委员的人的观点。他说："你错了。概率不是2亿比1，而是1比1。"我们问他怎么得出的这个结论。他答复道："如果我玩彩票，我就有机会。如果我不玩，我就没有机会，概率就是1比1。"就他的情况而言，他仅仅是在彩票投资上损失了几百美元。而当孩子们玩 "安全性游戏"的时候，他们是在拿自己的身体甚至是生命赌博。

这就产生了本书要讲的最重要的问题，那就是：假定青少年和刚进入成年的年轻人参与随便性交和其他形式的性亲密活动，对他们的身体和感情都是一场浩劫，那么为什么他们没有被告知性乱交的后果？许多公立学校的所谓的安全性行为项目，耗费时间和精力教导极其稚嫩的孩子们性交的过程和解剖图，而这些教导几乎就等于对那些自以为"已经准备好"的青少年们说，同意他们发生性行为。告诉我，在似乎人人都认为他们可以发生性行为的时候，还有哪些火辣辣的、不安分的青少年认为他或她还没有准备好？有些老师和客串的演讲者走得更远，就像乔·贝克博士对保德中学全体学生的演讲一样，还记得吗？他说："我想鼓励你们所有人进行健康的性行为，还有我想鼓励你们适当地使用毒品。"[29]这个男人应该被愤怒的家长和老师赶出这座城市！而恰恰相反，学校校长、全体校董会以及许多家长却支持这位下流的博士，我真想知道为什么会这样。

为什么精神病医生、心理学家、大学教授、性教育者以及健康教育官员，这些理应熟悉我所引用过的文献的人们，却在继续假装勾搭文化没有什么大不了的？他们一定知道得更多。那么为什么他们会保留如此重要的信息而不告诉那些极其需要知道真相的学生们？为什么美国国会于2008年取消了为节制性欲教育项目所配置的那一点点经费，却花费上千万甚至上亿元支持"同性"性观念？[30]得出下面这个结论并不困难：为了蒙蔽年轻人使他们不知道事实真相。而专业人士们在合谋着保持沉默。

我并不是对向孩子们掩盖真相表示不解和愤怒的唯一之人，加州大学洛杉矶分校（UCLA）的学生心理服务部的米瑞恩·歌罗斯曼（Miriam Grossman）博士同样为禁止讨论性与健康而感到不解。她提出了一个类似我问的问题："为什么学生们收到的信息充满了避孕、饮食健康……释放紧张和压力，却绝口不提随意性行为对年轻女性感情的巨大伤害呢？"[31]

执业数年以后，歌罗斯曼博士写了一本书专门解释为什么她的同行们会对此保持沉默，书名为《无保护：一位学校心理医生揭露职业性的"政治正确"如何伤害每一位学生》（*Unprotected: A Campus Psychiatrist Reveals How Political Correctness in Her Profession Endangers Every Student*）。由于大家都忌讳谈论性行为的对错，她担心在职场上受到打击。因此，有几年时间，她简单地称自己是"匿名医学博士"，过了好久之后，她才公开了自己的身份。

歌罗斯曼说：

> 我们询问（我们的病人）有关童年虐待，却不问上周她经历的勾搭文化。我们想了解她每一天要抽多少根烟、要喝多少咖啡，却不问她过去做过多少次人流堕胎手术。我们考虑由家长的期望和上涨的学费引起的压力，却忽视令人极其痛苦的疱疹、性乱交的危害以及把职业放在首位的妇

女的生育问题。[32]

她这样总结道："这样的信息必须传递出去：随便的性行为对年轻女性的健康有巨大伤害。"[33] 我在此想加一句："它对年轻男人来说同样是糟糕的赌博。"

我猜想这个信息没有传递出去的原因是因为它犯了政治上的忌讳。凡是触及道德的任何东西都是对自由社会的冒犯。同时，年轻人也像他们的父母年轻的时候一样陷入同样的圈套。有些禁忌不仅仅是愚蠢的——简直就是可笑的！

在结束本章之前，我想在此分享一段经过编辑处理的广播录音，是我在爱家协会广播节目中的采访录音。这段录音特别采访了两位具有执业认证的产科医师乔·麦克哈里博士和妇科医师弗雷德·麦克思科·布什博士。麦克哈里博士私人执业25年多，之后开办了性健康医学研究所（the Medical Institute for Sexual Health），旨在向内科医生、教育者、父母、青少年等介绍性传播疾病及其他相关主题。布什博士仍然在私人执业并在密西西比大学医学中心做临床教授。这两位医生已经出了一本杰出的专著，是父母和青少年们的必读书，书名为《勾搭文化：随便性行为如何影响孩子的最新研究》（*Hooked: New Science on How Casual Sex Is Affecting Our Children*）。[34]

杜布森博士：我看书中用了这个名称"勾搭文化"，请你们谈谈对勾搭文化的看法。

布什博士：对孩子们使用的这个名称泛指任何随便的行为，从随便的一吻到随便的性交。他们不知道，当他们发生性行为的时候，他们的情感也被粘上了。

杜布森博士：那么，与多位性伴侣发生性关系有什么后果？

麦克哈里博士：后果非常危险。我能知道这样的结果是因为我们现在能够使用MRI、PET扫描以及其他影像技术直接检查人类大脑。近年来，这些设备检验的结果显示，长期多次与多位性伴侣发生性行为会永久地改变大脑线路，使人不能按照天生的样子思维。

布什博士：要理解为什么会有这样的后果，我们就必须考虑大脑中三条神经传递素是怎样工作的。它们分别叫多巴胺、催产素、后叶加压素。这些化学物质在男女性活动的时候分泌并产生愉悦的感觉，同时将两人在感情上联系起来。它们也解释了为什么性伴侣之间常常会有“闪回”记忆或者说不断重现他们第一次发生性关系的场面，并使他们想继续发生性关系。

麦克哈里博士：但是，这里有一个陷阱：当一个人与多位性伴侣在婚姻以外发生性行为的时候，这种联结机制就受到了干扰，然后他或者她失去了以同样的方式联结的能力。一个在单身的时候“随便与人睡觉”的男人或者女人，常常在结婚以后难以与配偶建立较强的联结。

布什博士：我们在书中用“急救绷带”来说明这个概念。当你第一次将它贴在你的胳膊或者膝盖上的时候，它粘得很牢。但是，每一次你将它撕下再贴上的时候，它的黏性就变弱了，直到最后它再也粘不上了。勾搭文化就是这样一种状况，那些与很多人随便睡觉的人实际上有很严重的心理障碍，他们缺乏在婚姻中长久与配偶联结在一起的能力。

杜布森博士：这些男孩和女孩是在“偷窃”他们应当为将来的配偶预留的某些激情和联结，这样讲是否准确？

麦克哈里博士：正是如此。我们研究过250份文献，绝大部分研究证实了这些发生在大脑里的变化以及其所带来的后果。我们的观察表明，人类是为一位配偶而造的。当我们与配偶以外的人多次随便发生性行为的时候，大脑中的化学物质和神经线路被永久地改变了，有些时候是不可逆转的。

杜布森博士：这些发现只与性交有关吗？对于随便与他人发生口交的人，也会出现同样的干扰以至妨碍夫妻建立亲密关系吗？

布什博士：影像表明，大脑的同一区域在以上两种性行为中发生了同样的刺激。因此，后果是一样的。

麦克哈里博士：当一个人有性欲望的时候，你同样可以看到大脑活动。当一个人正实际经历与异性的情爱的时候，大脑的不同区域被激活了，并呈现在PET扫描上。

布什博士：总结一下，当两个人发生性行为之后却断绝了关系，这种行为通常在情感上对两人都产生影响，使人产生愉悦感的神经传递素发生反复粘贴的作用，就使大脑产生了新的线路。最后，这种应当在婚姻中出现的联结就变弱了。正如你所说的，夫妻之间的某些东西被“偷走”了。

杜布森博士：我想起了《圣经》中所说的：“你们要逃避淫乱的事。人所犯的，无论是什么罪，都是在身体以外，唯有行淫乱的，是触犯自己的身体。”这句话与你们描述的研究正好一致。当我们在两性关系中违背道德律的时候，我们就是在自己伤害自己的身体。

麦克哈里博士：一些乱交的年轻人现今正死于艾滋病和癌症。即使有些性乱交的人不会死于疾病，通常也会在情感上受到伤害，他们实际上丧失了未来建立幸福婚姻的机会。

今天我们带来的一些东西可以更好地帮助我们理解这一点。这是一张CD，是一个男青年迫切希望告诉大家的真相。我能不能播放给你的听众们听？

杜布森博士：当然可以！请！

（录音）：有什么能够与你抱着刚出生的婴儿得到的快乐相比呢？这种快乐使我忘记了一切！我叫史蒂文，结婚五年了，比以往任何时候都更爱我妻子。我们有个超棒的男孩，当我们知道要迎接一个女儿的出生的时候，我们觉得未来的生活更美好。

但是我过去所做的事情使我们的未来蒙上了阴影，也使我们刚出生的女儿金吉尔命悬一线。金吉尔刚出生的时候似乎很健康，但是几天以后，我妻子说她不舒服。她无精打采，对我们说的话没有反应。我们的儿科医生说不用担心。他说：“每一个婴儿都不一样，她当然与你的儿子不一样。”

之后的某一天晚上，我妻子正抱着金吉尔，她突然停止了呼吸，脸色青紫，我想我女儿要死了。最后我们得到的确诊是毁灭性的：金吉尔在娘胎里就感染了疱疹。我上大学时随便的性行为使我感染上了无法治愈的疱疹。在与妻子结婚以前，我将我的病情告诉了她。因此，我们整个婚姻生活期间，我们都很小心，只有在确保安全的情况下才会做爱。

然而，尽管我们非常小心，我妻子还是在她怀金吉尔的时候染上了疱疹，可她从来没有显出任何症状。当知道是我将疱疹病毒传染给了妻子，而她又传染给了我们的女儿的时候，我又生气又内疚，完全崩溃了。

看着女儿挣扎着想活下去的情景，我想，我们如此小心，怎么会发生这样的事呢？这样的事比你想象的要容易发生。即使你使用了避孕套，你还是可能染上疱疹。即使你的性伴侣有疱疹但没有发作，你仍然会被感染上。即使你的疱疹没有发作，你还是会将它传染给婴儿。

疱疹攻击婴儿的大脑就像游戏机里的吃豆人吃掉大脑一样。存活的婴儿往往有严重的残疾。病毒已经开始侵害金吉尔的肝脏了，我们祈祷希望她的大脑不是病毒的下一个攻击目标。结果还好，金吉尔开始奇迹般地康复了。病毒没有攻击她的大脑，从发育的角度来看，金吉尔是个正常的15个月大的婴儿，但是这随时都有可能发生变化。病毒可能会再次向她进攻。

看到金吉尔每月一次必须经历的痛苦治疗过程，真是令人心碎。她永远摆脱不了疱疹，疱疹将终生折磨我的小女儿，而这都是因为一个谎言，一个关于随便性行为的谎言。这个谎言说，随便的性行为令你舒服又不伤害他人。这是个谎言，是我在中学性教育课上所听到的。有些政治家还想将这样的性教育开到幼儿园。

现在的每一天我都被提醒这是个谎言。我被最近的新闻报道提醒，即纽约市里的成年人有四分之一患有疱疹——他们就是那些认为随便性行为不会伤害任何人的成年人，因为我们的文化就是这样告诉他们的。

但是大多数时候，提醒我随便性行为是谎言的，是我女儿小小的指头上的疱疹——似乎永远也不会消失的令人痛苦的疱疹。提醒我的还有她求生的挣扎。这就是随便性行为的后果，你们亲眼看看吧。然后问一问自己："我能做什么来阻止这个谎言？"

杜布森博士：这真是个伤心的故事。

布什博士：而且是真实发生的。

麦克哈里博士：我亲耳听史蒂文给我讲了这个故事。他说，想把他们家的悲剧公之于众，使其他人避免再犯他在大学时代犯的错误。如果时光可以倒流，允许他重新回到大学时代，他愿意做一切来过一种不一样的生活。现在，他每一天都需要面对内心的内疚和后悔。

在我的职业生涯中，我亲眼目睹了成千上万的妇女因为婚前性关系而带给她们的痛苦。正如史蒂文一样，他们不知道自己所作所为的后果，等知道的时候已经太迟了。他们从没有想到过他们有可能染上后来令他们如此痛苦的疾病。在史蒂文的案例中，这令一个刚刚出生的孩子残疾了，并且这种疾病将一直伴随她。她遭受的痛苦是她爸爸年轻时不负责任的行为造成的。

其他年轻人一样没有意识到他们卷入的勾搭文化正在改变他们的大脑线路，以至于他们将来难以建立紧密的夫妻关系。就像你说的，真是令人伤心。

杜布森博士：这也是你放弃产科和妇科职业的原因，是吗？

麦克哈里博士：是！这也是我成立了医学研究所的原因。我觉得有责任将真相告诉青少年和刚刚成年的年轻人们，这已经成为我工作的激情所在。

布什博士：这也是我们写这本《勾搭文化》的原因。我们不仅提醒青少年和刚刚成年的年轻人勾搭文化的后果，而且还要对他们的父母说明这一切。

杜布森博士：你愿意对婚前乱交的爸爸妈妈们（他们现在后悔了）说些什么？他们觉得不方便对孩子们讲这些，因为这似乎是假冒为善？

布什博士：我认为，他们承认自己也曾犯过错误，这是合宜的。他们也饶恕了自己。如果他们坦率诚实地对孩子们讲这些，他们仍然对孩子有很大的正面影响，他们可以使孩子们更勇敢地节制自己的欲望。研究表明，爸爸妈妈们对青少年的影响超过其他所有的人。

麦克哈里博士：大学生们最容易陷入勾搭文化。他们离开父母家之后，发现身处非常有害的环境。他们以为自己可以避免一切后果，事实却并非如此。如果他们违背了他们大多数人在儿童时代就听到的道德准则，忽视我们讲过的医学问题，他们就要面对那些后果。这也是为什么我希望，也祈求他们会读这本书：《勾搭文化：随便性行为如何影响孩子的最新研究》。面对如此多因这种悲剧性的错误而痛苦万分的当代人，也为了使后来的人避免这种痛苦，也许我们可以做些工作避免一些人犯这个错误。

杜布森博士：麦克哈里博士，布什博士，非常感谢你们！我希望这本书能卖出100万册。

***

再说一句：我很想听一听乔·贝克博士和他的自由主义同僚们将怎样反驳我们刚刚读到的如此有力的证据。他们很可能不会理睬，但这没有关系。你们，孩子的爸爸妈妈们，可以把这个信息传递给你正处在青春期以及上了大学的孩子们，你们这样做会帮助他们避开我前面所讲的文化之河上的隐患。

第 *16* 章

关于女孩的好消息

BRINGING UP GIRLS

当我们看到青少年群体沉迷于流行文化的阴暗面时，我们有理由对他们的发展方向感到灰心。然而，肯定也有值得庆祝的阳光面，而现在我们就该来说一说了。好消息就是：还有几百万青少年们并没有到处跟人上床，他们也不使用毒品，不酗酒，不与父母对抗，不厌学。这些各方面很出色的孩子在家里备受关爱。有许多人就像保德中学的达菲一样，并不害怕公开自己的信仰。因此，当我们有时候觉得，一整代青少年和初成年的人完全迷失了的时候，也要知道这肯定不是全部事实。

疾病控制和防疫中心的数据显示：有52%的中学生仍然保持着童贞。[1]更重要的是：从20世纪90年代以来，事情发生了较大改观。当时保持童贞的中学生人数不到一半，只有46%。[2]显然我希望现在比这个比率更高，但有这么多的青少年没有屈服于这个高度色情化的社会的压力已经很可喜了。从孩子们的幼儿园开始，娱乐业几乎动用了一切手段向他们灌输色情的东西，但是有些人选择走在正路上。鼓吹安全性行为的专家说，期望青少年们保持贞洁是不现实的，因为他们反正都会随便与人发生性行为。这些“专家”们很大程度上说错了。我们需要记住一点：一些有过一两次性行为的人，后来完全持守了节制的生活，我们称之为“二次守贞”或者“贞洁重建”。

我说这些是为了给当今做父母的以希望和鼓励，你们有真正的好机会帮助孩子在极不道德的社会中保持纯洁。不要相信说“办不到”的那些人。如果你有“想”的愿望，就可以做很多事来抵制流行文化。我16岁的时候，父母卖了房子将家搬到700英里以外的地方，以保护我远离那些带给我负面影响的朋友。这使得我的父亲承受了职业上的损失，但是他从没有后悔过，他和妈妈愿付出一切将我从堕落的边沿上拽回来。你愿意付出类似的代价吗？

你们家里倔强的青春期少年会与你对抗一阵子，但是你们有责任坚持原则并继续向他们指明正确的方向。你们的任务就是趁孩子年纪尚幼的时候，就有意识地将贞洁概念和常识教给他们。在后面，我会给你们一些建议。

在家庭这个阵地上还有更好的消息：有62%的高中生从来没有沾染过大麻；93%

的高中生从来没有用过可卡因；96%的高中生从来没有用过脱氧麻黄碱（中枢兴奋药）；还有超过55%的高中生不喝酒。[3]他们中的许多人是优秀的田径运动员或是自律、勤奋的学生，并决定将自己的生命献给有意义的事业。简言之，这一代人还有很多好消息值得我们鼓掌欢呼。其中，最鼓舞人心的消息就是许多女孩似乎开始意识到，没有承诺的性是彻底的空虚。她们正在拒绝这个谎言：得到自己所渴望的爱的唯一办法就是放弃文雅端庄而表现得像个掠夺者。她们知道这个流行神话只会带来令人痛心疾首的后果。这些女孩目睹了她们的同伴从下流的班级舞会、兄弟会舞会或者春假返回的时候，觉得自己被利用了、被抛弃了。这些同伴在第二天激情消退之后，看着镜中的自己，会讨厌和蔑视自己。有些人还会头痛或者因毒品引发抑郁。之后，她们还不得不面对可能的怀孕、性病以及重新陷入孤独中。许多女孩看着她们的朋友落入陷阱从而选择回避这些陷阱。

据各种公开出版物的报道，人们的态度正在发生变化。2008年的一本杂志上刊登了题为《拉上裤子拉链》的文章。[4]这篇文章是对多纳·弗瑞塔斯（Donna Freitas）教授的采访。弗瑞塔斯是波士顿大学（Boston University）的宗教学教授，著有《性与灵魂》（*Sex and the Soul*）一书。采访者是助理编辑凯蒂琳·毕媞。以下是她们谈话的部分内容：

毕　　媞：文化神话说，世俗学校是信仰消亡之地。或者说，世俗大学是为那些不需要信仰来支持自己世界观的人开办的。但是，你会发现，精神追求虽然在表达的方式上多种多样，还常常是私人行为，却依然蓬蓬勃勃。学生们只是没有被告知应该怎样面对这一切。

弗瑞塔斯：的确如此。以我去年秋天在波士顿大学给学生们开的“性与灵性”课程为例。学生们读了乔舒亚·哈里斯（Joshua Harris）、劳瑞·温纳（Lauren Winner）和罗伯·贝尔（Rob Bell）等作者的书，还读了几位不同性伦理学者的书，而几乎所有的学生都是要多自由化就多自由化。那个学期最击中要害的事件之一就是温迪·谢利特的《回归纯真》一书，学生们被她对勾搭文化的批评完全征服了。他们花很多时间讨论文雅端庄是不是一种美德。他们说了这样的话：“哇，我们在校园里目睹了所有这些粗俗行为。我们假装认为这没有关系，但是事实并非如此。”实际上还有学生组织了一个“回归纯真”俱乐部作为结课作业。这使我觉得谢利特出版那本书时早了10年，因为她的书1999年出版的时候，遭到了左翼分子的辱骂，而我的学生们没有这样对待它。我认为这本书真的很有说服力。

有时候，我受到学者们的指责，说我不能使用这类书籍作为课内读物。他们认为我不应该使用哈里斯的《不再约会》（*I Kissed Dating Goodbye*）或是温纳（Winner）的《性的真相》（*Real Sex*），因为它们不属于“象牙塔式的教科书”，学者们希望我使用的教材其内容是学生们关心的，可以引起他们激烈讨论的。我支持女权，也支持自由。但是这里并非意识形态的问题。也不涉及左派或是右派，只涉及如何回应年轻人内心的挣扎。许多人在谈话中一听见意识形态就绷紧了神经，这是错误的。我的部分工作是想弄清楚，教授们面对困扰的学生会有什么行动。学生们希望有端庄的举止，而我们可以为他们提供丰富的资源让他们学习举止端庄，那么，我们为什么不去这样做呢？[5]

这是个很好的问题！答案正如我先前写过的，是因为存在于大学和中学校园里的庞大的“政治正确”的势力。政治正确常常与事实和逻辑大相径庭，正如弗瑞塔斯评述的那样，温迪·谢利特堪称研究勾搭文化的专业人士。她解释了为什么女孩和年轻妇女通常都是勾搭文化的牺牲品。我特向家长和青少年们再一次强烈推荐《温柔女孩》（*Girls Gone Mild*）一书以及《回归纯真》（*A Return to Modesty*）一书。以下是一些我认为的好消息，直接摘引如下：

成长于高度色情文化中的女孩讨厌自己身处的文化，并试图召集其他女孩共同拒绝自身被视为性工具。[6]

历史给我们一个惊人的启迪：哪里有界限，哪里就有真爱。[7]

大多数卷入勾搭文化的年轻人都苦不堪言。[8]

报告者访问过的性活跃女孩们都表示了后悔，她们但愿自己能够等到结婚的时候。在女孩14岁至16岁的时候，她们不觉得性是什么特别的东西。之后不久，这令她们觉得自己毫无价值。[9]

年轻人们报告说，把性不当回事儿同样使性变得毫无乐趣可言。性不再神秘，不再有冲击力——结果是可以预料的，变得一切皆色情，没有什么是特别的，没有什么值得等待或期盼。似乎清白无辜变成了非法的概念。[10]

一些年轻人正在目睹"尽情享乐"哲学的尽头。性有市场，但是就饱和程度而言，神秘和尊荣更有市场，我们渴望了解好的榜样。11

我怀着兴趣注意到，面对挑战，年轻女人正挺身而出，在某种程度上她们似乎认识到唯有她们才是可以令事情改观的一群人。[12]

温迪的观察准确地击中了要害。有系统的研究证实了过早有性经历的女孩们常常感到后悔，而有些女孩决定不再犯同样的错误。思考一下美国传统基金会再次证实的发现吧：

根据防止少女怀孕国民运动（the National Campaign to Prevent Teen Pregnancy）对"如果你已经发生了性关系，你觉得你会情愿再等一等吗？"这一问题的投票表决，承认自己发生过性行为的青少年中，有三分之二的人说他们宁愿等待更长一些时间再开始。比较之下，性活跃的青少年中有三分之一的人肯定地说，他们开始性行为的时间是恰当的，他们并不后悔，也不希望推迟。因此，性活跃的青少年中，后悔的人数与不后悔的人数之比是二比一。

对发生性行为忧虑和悔恨的感觉最强烈的是青春期的女孩们。性行为频繁的女孩中有四分之三的人承认她们宁愿推迟性行为到自己年纪更大一些。在性行为频繁的女孩们中间，对自己的首次性行为感到后悔的人数超出了那些不后悔的人数，比例达到三比一。

青少年对自己的性行为感到不满并后悔的情况多得惊人。总体而言，绝大多数性行为活跃的男孩以及将近四分之三的性行为活跃的女孩不赞同自己的首次性经历，他们把它看作一件应当避免的事件。[13]

米切勒·马可茵在《抵制"女孩狂野"文化》（*Standing Up to the "Girls Gone Wild" Culture*）一文中描述了一个勇敢的少女如何抵制过早涉入性试验的故事。她在为尊严战斗。马可茵这样写道：

我给你们讲一个新出现的英雄，她的名字叫艾拉·甘德逊，她是华盛顿州可可兰市（Kirkland）圣家帕里士学校（Holy Family Parish School）的学生。几个月以前，据《西雅图时代》报道，艾拉给诺斯通（Nordstrom）

百货连锁店写了一封著名的信。

“亲爱的诺斯通，”她这样开头道，“我是一名11岁的女孩，曾想在你们的商店里买衣服，具体地说是买牛仔裤。但是所有的牛仔裤都只到我的髋部，而大一号的裤子又太松了挂不住。还有，它们太紧了。随着我年龄的增长，随着我身体的移动，我的身体各处很易暴露出来。我看到穿着裤子四处走动的女孩们都露出了肚脐眼和内裤。我虽然还小，已经知道这样不雅。穿着你们商店的衣服，我走路的时候会露出一半身体，这些衣服不能遮住我的身体。你们的售货员向我暗示，只不过是让别人看一眼而已。如果真是这样，那女孩们是不是应当半裸着身体到处走呢？我认为你们应当改善这一点。”

这只不过是一个小女孩将我们过度的“狂野女孩”文化说出来了而已。你猜结果如何？商场低调回复了。诺斯通管理层给小艾拉写了一封回信向她保证他们将增加女孩的衣服种类。当地诺斯通店的经理克里斯·亚兰这样回复说：“你的信引起了我的注意，我认为你完全正确。这种款式的确不太雅观，我们应该为每个人准备合适的款式。”

以下才是最精彩之处。艾拉和朋友们并没有仅仅等待诺斯通改变商品目录，在妈妈和37位同班同学的帮助下，她组织了一场服装表演来示范10到16岁女孩的典雅服装。这次座无虚席的表演叫作“纯洁时装秀”，它吸引了250人参加；有其他两家服装店捐献了典雅的服装；这些女孩们受到了人们长久的鼓掌喝彩；这次活动还为天主教挑战俱乐部的工作筹集了资金，以鼓励少女们在越加庸俗和充满敌意的世界中坚持信仰和正确的价值观。[14]

艾拉，祝贺你！我们以你为荣。谢谢你，米切勒，让我们知道了艾拉的勇气。类似的努力正在美国文化中出现。你听说过“女孩联合抵制”吗？参与者是一群24岁的女孩，她们最初是在宾夕法尼亚州妇女和少女基金会（Women and Girls Foundation of Southwest Pennsylvania）领导下的一个叫作“满足希望女孩”（Girls as Grantmakers）（译者注：为了满足人们特别的愿望，如残疾人专用车或者兔唇手术费用等，而通过短期工作或者募捐筹资的女孩团体）的青年项目中组成了一个团队。[15]她们组成团队的目的是为了抵制A & F公司以及抗议其印在衣物上的性别侮辱口号（A & F 卖的T恤衫上印有这样的文字：“有了这些以后谁还需要大脑？”青少年们发起的这个运动成为一个轰动事件和成功的社会行动）。

参与“女孩联合抵制”的女孩们通过广播和电视的报道得到了全国性的关注。有超过23000个关于她们的故事出现在互联网上。[16]结果，A & F将那些有辱人格文字的T恤衫从货架上撤下并同意与这些女孩在A & F总部谈判，好知道怎样为妇女们预备更好的口号。[17]

然而，现在A & F曾面临的上述压力过去了，这个公司又开始用新的生产线生产青少年T恤，上有与以往类似的臭名远扬、有辱人格的图像和文字信息。有一款T恤绘了一个卡通女人向男人解开上衣，并用红色的大写字母写着“秀秀孪生姊妹”。另有两款在售的T恤上有这样的文字：“欢迎女人裸奔”和“女学生们想要性探索”。[18]A & F公司只在乎自己的利润而不顾顾客以及抗议的父母们的意愿，我们为什么就不能惊诧万分呢？我永远不会光顾这家公司！

我希望我们已经确定了一个事实：少女们正开始理解为什么道德和文雅端庄对女孩来说至关重要。哪怕她们有一半机会，她们也会认识到粗俗的行为将令自己失去很多。对父母来说让她们理解这一点并不难，即使对那些不切实际地认为自己已经遇到了梦想中男人的少女也是如此。父母的职责是要尽一切努力将事实的真相告诉给孩子们，越早越好。

孩子的爸爸妈妈们，你们是这项努力的中心。据美国传统基金会的政策分析师克里斯汀·金所述：“父母提供的坚实保护可使孩子免于过早开始性行为，这样的保护有：完好的家庭结构，父母一致反对青少年性行为，青少年渴望属于家庭并满足于家庭的这种归属感，父母监督以及在一定程度上家长孩子之间对青少年性行为及其后果的沟通等。”[19]

罗伯特·布鲁姆（Robert Blum）是约翰斯霍普金斯大学（Johns Hopkins）人口家庭生育健康系（the Department of Population，Family， and Reproductive Health）的教授。他发表了一篇研究报告，该研究的目的是测量父母对女孩性行为的影响。其总体结论是什么呢？青春期女孩与母亲的关系质量是支持她们保持贞洁的主要因素。[20]原来是依恋关系，这下明白了吧！当女孩们与妈妈关系很亲密并且意识到妈妈不同意婚前性关系的时候，她们就不大可能去参与。母女之间的亲密关系才是关键，但这种亲密关系较少产生于家庭活动和说教，而更多地因父母融入孩子的生活而产生。

布鲁姆说："我们去问双子城里一群群的孩子们：'你怎么知道你与父母是连在一起的呢？'她们的回答令人意想不到。她们给出了类似这样的答案：'我妈妈做两份工作，但是我放学以后她总是打电话回家问我，今天过得怎样。'对孩子们来说，与父母连在一起意味着'我的爸爸妈妈记得我。他们认为我在他们的生活中很重要而他们总是在重申这一点。'"[21]与女儿朋友们的家长保持沟通也很重要。布鲁姆说，与孩子谈性是必要的，但这不是说要坐在起居室里看着图表进行一场严肃的讨论。

孩子们也告诉布鲁姆："饶了我吧，不要用这种方式谈论性。"与之相反，他建议说："谈性就是读报纸的时候问孩子一声'喂，你觉得这事怎么样？'是关掉电视说一句：'你的生活中发生了什么事？'或是开着小货车带上女儿们，一路上与她们谈论著名脱口秀主持人奥普拉（Oprah）的最新趣闻。"[22]

布鲁姆博士的发现很有意义，很重要的一点是：要认识到谈话的本质。很不幸，今天，孩子们从爸爸妈妈那里得到的信息经常是大杂烩，含混不清。所谓的安全性交文化将父母们洗脑到了一定程度，甚至于他们会这样对孩子说："我希望你不要发生性行为，但如果你真要这样去做，我希望你足够聪明，用上安全措施。"这个忠告对荷尔蒙高涨急于探索成人性行为的青少年来说是明智的吗？我认为肯定不是！实际上，最近有个调查，问青少年们上述资格声明是否让他们相信，父母基本上在其与女友或男友发生性关系这一问题上为他们开了绿灯？几乎一半孩子的回答是肯定的。[23]

还有其他研究显示：与父亲关系好的年龄大一些的少女趋向于推迟性活动。研究者们得出结论说，那些与父亲关系亲近的人会有较少的男朋友，对婚前性行为更加感觉内疚，趋向于更多与家人一起吃饭。[24]

简言之，与你的女儿（或儿子）关系亲密有助于帮助他们抵制不道德的行为。很显然，控制少女生育最好的方法不仅与妈妈有关，也与爸爸有关！在每天有上万美国青少年染上性病的世界里，这是个好消息。[25]不幸的是，爸爸妈妈们常常没有意识到他们的影响力，或者误解了自己的影响力。

在一份对700个青少年进行的调查问卷中，58%的青少年承认性活跃，但是只有34%的人说父母知道他们性活跃。[26]显而易见，这里有一个很大的信息隔断。当然，有史以来，好奇且狡黠的青少年都在玩命，经常会向父母隐瞒他们的性活动，但是以往的孩子冒的险从来没有像现在这么高。父母们应该比以往任何时候都更多地、身体力行地关心自己的孩子，与他们建立沟通的桥梁，这需要一砖一石、一点一滴地来建立。

怎样才能做到呢？要慷慨地奉上最宝贵的东西——时间。美国哥伦比亚大学成瘾及滥用药物国家研究中心（The National Center on Addiction and Sub-stance Abuse）进行的一项研究暴露了下面这句话的谬误："重要的不是在孩子身上花了多少时间，而是与孩子相处的质量。"[27]事实上，这个口号要对千千万万的儿童没有得到下面两样负上责任：父母不在场，高质量的时间也泡汤。不幸的是，在大多数人的家里，时间总是稀缺资源。米哈里·兹兹米哈伊和里德·拉逊发现，青少年与父母在一起的时间只有4.8%，还有2%的时间是与不是父母的成年人在一起。[28]

富勒学院（Fuller Theological Seminary）的教授柴普·克拉克（Chap Clark）博士对代与代之间缺乏感情很感痛心。他这样写道：

> 青少年与成年人之间的联结被隔断太长时间了，而成年人有力量和经验可以护送他们进入更广阔的世界。青少年被抛弃了，因此他们自创了一个世界，旨在保护自己免受来自成年世界的破坏性力量及阴谋的伤害。[29]

民意测验专家弗兰克·伦兹在他的《美国人究竟究竟要什么》（*What Americans Really Want ... Really*）一书中也谈到这个问题。除了其他调查主题以外，他想确定一点，父母如何做才能帮助青少年培养良好的、纯洁的生活习惯？他特别希望探寻爸爸妈妈们如何吸引孩子接受他们的价值观并进一步融入家庭。我认为伦兹博士的发现是有洞察力的，并对那些希望家里有"好消息"的父母来说很有用处。他友善地同意我直接引用他书中的内容：

> 美国的家庭已经破裂了，虽没有完全解体，但肯定是破裂了。当一半以上的婚姻以离婚收场，我们就面临着家庭破碎这个问题。当三分之一的孩子生活在只有父母一方的单亲家庭，我们就面临着家庭破碎这个问题。

在数不清的家庭里，父母中的一方（或者责任心强的长兄长姐）填补了本应是另一方承担的责任空当。非常规家庭虽竭尽全力，却仍然像爬坡一样艰难。养家所需的时间、资源和金钱对健全的家庭都越来越难，更不用说对单亲家庭了。当一个家庭有父亲母亲一起教导孩子的时候，父母以身作则就是最好的榜样，孩子们也有更好的机会学习如何做人。我们做父母的知道我们必须要做得更好些。

美国人在艰难地保护着自己的家庭，我们认识到了家庭的重要。从这个事实中我们应当看到希望。当被问及什么对于自己最重要的时候，美国人认为“充满爱的家庭”在许多重要事项中是最重要的（综合前三名）：

充满爱的家庭	54%
身体健康	0%
财务保障	43%
幸福	33%
死后进天堂	25%
有机会回报他人	24%
尽情享受生活	17%
职业成绩斐然	9%
保持心态年轻	9%
做点真的值得纪念的事	9%
长寿	8%
有机会旅游	8%
有更多时间做自己想做的事情	5%
日常烦恼越来越少	4%
生活中有更多选择	1%

若干年以前，我的研究所为哥伦比亚大学的“全国成瘾及滥用药物研究中心”（CASA）做了民意调查。由吉米·卡特（Jimmy Carter）执政下的美国联邦卫生、

教育、福利部（the Secretary of Health， Education and Welfare）的部长乔·卡里法诺（Joe Califano）负责牵头。他是一位充满激情的健康生活倡导者。我们得到鼓励，调查父母行为中的哪些因素有可能引发青少年做出病理学上有害的行为。我们得到的结果应当贴在每一个美国家庭的冰箱门上和每一部黑莓手机的后盖上。醒醒吧，美国！以下是父母最有可能帮助（或者摧毁）孩子的五种行为：

健康的孩子培养自健康的成年人：父母真的需要知道五个步骤

1.与孩子们一起吃晚饭。

说“我真的关心你”千百遍还不如一周五个晚上与孩子们共进晚餐，这个行为比其他任何日常行为更重要。与孩子们共进晚餐的父母会培养出更健康的成年人，因为这个行为传递了一个清楚的信号，即孩子是他们优先考虑的对象。不能与孩子共进晚餐的父母（不管有什么借口）是在传递一个错误的信息，很不幸，这个错误的信息被清楚地接收到了。

我在这里插几句，伦兹博士发现，每周在家里吃三到五次晚餐的青少年较少有人冒险抽烟、使用包括大麻在内的违禁药品；只有34%的青少年说，他们吃饭的时候开着电视；只有12%的人说家里人吃饭不聊天。而在那些不经常与父母吃晚饭的青少年中，45%的人说他们吃饭的时候开着电视；29%的人说家里人吃饭不聊天；16%的人说他们的晚餐常常被打断。[30]对父母来说，要怎样去行动已经很清楚了。现在，我们重新回到伦兹博士的六个指南上。

2.每天晚上检查孩子们的作业。

这里涉及两个因素，首先，父母每天参与孩子的家庭作业是在提醒孩子，他们很重要，而且如果孩子有什么事脱轨了，家庭作业就能向家长预警。还有，孩子们需要知道，他们的智力发育与他们的身体发育是一样重要的。如果孩子们更多地参与提高智力的活动，他们卷入伤害身体行为的可能性就比较小。

3.要求孩子们说真话——并要求得到真相。

坚持知道孩子们周五、周六晚上在何处是在清楚地提醒孩子：并不是他们去的每一个地方，他们的每一个朋友或者他们的每一个行为都是可以接受的。说真话的孩子们是在承认这些界限，如果他们说了谎话，他们大部分情况下都知道自己是在说谎。以“青少年终究是青少年”为由欺骗绝不应当容忍。

4.每一次带你的孩子外出度假，时间至少需要一周。

长周末不合适，因为时间还不够长，尚不能建立起日常习惯或者说不能建立关系。你需要一周时间让他们不再发短信，你也不再处理邮件，每个人都把手机收起来。这里没有捷径，把你的手机设为震动还不够，把它们关机，使孩子们远离不良影响。

5.鼓励他们参加运动队。

很抱歉，我不是指个人运动或是乐队和戏剧队。为了更好的运动成绩，队友们比父母更厌恶精神性药物的滥用。当一群青少年被迫依赖彼此的身体健康和体力表现的时候，他们卷入有害身体行为的可能性就大大减少。来自同伴的一起做对的事情的压力可以成为青少年巨大的内在驱动力。[31]

伦兹博士的发现是多么实际有用啊，我很感激他同意我在这里跟大家分享他的结论。

我就要结束这一章了。百老汇音乐剧《音乐人》（*The Music Man*）中，一位旅行业的业务员为河谷城的爸爸妈妈们唱了一首歌，歌名叫《大祸临头》（*Ya Got Trouble*）。[32]他在歌中建议孩子们加入流行乐队以使他们放学后仍然能遵行道德准则。哦，即使这个业务员是在忽悠人，但他至少蒙对了一点，父母们确实需要好好思考一下如何保护孩子放学以后以及其他时间免受有害的影响。出路就是：与孩子们建立良好的关系；密切的看护；眼观六路耳听八方；让孩子们上一所好学校；留意他们所交的朋友；吃晚饭的时候多与他们交流思想。这些就是本人对“关于女孩（还有男孩）的好消息”一章的贡献。

第 17 章

珍爱女儿

BRINGING UP GIRLS

接下来我要分享一个故事。有可能你们会讲给你们16岁的女儿听。我发现这个故事令人心旷神怡，我觉得你们家有可能用得上，好好欣赏吧。

幸运手镯

甜甜蜜蜜的16岁终于到来啦！没想到我会如愿以偿，梦想终于成真了！真是又惊又喜！爸爸妈妈为我举办了一个盛大的生日宴会，宾朋如云。这一天真酷！然而，当我看到太阳落山，我知道最酷的时刻就要来到了。

夜深了，五彩纸屑已经被打扫干净，氦气球变瘪了，礼品包装纸也已经叠放整齐以备妈妈将来使用。

我正坐在窗前望着外面昏暗的天空遐想时，爸爸微笑着出现在门口，向我屋里张望。

"甜心，准备好了吗？"他问。

我急忙站起来，这个问题真是意味深长！为了今天晚上我足足等了五年，这个时刻终于到来了！从现在开始，父母正式允许我约会了！

爸爸妈妈和我早就约好，我16岁生日的晚上，去我最喜欢的饭店吃饭，同时正式开始执行我们的约定，爸爸妈妈要重申一些标准，跟我讨论一些原则。现在，我们终于在路上了。

在饭店的一个安静角落的小隔间里，我坐在爸爸妈妈的对面。刚点完餐，我觉得是时候切入正题了，就大声说："现在，我可以和任何我愿意的男孩约会了，对吗？"我的兴奋之情溢于言表。

爸爸妈妈轻声笑了起来。爸爸说："嗯，这是我们以前说好的，是不是？"

"酷毙了！"我欢呼起来，并在座位上做了一个胜利者的舞姿。多年来父母一直不允许我外出约会，但现在时候到了，他们终于同意我想跟谁约会都行！当然，他们知道我并不缺乏常识。

“不过请稍等一下，”妈妈微笑着打断我，“你必须得遵守一点儿约定。”

我早就料到父母这个时候会给我一些教导，因此我早有心理准备。我双肘撑着桌面，身子前倾，说：“好，要我做什么？”

“打开它吧。”爸爸边说边递给我一个小小的白色盒子，并神秘地微笑着。我犹豫了一下，拆开卷曲的粉色缎带，慢慢地打开盒盖。一只漂亮的银手镯出现在我眼前，它不是一只普通的手镯，而是一只幸运手镯。上面的饰物也不是一般的小饰品，而是小而璀璨的宝石，12颗造型精巧的宝石轻悬在手镯上。

“哇！”我惊讶得无以言表，这完全出乎我的意料。

“现在你要知道这不是一只普通的手镯。”妈妈提醒我。

“我知道，”我说，“太漂亮了！”我仔细地研究着手镯，6颗小宝石和另外6颗更小的宝石交替排列。6颗更小的宝石都是深蓝色，我猜是蓝宝石。6颗稍微大一点的宝石颜色各不相同，一颗似乎仅仅是岩石，一颗是粉色的，一颗是白色的，一颗是红色的，还有一颗是绿色的……最后那颗是钻石吗?

“这是一只有象征意义的幸运手镯，”爸爸一边解释，一边斜过身子与我一起研究，“它代表你和你的纯洁，它将在你交男朋友的过程中引导你。我和你妈妈只能告诉你什么是对的，但我们无法让你接纳我们的观点，希望这只手镯能帮助你作出正确的选择。”

我抬头严肃地回答：“我在听。”

妈妈指着那颗灰色的石头说：“这代表你第一次牵男人的手，这颗石头只是一粒抛光的花岗岩石做成的，看起来虽然很便宜，它的确便宜，但它仍然是你手镯的一部分。这一颗是粉色的石英石。”

她用两个手指轻轻地捏了一下这颗石英石，说：“它代表你的初吻。”

“这颗绿宝石是翡翠，”爸爸接着说，“它代表你的第一个男朋友。这颗珍珠代表你首次对爸爸之外的男人说‘我爱你’。”

我咯咯地笑起来，这太新奇了。

妈妈最后说："这颗红宝石代表你首次订婚，而这颗钻石代表你首次说'我愿意'。"

我想了想，明白了，我清了清哽住的喉咙，问道："这6颗小小的蓝宝石代表什么？"

"它们提醒你对父母有多重要。"爸爸答道。

"但是注意，有一件事不可少，这是你在谈恋爱的时候唯一要遵守的一条原则。"

只有一条，似乎不错。但是，我绝对没有想到会是……

"每当你有表达爱的行动如牵手、亲吻或者说'我爱你'时，你同时就将相应的宝石给出去。"

我一定是听错了。

"我必须把相应的宝石给他？"

"你必须给他。"妈妈重申道。

我沉默了一会儿，我想他们在开玩笑吧。但是，他们一脸严肃，脸上一丝笑意都没有啊。

我突然尖叫起来："但是爸爸！这些宝石这么昂贵！我是不会随便给出去的啊！"

他微微笑了，温和而慈祥地说："你听见你刚才说了什么吗？"

我不由沉思了。

"宝贝，你的纯洁和你的心要比这几颗小小的宝石昂贵多了。如果你心里不愿意把这些小小的宝石送出去，我认为你就不应当做这些宝石所代表的行为。"

我似乎感到内心在融化，眼泪几乎要喷涌而出。这唯一的原则使我觉得自己是有价值的，也是珍贵的。可是，这个原则同时也令我气恼。

这个晚上之后，过了几星期，我和一群朋友在海滩上闲逛。查德看到我不想游泳，他也不想游了。我情愿看书，而不愿意把身子埋在沙堆里，而他更愿意跟我坐在一起而不去和好朋友游泳。他乖巧可爱，想牵我的手。

有一瞬间我战栗了一下。这时，某块丑陋的花岗岩石在我脑海里一闪而过，这使我躲开了他的手。我极其生气——对父母生气，也因我的手镯变成了手铐而生气，最主要还是对自己生气，我在让一小块岩石左右我的浪漫生活。

我们朝浴室走去，一路气氛尴尬，我气愤地盯着我的手镯。突然，我顿悟了。我不能放弃那颗花岗岩石，它是我整个手镯的一部分，它代表着我的一部分，没有它，我就不完整。它虽不是什么昂贵的宝石，却仍然是有价值的。之后我就明白了。

后来凯文出现了，我们相处很愉快，我们常常在一起，我想我可能爱上了他，我想要告诉他我爱他。这时我想到了我的珍珠，我发现我没有自己以为的那样爱他。

所以，我的父母是对的。他们不可能让我接受他们的观点。所以，他们请这只手镯来替他们提醒我。在父母和手镯的帮助下，我明白了我有多宝贵，我的纯洁有多宝贵，那些只想浪费我的时间和情感的男人是多么无价值。如果他们不想要这一整只手镯，凭什么要把手镯的一部分给他们呢？

内特对手镯表示敬畏。因此，他从来没有试图牵我的手，也从来不试图吻我，但是，他向我求婚。

我从没有想到，过去这么多年的洁身自好会带来如此的幸福。我曾经以为自己很傻，以为自己小题大做。但是现在，这成为我人生中最幸福的事情。当我把完好无损的手镯交给我的丈夫的时候，我想，如果我可以把那些小宝石全部送给这位我真的愿意一生相守的男人，守住它们还有什么困难的呢？

但是故事还没有结束，现在我们的女儿正戴着它呢。[1]

第 *18* 章

月经初潮和青春期

BRINGING UP GIRLS

我们再回到第4章“为什么她就是她”，看看女孩的早期发育。我们在这一章讲过发生在6~30个月的小女孩身上的“婴儿初潮”，即一个雌激素猛增的时期。还记得吗？这个时期的荷尔蒙和其他因素造就了女性的大脑思维，也是为未来铺路的时期。然后，在女孩3岁的时候，她们的荷尔蒙水平大幅下降，出现了一个相对平和的荷尔蒙时期。这个阶段被称为“青春期前”，会持续5到8年。[1]这个时期，女孩普遍对异性不感兴趣，也不太喜欢他们，男孩也是如此。

我接下来要讲的内容有点儿偏技术性，希望读者们不要走神。虽说了解一点儿技术层面的知识对于你理解女孩很重要，我还是会注意不要让这些细节性知识令你们难以招架。因而，如果你们愿意的话，下面的几段，请一边阅读我对复杂迷人的女孩发育过程的描述，一边认真思考。这些即将发生的变化将要影响她们一生。

“青春期前”过后，青春期立即迅猛而至，就像房子着火了一样。女孩们进入了一个身体、情感和神经系统剧烈变化的时期。青春期来临的时间由基因控制，也受家庭的稳定性和其他诸如体重等因素的影响。[2]可是，青春期是因为中脑的一个叫作下丘脑的重要区域所发出的信号而启动的。[3]

这部分大脑严密监控身体的内部环境，包括温度、血液pH、血糖水平以及多种荷尔蒙的浓度。如果某种化学物质注定要失去平衡，它就会向大脑或者身体的其他部位发出信号采取应对措施。

时机来临的时候，下丘脑就强令脑垂体分泌荷尔蒙。它们是能量巨大的化学信使，通过血液循环告知身体和细胞如何反应。[4]脑垂体大约有一片阿司匹林大小，位于大脑底部。它体积虽小，却在调控身体的许多功能方面起着非常重要的作用，因为脑垂体控制着大量荷尔蒙的功能，从而被称为“主腺”。[5]它听从下丘脑的指挥而分泌LH和FSH这两种荷尔蒙，并通过血液把它们送达卵巢，使之产生大量雌激素。因此，会有一瞬间女孩大脑被这种雌激素完全淹没，从而开始刺激她们的生理成熟和性发育。另外三种主要参与青春期发育的荷尔蒙分别是黄体激素、睾丸激素和生长激素。[6]当它们通力协作的时候，结果就会像美国7月4日国庆节那天放的烟花。

当LH和FSH荷尔蒙刺激卵巢分泌雌激素和黄体激素的时候，这些荷尔蒙水平被下丘脑和脑垂体的一系列受体监控。换句话说，一个精密的反应机制开始发挥作用了。它调控不断波动的荷尔蒙使之以特定的规律运行，并产生排卵，即某些人口中的“该死的月经”来了。高水平的荷尔蒙还会影响很多身体功能和情绪，包括生气、高兴、记忆、攻击性、口渴、食欲旺盛、体重增加、脂肪分布以及第二性特征的出现如阴毛和较高的智力反应能力。简言之，它们颠覆了女孩的身体和个性特征。时间一到，这些事很快就同时发生了。所以，爸爸妈妈们，你们要挺住！当你们看到你们的小女孩树上发出了“小嫩绿芽”的时候，你就知道她的儿童期就要结束了，她要长成大人了。

如果还未到青春期的孩子从不明真相的姐姐或者年长的朋友那里听说发生了某些令人激动又害怕的事情，你不要觉得奇怪。有人曾经讲过一个10岁的男孩在学校演讲会演讲的故事。他本来要引用帕特里克·亨利（Patrick Henry）的不朽名言“不自由，毋宁死”，但他在最后一刻弄混了，脱口而出说了这么一句：“无青春期，毋宁死！”对于某些父母而言，他们但愿能有别的选择。

如果女孩没有被事先告知，一旦面临这些生长发育的变化，她们会非常烦恼。

由于这一切如此令人费解，她们可能担心自己病了。当乳房刚开始发育，她会担心“我是不是得癌症了？”月经来潮，她会担心“我会不会因流血而死啊？”另外还有些身体上的变化也可能令她产生恐惧。这就是为什么父母要对女儿的初潮和青春期有所准备，这很重要。父母不仅要了解她们即将发生的身体上的变化，还要理解她们伴随青春期而来的情绪上的巨大波动。这个时期的孩子会对自我价值产生怀疑，父母对此应当早有准备并给予他们解释。

顺便提一下，本书附录中介绍了一本专门为“青春期前”的少男少女们写的书，书名叫《预备青春期》（*Preparing for Adolescence*）。[7]我写这本书的目的就是想帮助父母们以合适的方式告诉孩子即将发生在他们身上的生理变化。数万家庭使用过这本书及其光盘，来减轻孩子们童年到成年的变化带给他们的压力。

爸爸妈妈们应该认识到月经初潮引起的荷尔蒙冲击对女性来说是痛苦的，会让女孩完全失去平衡，直到她开始适应这种变化。[8]因此，父母必须花时间理解女儿正在经历的这一切。她们从月经初潮到青春期，将反复出现情绪不稳定、焦虑、发怒、自怜和沮丧等现象。有时候，她们表现得快乐、兴高采烈和幸福。但她们的情绪变化就像坐过山车一样，一会儿在高峰，一会儿在低谷；甚至今天是这样的情绪，明天就是截然不同的那样的情绪；或者她们一小时前是这样，而一小时后又完全不同了。有时候，全家人都要赔着小心直到事态平稳。有些女孩需要五年甚至更长的时间才能回到平衡状态。这期间，雌激素和黄体酮素的巨浪极大地影响着她们的行为和个性，激素使她们的大脑（还有她们的父母）左右摇摆。

耶鲁大学培养的精神病专家，《女性大脑》一书的作者露安·布哲婷博士（Dr. Louann Brizendine）这样描述青春期：

> 咚！咚！咚！这就是发生在青春期少女的生活和大脑中的事。“妈咪，我根本没办法去上学了。我刚发现白瑞恩喜欢我，而我却长了颗超大的青春痘，没有办法掩盖。你怎么忍心让我去上学？”“作业？我告诉你，我再也不会做作业了，除非你答应送我去上学。”“跟你住在一块我一分钟也无法忍受。”“不，我与伊夫还没有说完话呢，还不到两个小时呢，我不想挂电话。”如果你家里有现代版青春期女孩，这些就是你经常得到的回答。[9]
>
> 这种雌激素驱动下的新行为模式，攻击性也起着重要作用。青春期少女的大脑令她们觉得自己超级强大，无比正确，从而无视结果。没有这种驱动，她永远也长不大。但是，经历这一切，对青春期的女孩来说并不容易。当她开始经历她的“女性力量”全盛期的时候，她的大脑常常让她把想法变为现实，嗯，是不是有点儿恐怖。[10]

的确恐怖！根据美国国家精神健康研究所（National Institute of Mental Health）的报告，大约10%到20%的青春期女孩会不断经历危机。[11]这些巨变表现在身体、情绪和思维上，并产生了大量的压力荷尔蒙皮质醇。这种荷尔蒙是为身体遭遇危急时刻而准备的。但是，当这种皮质醇水平一直很高的时候，人的思维和身体就会受到反向影响，结果是，正常的发育就会受到干扰。

当然，并不是每一个女孩都如此。美国国家精神健康研究所的报告暗示，80%到90%的女孩并不常常发生危机，她们在没有严重后果的情况下度过了荷尔蒙不平衡时期。[12]然而，大部分人都会有这种或那种挣扎。

在一切都乱七八糟的时候，女孩们希望从父母那里得到什么帮助呢？用一个词来回答就是更多的“依恋”而不是更少（还记得第7章吗）。即使她非常不可爱，她也需要来自爸爸妈妈的爱和联结。她需要他们尽可能安静、成熟，更像家长。在他们的关系中，成年人不应当失控、尖叫、混乱、惊慌失措。理性的声音是极其需要的，即使面对的是一个完全不可理喻的孩子。我知道这个忠告令人难以接受，因为青春期的女孩可能会完全失控发狂。但是，失控是她的典型状态，而她却实在不想妈妈也有同样的问题。10%至20%处于危机中的青春期女孩，需要从家中得到她们希望得到的稳定。莫名的冲动使得她们做些在理性看来毫无意义的事情，而且很多人对错误的行为还欲罢不能。

我强调一下：这个时候父母离婚对孩子来说是毁灭性的！父母婚姻破裂对任何年龄段的孩子都没有好处，但是对正值青春期的孩子尤其不好。如果爸爸妈妈们爱孩子，应想方设法避免这种悲剧发生在孩子一生最艰难的时刻。离婚会导致情绪不稳定的孩子或是比较早熟的孩子走向悬崖。

还有，由于当今女孩月经初潮提前和妇女晚婚，妈妈的更年期和女儿的性觉醒期赶在了一起，这样的情况并不少见。家中荷尔蒙均处于不稳定状态的两代人碰到一起，可能会发生像火车相撞一样的事故。

南希·辛德曼医师（Nancy Synderman）与她正值青春期的女儿之间就遇到了这样的撞车事故。结果，这位医生据此写了一本书叫《镜中美女》（*Girl in the Mirror*）。在这本书中，她观察到，在上几代人中，这种人生关键时期是先后错开的。而现在，同时处于高荷尔蒙时期的母女关系别有一番风景，她们常常会发生激烈的争吵。[13]我只能说，爸爸们，你们要小心，也许你们时不时需要避开是非之地。

此时，最不应该做的便是虚情假意地随便说话。爸爸们在这种混乱中的表现特别重要。如果爸爸情绪稳定，他可以对双方发出“理智的声音”，可以帮助母女二人解释彼此的目的，将伤人的话变得柔和，并安慰因母女代沟带来的受伤情绪。但是，如果爸爸也开始发狂，麻烦就大了。一个青春期女孩，一个更年期妈妈，若还有几个青春期姐妹，再加上一个情绪不稳定的爸爸就会调成一杯变化无常的鸡尾酒。

久负盛名的名嘴唐·伊穆斯（Don Imus）曾经告诉电视观众，他的家中有四个女孩和一位情绪化的妻子，一个月里家里难得一天没人踢狗、摔门。

奇怪的是，与此同时，月经初潮会让女孩们偏向家庭之外的人。有些内在的力量使她们产生了不可理喻的向外人寻求亲密的倾向。正如雌激素在女孩的幼儿时期驱使她们渴望亲密，月经初潮和青春期时，雌激素也有同样的效果，只是这一次来势更加凶猛。她们渴望社交，特别渴望与同龄人交往。这使她们很容易受骗上当，这也解释了为什么青少年喜欢成群结队，这是他们的一种自我保护。青春期女孩的最大恐惧是害怕被抛弃、被拒绝、被批评或者被羞辱。来自父母的最轻微的批评就可能导致她们泪眼汪汪和激烈的反应，反应过分对她们来说是家常便饭。当她们抽泣不止时，她们很难相信爸爸妈妈的安慰：“这事没什么大不了的。”爸爸妈妈们错了，每一件事在她们眼中都是大事。

被一个男孩伤害对于一个敏感的女孩来说比死还糟糕，这是因为在青少年阶段，最迫切的生理冲动是在性上有吸引力。这也解释了为什么女孩们会一连几个小时站在镜子前，仔细打量自己、精心打扮自己、不断变换装束、涂脂抹粉、充满幻想。而大部分女孩不喜欢镜中的自我形象。

镜子中看着她们的这个人戴着牙套，长着粉刺、雀斑，还长着奇怪的鼻子，长长的耳朵以及“无可救药”的汗毛。作为父母，你们的责任是要理解女儿的这些压力并帮助她们尽可能积极地面对。

我们现在来谈谈月经周期及其对女性大脑和身体的影响。不考虑月经周期及其背后起伏不定的荷尔蒙的影响，就不可能理解青春期少女是怎样看待自己、家人、人生以及同龄伙伴的。我指的是被称为“女性每月有四季”的生理和情绪上的震荡。[14]

注意，每一个女性是不同的，有些个体比其他人更多地体现出这些特征。下面描述的是青春少女和其他年轻女性的典型特征，并不包括那些比较成熟的女性。但女性生理系统通常就是这样工作的。

经期结束后的第一周可以被称为当月的“春天”。此时，年轻女性体内的雌激素水平上升，产生了海量的能量、雄心和乐观心态。对此时的青春期女孩来说，世界光明，情绪高昂。她大脑中的神经传递素如血清素、多巴胺、降肾上腺素等都很活跃，促进了她的思考、记忆和智力能力。这是本月最令人愉快的一周。[15]

我想起了一则曾无休止播放的人造黄油广告。它宣称："抹上兰帽花，味道不一样。"同样，当雌激素"冉冉升起"的时候，一切都是美好的。

经期之后的第二周，"夏天"到来了。此时，年轻女性体内的雌激素到达顶峰，然后稳居高位。这个时期的青春期女孩精力仍然旺盛，但是表现平和。她仍然自信、富有创造力，在某种环境下可能是兴奋的。这个时候的她不易受打击，也不忧虑，而且她希望每一天都像这即将消退的夏日一样。可惜，好日子即将成为过去，雌激素马上就要一落千丈了。

然后，"秋天"到了。在中期，就是第三周开始的时候，年轻女性会经历排卵和受孕期。随后，她们体内的激素水平回落，性欲高峰也随之而来。她觉得她深深地爱着她的那个男孩或者男人，他们亲密无间、情深似海。产生这种感觉因为两种荷尔蒙：一种是被称为男性荷尔蒙的睾丸激素；另一种则是被称为"亲密素"（the bonding hormone）的黄体酮。黄体酮使女孩与她认为自己所爱的那个人很亲密。

黄体酮水平此时继续走高。这种荷尔蒙有两大职能与生育有关。第一，它对抗雌激素的影响，雌激素水平过高不适宜受孕。第二，黄体酮通过子宫内膜增厚预备"生育的土壤"。

接着，"冬季"到了。年轻女性体内的雌激素水平在第四周继续暴跌，黄体酮和内啡肽也随之下降。结果，女孩的情绪一落千丈，变得更加"自我封闭"。这些荷尔蒙的变化对大脑很不利，可产生沮丧情绪和不良心态、较低的自我形象、过分敏感、悲伤以及愤怒情绪。典型的情况是她感受不到被爱也没有安全感。她可能会觉得自己活在"雾中"，可能会出现这种状况：去某个房间却不知道自己为什么会来这里，甚至她在学校里的表现也受到影响。哎呀，她现在的症状就是人人都知道的"经前综合征"，随后在月经来潮前的三天，她还会腹痛、胸部胀痛、感觉莫名的不安。

至此，四周一循环的周期告一段落，雌激素水平很快就要猛增并带来好时光。

我真希望我和雪莉刚结婚的时候能够很好理解月经周期的情绪特征。我们在大学期间相恋三年，关系很好，我们之间充满乐趣和开心。虽然如此，我还是需要很多"现场实习"才能对她了解更深。我们之间有一个反复出现的场景，叫作"谈谈”，通常发生在深夜她睡不着觉的时候。此时，我所爱的妻子就会告诉我，我如何没有满足她对爱的需要，没有满足她的感情需要，我太忙了没有时间陪她，等等。有时候，她会哭；其余时候，她很生气。这把我弄糊涂了，因为在我看来，我们的关系一直没有变化啊。那是我们一生的好时光，但我的确不知道我做了什么使她觉得我在拒绝、伤害她。据我所知，“谈谈”的发生，不是因为争吵也不是因为婚姻关系中的不同观点积累所致。当年我是个想讨好妻子的年轻丈夫，我记得我反复说这样一句话：“拜托，雪莉，你想要的都是我愿意给你的，为什么我们会再次出现这样的谈话？”

我终于破解了密码：她的烦恼基本与我没有关系。一个男人的确需要更加善解人意也更加细心，但是问题不在这里。雪莉显然正在经历本月的秋天和冬天。这时，我意识到了她的需要是什么。我要做的是既不去解释，也不作承诺，更不要生气。我只需要将她抱紧些，告诉她我非常爱她，并愿意听她倾诉，这就够了。

你的青春期女孩也有同样的需求。在她大哭、抱怨、失望之时，她需要亲密，需要安慰和爱。她还有几天才能挨过冬天进入阳光明媚的春天。这听起来很容易做到，是不是？其实不然。在我们结束此时正在发挥作用的荷尔蒙话题之前，还要说一说另一种正在此时捣乱的分泌物，它叫后叶催产素，你可能想到了，它是由雌激素引起的。它的别名叫“拥抱荷尔蒙”（the cuddle hormone），[16]你可能知道这意味着什么。当一个女孩认识一个男人并觉得安全的时候，她的“拥抱荷尔蒙”水平升高，使她充满渴望、信任他人、乐观、自信，并觉得她所需要的一切都会得到满足。[17]她可能坠入爱河，或者有点儿喜欢上某个男人，但不是因为他就是那个完美的人，她把他看成完美的男人只是因为她感觉如此。与他拥抱和依偎在一起引得她的“拥抱荷尔蒙”水平迅速升高，他们便想更多地拥抱、依偎。我们正在谈论的是一个温柔陷阱！

我来回顾一下以上我想表达的意思。我们的生化反应如荷尔蒙、受点、大脑线路以及在细胞之间迅速传递冲动的神经传导等，都是为了保证人类繁衍而设计的。后叶催产素是这个机制威力强大的成员。布哲婷博士说：“从拥抱实验中，我们还发现，被伴侣拥抱20秒之后，大脑中就自然产生并释放后叶催产素，在拥抱者之间烙下亲密印记，唤醒了他们大脑中的信任电路。因此，除非你信任某个男人，否则不要允许他拥抱你。”[18]你认为你能帮助你的女儿理解这种荷尔蒙吗？不可能。你只好希望她的男朋友不利用她这一点就好。

还有一点，后叶催产素在建立母亲和孩子间的亲密方面也至关重要。杰弗瑞·克鲁格（Jeffrey Kluger）写了一篇名为《浪漫的科学：我们为什么爱》的文章，发表在《时代周刊》（2008.1.28）上。关于后叶催产素，他的发现如下：

> 初产母亲在生产和乳养孩子的过程中体内充溢着这种荷尔蒙，原因之一是孕妈妈们在只感受到胎动而自己很馋的情况下，就已经对宝宝爱得惊天动地了。孕妇的伴侣，准爸爸此时的后叶催产素水平也上升了。如果夫妇二人打算一起度过孕期，一同抚养孩子，对他们是件好事情。该激素如此有威力，以至于陌生人靠近其势力范围就会被感染。
>
> 伊利诺伊大学精神病学教授苏·卡特（Sue Carter）说："在实验中，一位不参与接生的助手站在一位正在生孩子的妈妈的产房中。参与实验的妈妈们说，她们发觉那个人很有同情心，即使那人什么事也没有做。”[19]

有关这个复杂主题的故事还有很多。我想努力说明的是：理解你的青春期女孩正在经历的一切及其背后的原理。爸爸妈妈们，你们还记得自己兴高采烈和伤心失望的日子吗？你们还想得起自己一次又一次地坠入情网的情景吗？也许我们的回忆能够帮助我们理解孩子，并帮助她们应对类似的高山和低谷。

结束本章之前，我想讲一个我个人的经历。我13岁的时候，我们全家开车去爱荷华州的亲戚家。我体内有些东西在涌动，而我不知道为什么。我只记得，我坐在汽车后座上幻想遇到一位酷女——只要酷就行——我幻想她在我们开车进城的时候站在街角处。结果是并没有出现这样一位女孩。可是你信吗？这个女孩居然存在。几天以后我在网球场上看到了她，她14岁了，年龄比我稍大一点，手拿一只硕大的网球拍。我看了她一眼自言自语道，我认识她！我处于雄性激素高涨的时期，而她正处于雌激素和后叶催产素（拥抱激素）高涨时期，我俩真是绝配！

我和这位小公主你来我往地打球，直到日落才回家。尽管她把我打得落花流水，我的心中却爱情高涨。那是我一生中最感震撼的一个下午，但也就到此结束了。实际上，从此我再也没有见过她。在以后的年日里，她给了我很多回忆。

那年夏天，我们一家飞到了阿拉斯加的费尔班克斯。我爸爸是那里的客座布道人，我也有机会认识了那里的几个青少年。他们邀请我晚间聚会结束后去喝可乐。我们一起开车去。一位坐在前座的阿拉斯加当地美女回头笑吟吟地对我说：“我要用一个镍币打赌，我不用碰你就可以吻你。”

我说：“你打算怎么做到呢？”

她微笑道：“到时候你就明白了。”我觉得这个交易不错，就同意了。

随后，这个小可人拿走了我的初吻，并将一枚镍币放在我的手中，说：“你赢了。”

天，我真喜欢这个！我也要打一个同样的赌，可是她拒绝了。这真的很天真，但我直到现在还记得那次兴高采烈的、可爱的经历。那时的我刚刚进入青春期。8年以后，我认识了大学返校女王雪莉，她颠覆了我的世界。她现在是我已长大成人的孩子们的妈妈，直到今天她依然是我的甜心。我们的这个系统就是这样设立的，猜猜它的伟大设计者是谁?

我觉得有责任告诉你们，对女孩及其父母来说，青春期有负面影响。但这些经历并不一定像人们认为的那样令人头痛。智慧的父母会带领他们的青少年度过这个时期，并让他们拥有一个纯纯净净而又充满乐趣的青春期。然而，成年人的监护是绝对必需的，这样可以防备男孩女孩们走得太远并做出有害于他们未来几十年生活的事情。他们也需要得到帮助来理解自身的身体状况，并认识到，时不时淹没他们的不稳定的情绪只是暂时的。最重要的是，与他们保持沟通，特别是在那些天要塌下来的黑暗的日子里，更要与他们好好沟通，没有沟通是亲子之间常见的问题。

在下一章里，我们要根据一些问题来回答我们讲过的主题。如果我们今天能在一起，我也想与你们分享这些问题。

第 19 章

损友、密友、益友

BRINGING UP

GIRLS

每一个父母都有理由因当今少女暴力事件的上升而担忧。美国联邦调查局统一犯罪报告（FBI’s Uniform Crime Reports）显示，十几年来因为恶意攻击而被捕的妇女人数持续增长，[1]一些研究者称之为“暴力流行”。[2]他们认为，因为家庭破裂、社区功能衰退以及学校职能下滑而给人们带来了情绪压力，而暴力反映了这些压力。另外一些人认为如今妇女越来越男性化了，她们试图模仿男性，与男性竞争，赢得男性的认可。这些假设都有些道理，但是更详细的解释远比这些复杂。

我想将本章锁定在关注女孩们间有独特目的和方式的欺凌现象。男孩之间常常进行身体攻击，脚踢、拳打、扯裤子、威胁弱小的男孩等。女孩们的攻击体现在破坏关系上，陷害、骚扰、中伤、孤立、散布谣言、说谎以及表现下流。嘲弄行为在女孩们中间非常普遍，大约三个学生中就有一人要么是作恶者，要么是受欺负的对象，而每一个学生都或多或少地卷入这种行为。这意味着你的女儿在她发育的过程中可能有时因受到欺负而情绪受到影响，有时她就是作恶的那一位。

根据全美教育协会（the National Education Association）的报告，每一天有超过16万的孩子因为害怕被恐吓而待在家里不去上学。[3]

恐吓。一位母亲告诉我，她的女儿每天早上醒来就会躺在床上想：该怎样度过今天而不被羞辱？她担心午餐时间没有人坐在她旁边，会想怎样弄发型、搭配衣服才不会招致嘲笑。对于这个女孩以及无数的其他女孩，学校就像一个每天必走的雷区，那里任何时候都有可能从地下冒出炸弹。体重正常的女孩被称为“肥胖”，那些有着不常见身体特征的人被无情地取笑。她们被冠以各种戏称以突出她们最想隐藏的身体特征。这个孩子们生活的不安全的世界将对她们产生巨大影响，并影响到她们未来的人格特征。可悲的是，骚扰常常在孩子很早的童年时期就开始了，而她们那时面对骚扰没有任何应对的能力。

恐吓的隐含意义对天性胆小和害羞的女孩有深远影响。随着她们年龄的增长，一些人会患上溃疡、饮食紊乱、抑郁等病症。记者乔安娜·理查德在她的文章《校园里的恐怖分子》中，向人们展示了这个问题以及小男孩小女孩们常常不得不忍受的东西。

“棍子、石头也许会弄断我的骨头，但是辱骂伤不了我。”

“错了，那是胡说，它会伤人。”亲子教育专家凯西·林（Kathy Lynn）这样说。林以及其他很多专业人士认为，最常见的欺凌方式体现在口头上，而校园操场上充满了嘲弄、折磨、散布是非以及排挤。

校园社交中的欺凌问题很普遍，并在大多数孩子和父母心中造成了恐惧。芭芭拉·克洛若索说：“是的，它是丑陋和破坏性的行为。欺凌是有意识、故意、刻意以及敌意的行为。目的就是伤害他人，并在他人的痛苦中取乐。”克洛若索是教育咨询师，也是《欺人者、被欺者和旁观者》（*The Bully, the Bullied, and the Bystander*）一书的作者。

简妮特·亨德森（隐去真名）知道：过去五年，她10岁的女儿萨拉被别的孩子折磨和挑剔——“事情从幼儿园开始，当一个孩子说她胖的时候”。

亨德森是住在密西索加的有四个孩子的全职母亲。她说起女儿萨拉在学校里的痛苦日子时泪流不止：“那里像地狱一样。欺负人的行为毁了她，她从一个甜蜜快乐、易相处的女孩变成了疑心很重的胆小女孩——现在她更喜欢一个人独处。”

“我很生气，这件事也让我伤透了心，我们全家人的生活都受到了影响。小孩子怎么会有这样卑劣的行为而他们的家长也不去管一管？有些家长不仅不为受害的孩子出头，反而因为希望自己的孩子合群而姑息他们参与攻击行为。我看到很多教师和家长对这种欺人行为熟视无睹。”

专家们同样非常了解这种情况。克洛若索说：“欺凌并不是因为矛盾，而是仇恨和轻视引起的，其后果是致命的。”

她接着说：“欺凌问题是一个生死存亡的问题。从最近几年的报道中，我们已经知道了足够多的案例，这足以使我们相信，不仅仅是欺凌他人的人在我们社区制造了恐怖和恐慌，那些被欺负的人（哭泣却没有人倾听，遭受痛苦却被忽视，受压迫而没有得到解脱的人）也会以报复来回报，使我们的社区因为无法理解的恐怖和悲伤而备受折磨。”

“另有一些人，他们觉得自己完全无助，到了无法挽回的程度，便转而对自己施暴，选择自杀。他们觉得没有其他方式可以摆脱折磨他们之人加给他们的痛苦，没有人可以求助，也没有人听他们的心声，他们就选择以悲惨的方式一了百了。”

《育儿全书之母》（*The Mother of All Parenting Books*）的作者安·道格拉斯（Ann Douglas）如此说：“自杀的人年龄越来越小，实际上从幼儿园就开始了，这个年龄段的女孩似乎特别冷酷。某个孩子仅仅因为背着‘不酷’的‘蓝色斑点狗’（译者注：美国著名儿童节目）的双肩背包或者还穿着‘不酷’的‘天线宝宝’（英国著名儿童节目）的袜子，却并不知道自己已经变得‘不酷’了，就遭到了排挤。”

道格拉斯补充道：“如果某个孩子是唯一一个没有被邀请参加同学生日晚会的人，那么他或她就成了世界上最孤独的孩子。”

在互联网上欺负人的行为，目前在大一些的孩子们中间很常见：通过电子邮件、即时消息、网络日志以及个人网站而欺负人。你讲的有关以前的好友的事情，很快就通过网络在整个校园传开了，并加以对你所有缺点的极为详细的描述。

根据专家们的观点，人们欺凌别人并非天生。“它是学会的，也许是在家里，也许是在日托所，也许是在教室里学会的，或者是从其他孩子身上学会的。孩子们知道通过观察年龄大一些的孩子的行为并模仿他们，从而学会怎样与他们交往。”林这样说。

道格拉斯说：“轻视和仇恨是需要人教的。”她还补充说，欺凌行为伤害了他人，而欺凌人的人却没有同情心，也没有羞耻感，他们觉得自己有权这样做，对异己不能容忍。

被欺负的人有一点是共同的。“他们被直接瞄准了，”道格拉斯说，“某个人被挑出来成为嘲弄的对象，仅仅因为他在某方面与别人不同。”

暴力循环必须从家里、学校里以及社区里被打破。“我们个人、家庭以及整个社区必须为所有孩子营造一个安全的港湾。我们必须采取必要的措施，解除孩子们心里、头脑里以及手中所持的欺凌武器。”道格拉斯说。[4]

亨德森夫人说，一些孩子被其他孩子弄得痛苦或怪异，使她很生气，我也深有同感。欺凌行为的确掌握了越来越多的青春期孩子的生死。也许你读过这篇报道，讲的是一个不幸的13岁中学女生的故事。她叫梅根·梅耶，体重超重，她在网上认识了一个叫乔什的男孩。这位男孩一开始表示对她感兴趣，一旦梅根动了感情，他就开始给她发挖苦她的邮件，最后发展到对她的恶毒攻击。她彻底地心慌意乱了，吊死在自己卧室的衣橱上。梅根死后，调查发现“乔什”根本不存在，是被人编造出来嘲弄梅根的。

发生在这个不幸的女孩身上的事情是在无人察觉的情况下发生的。不幸的是，很多其他的中学生也经常性地受到恶意的人身攻击。这些骚扰通常不会直接导致死亡的后果，但是男孩女孩们心中的某些东西却开始消亡了。在我从业早期，我曾经教七、八年级230名学生的“科学与数学”，每天目睹这种欺凌的行为，获得了第一手的资料。这些孩子所承受的来自同辈的压力仍然在我眼前。我的学生们在一年伊始来到学校的时候，希望有好的运气并为此祈祷。他们青春的心因为激动和期待而猛烈跳动，很多时候也有担心恐惧。一些人多年受到恶劣对待，怕得要死。他们问自己，其他人喜欢我吗？他们会嘲笑我吗？我会有朋友吗？父母们也会问，他们会交到正派朋友吗？

对于女孩来说，穿着打扮是中学的自相残杀的世界里生死存亡的关键。女孩的衣着打扮就是加入某一小团伙的入场券，得以避免被嘲笑和在关系中受排斥。这个时期犯了错误也是毁灭性的。她们要加入的小团伙的规则是苛刻的，可能也很武断，不给人悔过机会，对她们来说，甚至连颜色的选择都很重要。作家凡妮萨·欧康尼尔（Vanessa O’Connell）这样描述其中的规则：

> 伊利诺伊大学厄巴那香槟分校（UIUC，Urbana-Champaign）的教育心理学教授多萝西·艾斯普拉（Dorothy Espelage）曾经14年之久研究青少年行为。她说，她看到了日益增长的“与穿衣打扮有关的欺凌行为”。她认为这是因为名牌服装风行以及广告中的名牌展示而引起的。她研究的青少年遍及20多个州，她多次吃惊于孩子们是多么崇拜他们认为拥有最好的衣服的人。能够穿名牌服装使孩子们“有机会受欢迎，还能保护他们，给他们社交影响力以及对他人的掌控”。她说道。
>
> 在一次研究中，当被问及是否因为衣着而受过欺凌时，超过三分之一的中学生回答“是”。1999年至2004年，内布拉斯加大学林肯分校（University of Nebraska，Lincoln）专攻学校心理学的副教授苏珊·斯万

> 尔（Susan M. Swearer）曾经调查过遍及中西部五个州的总数超过1000名学生，其中56%为女生。据她的调查，在更容易买到名牌服装的富裕城镇中，因时装而产生的欺凌行为更多，而这个问题在贫穷社区中也很严重。
>
> 十几岁的青春期的少男少女被认为应当穿某个“合适”的名牌，而不是随便哪个牌子的衣服。来自阿尔伯特（Alberta）加拿大省的八年级女生，13岁的贝奇·格尔克说：“你穿的牌子越好，你就越受欢迎。如果你没有穿名牌，你就被挑剔。”[5]

“非友即敌”就是你的女儿在中学以及中学毕业以后一切问题的关键点。记住，她的大脑自婴儿时就预备好对亲密关系的渴望，而现在她到了青春期，渴望与同龄人关系亲密。亲密就是她呼吸的空气和活着的理由，这也解释了她为什么在友谊受损、被排斥的时候，必然会遭遇情绪危机。青少年时期的友谊会时常变化。罗斯林·怀斯曼（Rosalind Wiseman）在她的影响力超凡的著作《蜜蜂王与跟屁虫》（*Queen Bees and Wannabes*）中这样描述这种社会现象：

> 特别是在六年级和七年级，女孩们的小帮派经常变幻不定。以前的朋友会反目为敌，恶意的戏弄也可能是残酷的。
>
> 最好的朋友是真正不能分开的两个女孩，她们之间有自己的语言习惯和暗码，她们穿彼此的衣服，她们可能喜欢同一个人。她们最迟一般在七年级分开，因为这时至少会有一方想要扩展社交圈。她们一会儿有了新朋友，一会儿又与新朋友分手，然后又有了新朋友……有时候你的女儿甩掉别人，有时候她被人甩掉。[6]

尽管分手和重新结伙是常态，但被甩的女孩往往非常痛苦，对她来说，分手就像世界末日一样。两个女孩可能一起长大并一起度过了很多时光，彼此分享最亲密的情感和恐惧，信任曾经是她们友谊的标志。然后，突然之间，被抛弃的女孩被当作地上的渣滓一样对待。她以前最好的密友再也不回复她的短信，也不接她的电话。她们在学校大厅遇上的时候，连一声招呼也不打了。甩掉人的一方还会当着其他人的面，用带刺的幽默令被甩的一方尴尬或是羞辱她。再没有人愿意与她同桌吃午餐或者看球赛，免得疏远了势力更强的女孩。被抛弃的女孩也许对这一切的发生感到丈二和尚摸不着头脑，的确，一点儿预兆都没有，至少表面看来如此。没有预告也没有解释，她似乎就这样被那个她最看重的朋友厌弃了。

我们最需要关心的是这样的女孩：她们容易受伤害，而她们被好友抛弃时也没有支持她们的社交圈。被心灵伙伴抛弃已经够痛苦了，而没有可以求助的对象就更痛苦了。

瑞切尔·西门斯（Rachel Simmons）著有《怪女孩出列》（*Odd Girl Out*）一书。她说，关系重排通常是因为追求更高的地位。她写道：

> 对于想被追捧的女孩来说，友谊就不仅仅是友谊了，它是一张门票、一个工具、一个机会，否则就完了。你可能拥有Abercrombie & Fitch（A&F）制造的每一款衣服，但是，只要你没有交对朋友，你就什么也不是。
>
> 如果人与人之间的关系取决于能否被更多的人追捧，那么社交上的进步意味着必须寻找新关系并且建立新关系，也意味着要抛弃老关系、断绝老关系。在一段友谊中，女孩们享有共同的秘密以示亲近。而关系竞争破坏了亲密，并将秘密变成了社交闲谈，后来又变成了炮弹。这些女孩们说是非，将他人的秘密公布于众。她们还散布谣言，编造有关他人的秘密，她们彼此之间有意利用亲密信息赢得对方的心。[7]

被一位特别受追捧的女孩，尤其是被某个漂亮、自信、擅长社交的女孩所蔑视或抛弃，会让人觉得自己低人一等。丹·肯德伦（Dan Kindlon）在他的《精英少女》（*Alpha Girls*）一书中这样描述这些高度成功、占尽优势的少女：

> 一个“精英少女”就是天生的领袖：有才干、有目标、自信。这样的女孩没有感觉到性别的局限，而是首先觉得自己是一个人，其次才是一个女人。显然，并非所有的女孩都是精英女孩，有些女孩缺少自信、焦虑、沮丧、厌食或是贪食。[8]

当一个精英女孩诉诸背叛和欺凌来对付以前的朋友的时候，她会动用全部的社交网络形成一股联合力量。她通常招募“新人”加入本“帮派”，对她讨厌的对象实施跟踪追击。这种合力打击常常会毁了对手，使之几年内不能恢复元气，有些女孩永远不能完全从这种经历中恢复，而且从此之后不再信任其他女性。我相信绝大部分成年女性一直深藏着少女时代的这些痛苦记忆，如被取笑、被排斥、被孤立、被辱骂、被说坏话等。问一问你的女性朋友她们是否记得这样的情形。有些人会形象细致地描述自己早年的类似经历，还可能边讲边落泪。

许多在校处于社交底层的女孩在家里也受到兄弟姐妹们的排挤，还会受到同一个街区孩子们的排挤，甚至受到不在身边的父母的排挤。她们长期孤独，这使她们更难在学校里交到朋友。她们渴望被接纳的样子就像随身携带着“我绝望之极”的霓虹灯招牌，又反过来把同性和异性同龄人都赶走了。

人对温暖的、关怀人心的友谊的需求，暗示着其身体和情感的健康。一次又一次的研究证实了人是社会性的动物，并在被爱和被欣赏时发展得更好，即便只被几个人所爱也是可以的。德维特·威廉姆斯（DeWitt Williams）博士是安息会北美分部健康部的主任。他在讲到对人类天性的理解的时候，讲了以下著名的事件：

> 一个朋友将一对早产儿的照片发给了我。当护士们看着这两个小东西时，觉得她们存活的希望渺茫。个头大一点的婴儿可能还有一丝希望，但是小一些的婴儿几乎没有存活的机会。在护士们以为小一点的婴儿会死去的那天晚上，一位护士将她放在育儿器里姐姐的身边。几乎是马上，大一点的姐姐就感觉到了挨着她的妹妹，并伸出胳膊抱着她。她一整夜都用一只胳膊紧紧地抱着妹妹。她们的鼻子里和胳膊上都插有输液管，但是她们紧紧地拥着彼此，而这正是问题的关键。护士们说，从那一刻，小一点的婴儿开始有了生气。当护士们第二天进来的时候，她们惊讶地看到小一点的婴儿变得灵活起来。从此，这个小一点的婴儿开始增加体重，最后，姐妹俩都活了下来并长大了。紧紧的拥抱和肌肤相亲改变了结局。曾经有人这样说：如果你想活着，每天至少需要4次拥抱；如果想维持现状，则需要8次拥抱；如想活得更好，则需要12次拥抱。我想这句话是有一些道理的。你今天拥抱了吗？[9]

威廉姆斯博士的观点就是：人类从出生开始，在其人生的任何阶段都极其需要彼此的肯定和支持。我们的性情不像豹子、大白鲨、欧洲野牛或者其他许多动物一样，除了交配期和哺乳期外都各自独立。相反，我们内心深处渴望同类的友谊和感情，并告诉我们要彼此满足对方的需要。

认识这些之后，我们就能够轻松地理解为什么青少年在受到排挤和取笑的时候那么痛苦了。人的一生，最渴望归属和情感支持的就是青春期。

这也就是为什么青春期受到的欺凌往往具毁灭性，受伤的少男少女们的自然反应就是内心生出仇恨和愤怒。根据瑞切尔·西门斯（Rachel Simmons）的研究，欺凌行为是制造憎恨和嫉妒的温床。在其暴露之前，教师、咨询师以及父母们常常不会发现有什么问题，但是女孩们却很容易察觉正在上演什么。

这就是现今许多女孩正面临的问题。有什么措施能帮助她们吗？我们先来看看温迪·谢利特（Wendy Shalit）的书《温柔女孩》（*Girls Gone Mild*）中所写的：

> 塔夫斯大学（Tufts）和哈佛大学的公共健康研究人员告诉我，欺凌行为是后天学习的行为——学到以别人的痛苦代价为自己的乐趣——这种行为模式可以被逆转。约克大学（York University）的“拉马氏暴力和冲突”解决研究中心（LaMarsh Centre for Research into Violence and Conflict Resolution）主任珍妮弗·克诺立（Jennifer Connolly）发现，如果负责监护的成年人迅速回应并让攻击者知道其行为完全不可接受，90%的欺凌行为就会停止。“待人要宽容、相互不挑剔”的态度，实际上比“女孩是友善的”观点，更有可能导致欺凌行为的发生。[10]

我完全同意，欺凌事件的增长就是因为越来越多的成年人姑息这种行为，并很有可能因为不想让女孩成为“乖乖女”而鼓励这种行为。坚强、独立、好斗和强势的女孩更得一些成年人的偏爱。不管出于什么理由，父母、教师、营会领队、教会负责人常常对嘲弄他人的行为听之任之。这些成年人在受到围攻的青少年极其渴望得到他们干预的时候，却袖手旁观。

我来解释一下：每一个教室里都有几个男孩或是女孩处于社交底层并常常受到骚扰。被列在底层的人包括长相不吸引人的、智力水平欠佳的和身体不协调的学生；女孩气的男生和男性化的女生；比同龄人身材大一些或者小一些的学生；有身体缺陷的学生；少数族裔学生等。任何与众不同的学生都会被贴上“狼群”的标签。

我们都听到过这样的论点：“孩子毕竟是孩子——成年人应该远离他们之间的

冲突，让孩子们自己平息冲突。”因此，成年人变成了助纣为虐。我再讲清楚一点：如果一个成年人见到毫无防卫能力的男孩或女孩正在遭受同龄人对其身体或情感的攻击而依然袖手旁观，那么我认为该名成年人正在虐待儿童。受害的孩子在这种时刻所遭受的损伤会萦绕他们一生。

几年前，一位女士告诉我她在女儿所在的四年级做班级妈妈的一次经历。情人节这一天，她去协助老师组织一个传统聚会。情人节可能成为人缘不好的孩子们的苦日子。每一个学生都在数自己得到的礼物，而这就直接成为衡量社交地位的方式。

这位妈妈说，老师宣布全班要玩一个游戏，需要男女混合编队。这是她的第一个错误，因为四年级的学生还没有体验过异性相吸的幸福荷尔蒙。老师要学生们各自选择一个伙伴的那刻，全体男孩立即开始嘲笑房间里一位长相最一般、最不受尊重的女孩并对她指指点点。她体重超重，牙齿突出，躲躲闪闪不敢直视任何人的眼睛。

他们异口同声，假装恐惧地说：“别让我与南希一组。任何人都可以，只要不是南希就行！她会让我们得病的！啊，饶了我们吧，不要脏兮兮的南希！”这位妈妈指望老师快速跑过去声援这位尴尬的女孩，但是，老师没有说一句话宽慰这个叫南希的女孩，相反，她让南希自己去面对这痛苦的情形。

被同性的同龄人取笑已经够苦恼的了，而被异性排挤就像自信心遭到砍杀一样。这位被摧毁的孩子能够怎样回应？一个体重超重的四年级女孩，怎么对抗9个挑衅的男孩来保护自己？她除了满面羞愧地跌坐在椅子上之外还能有什么反应？这个女孩将永远不会忘记这个时刻（或者永远不会忘记在她最需要的时候对她置之不理的老师）。

如果那天我是老师，我保证，我会追究这些男孩们的责任。当然，如果能够在开学的第一天就组织学生讨论一下如何照顾他人的情感而避免这样的尴尬就更好了。但是，如果发生了上述这样的冲突，一个像南希一样的孩子突然被当众羞辱，我会全力使用我的权力和尊严在这场战斗中站在她这一方。

我可能会马上这样反应：“等等！谁给你们这群男孩权力说出这样卑鄙恶毒的

话？你们当中又有谁完美无缺，可以让我们其余的人找不出任何理由取笑你？我知道你们某些人的小秘密。你希望我讲给全班人听吗？好让大家嘲笑你们就像你们现在嘲笑南希一样！我会做到！我能让你们恨不得找个洞钻进去，从我们的视线中消失。但是听我说！你们不要害怕，我永远不会让你们这样难堪。为什么？因为朋友的嘲笑很伤人。”

“我想问大家，你们曾经被男孩或者女孩取笑过吗？如果没有，那做好准备吧，某一天这事情也会发生在你身上。你还会说些傻话让大家当着你的面指着你嘲笑你的愚蠢。当这发生在你身上的时候，我想你就会记得今天发生的事。”

接下来，我会对全班学生说：“现在我们来看看，从今天下午发生的事中我们可以学到什么。首先，我们不能这样冷酷。如果有什么事情很好笑，我们可以一起大笑，但是，不能以令他人感觉糟糕为代价。其次，我决定永远不会故意为难班上的任何一个人。这是一个承诺。你们每一个人都同等宝贵。也就是说，萨拉不会比特洛伊、麦根、本瑞特更好或者更差。我想你们有些人可能认为自己比别人更重要，但不是这样的，你们每一个人都是无价之宝，我也爱你们每一个人。我们要友善待人，今年剩下的日子我们要练习这种友善。”

儿童们需要知道建国之父们在《独立宣言》中所写的：“凡人生而平等，为造物主所赐，拥有生命权、自由权与追求幸福之权，不可转让。”但愿大家还记得这份历史声明并让各年级孩子来讨论，因为这赋予每一个孩子价值和尊严。

当一位坚定慈爱的老师帮助班上最不受尊重的孩子的时候，教室里的情感气氛就会发生戏剧性的变化。几乎可以听见，每一个孩子都松了一口气。每一个小脑袋里可能都萦绕着同样的想法：如果南希再也不会被取笑——连南希都不会——那么，我也不会被取笑了。因此，通过保护班里最不讨人喜欢的孩子，老师可以表明：（1）她没有“宠物”；（2）她尊重每一个孩子；（3）任何人受到不公正的对待，她都会站出来给予保护。这些就是孩子们很看重的美德，也有益于他们心智健康成长。

我想建议家长，请保护你所在街区的受害者，让人们都知道你有信心为受排挤者说话。向邻居解释你的观点，并努力为受到排挤和威胁的孩子营造一个情感的港湾。不要害怕为一个正在被虐待的孩子操练领导力，这值得你投入时间和精力。

很多防欺凌的权威专家们都强调要重视儿童和青少年们正在经历的事情。雪柔·达勒塞加博士（Dr. Cheryl Dellasega）说："支持你的女儿，如果她回家给你讲了她经历的某件事，请帮助她弄清楚事件真相和她自己的情绪，然后寻找一个回应方案并演练一下，如果下次遇到同样的情况告诉她该怎样回应。"[11]

雪柔·达勒塞加博士和查尔斯·尼克松博士（Dr. Charisse Nixon）在他们合著的《女孩的战争：女性欺凌终结术》（*Girl Wars：Strategies That Will End Female Bullying*）一书中表达了类似的观点。[12]以下是12条防止欺凌的建议。作者不用欺凌这个词，而是使用"关系攻击"（Relational Aggression）一词，简称RA。

1. 发生关系攻击行为时，提醒自己和他人。
2. 尽早培养对抗"关系攻击"的技巧。
3. 让女孩有勇气待人友善。
4. 让女孩首次受伤害就学习对抗"关系攻击"的技巧。
5. 承受"关系攻击"之时，避免抱怨。
6. 获得他人的支持。
7. 改变"关系攻击"行为方式。
8. 提供替代方案和机会。
9. 采用多种调节情绪的方法来安慰和支持她。
10. 为她提供多种解决方案。
11. 改变文化氛围。
12. 开发一套自己特有的行动方案来改变局面。[13]

策略的核心就是家长要将这些要点告诉儿童和青少年，这一点很重要，而做到这一点并非易事。许多孩子由于担心把事情搞砸而不想让家长参与，"我自己处理"是典型的反应。家长们突然插入孩子与同龄人之间的冲突，对于被欺凌的孩子来说比任何事都丢脸。而有些被欺凌的孩子会把愤怒和受挫折感发泄在对他们的遭遇无动于衷的爸爸妈妈身上，这一切的根源是他们在家里和学校的尴尬经历。

因此，问题是家长如何与不想沟通的儿女们交流。我发现一个好办法，就是召集一群青少年，与他们在一个舒服的环境里互动，这常常比与家长的一对一谈话更令他们放松。

几年前我就是这样做的，我请了一群青少年来我家，与他们座谈他们的经历和挣扎。我们还将谈话录了下来，收录在我写的《预备青春期》一书中。这本书专门写给青春期的孩子们，现在还可以在书店和互联网上买到。我在此收录那次座谈会中的一小段，以此说明成年人应该怎样帮助孩子说出自己所面临的问题，以及应该怎样避免因社交错误而被嘲笑、欺凌。因此，这个对话可以成为你帮助女儿走出人生困难时期的一个模式。

杜布森博士：请给我们讲讲你最艰难的那些日子。

格琳恩：嗯，我爸爸在我五年级的夏天去世了。这正好发生在我的身体和情感多变的时期，而我没有处理好。因此，我进入中学的时候不知道自己是谁，不愿意参加任何活动，对未来也没有盼望，这使我的日子很艰难。

杜布森博士：你是怎么克服那些困难的?

格琳恩：我妈妈鼓励我走出来，尽可能地参与更多的活动。

杜布森博士：格琳恩，你说艰难的日子出现在你上初中一年级的时候，我并不觉得惊讶，因为七年级和八年级常常是一个人一生中最苦恼的时期。低人一等的感觉常常在这两年最强烈。我知道不少年龄过了13岁的青少年得出这样的结论：“我没有用！”这里有没有人误入了同一个自卑的低谷?

达瑞尔：我就是一个。只是我的情形与格琳恩不一样。我特别记得一次倒霉的海滩旅游。之前我一直盼望去，但是我旅游回到家后却放声痛哭，因为我在旅途中被同学取笑，我感觉自己一无是处。我不明白为什么人人都拿我开涮。我所在的小组大家好像都不爱上学。别人期望我说这样的话：“老师是累赘，学校太差劲，喜欢学习的人是怪物。”即使现在，我的大多数朋友也都不喜欢学习，他们学习只是为了得到好分数。他们说：“我不想学这些，因为考试不会考。”我认为这不好。这么说吧，我读初中的时候，我喜欢学习，也试过介绍经验给朋友们，但是没有人愿意听，他们不愿意像我那样公开谈论学习，这令我很不舒服。从那以后，我再也不想敞开自己。我花了两年时间才摆脱这些情绪，并开始敞开自己，得到了解脱。

杜布森博士：达瑞尔，你讲得真好。年轻人向他人敞开时，有时会遭到嘲笑，会被深深地刺痛，然后回到家会像你一样放声大哭。他们开始“封闭”自己，第二天，他们变得更加小心翼翼，更保守，在社交圈里更矫揉造作。

达瑞尔，你有没有想过你的朋友为什么不愿意像你一样敞开？很可能他们更早就遭受了与你同样的打击。他们已经知道了这样做的危险，结果就产生了一个很不轻松、很紧张的社会：人人都知道，一旦犯了社交错误就要被嘲笑，这样的生活是多么艰难！

达瑞尔：压力很大！例如，现在每一个人都必须“酷”。我的意思是，大家都认为不流露真情或者不展现真实的自我才对，否则，有人就会嘲笑你内心的软弱。还有，另一些人认为不值得如此小心。我甚至在我们学校还看到这样一则标语：“酷再也不酷了。”这很快可以将一个人撕裂。自己伤害自己远胜过他人对自己的伤害。

茜茜丽：我还记得我刚上初一的第三周——我刚进入一所新的学校，我只认识几个人，对一切都还不熟悉。我的身材矮小，只有4英尺6英寸！我认识学校一个叫“大个子贝尔塔”的女孩，她大约5英尺8英寸高。贝尔塔是学校最不招人喜欢的女孩，其他人一见到她走过来就躲开。我想她真可怜，同学们不应当躲开她。但是有一天我们一起上楼梯时，贝尔塔踢了我。我不喜欢她踢我，转身对她说了句什么，结果她更狠地踢了我一脚。我回到家变得很沉默，但是我实在心烦，就忍不住哭了起来。我告诉了父母哭的原因。爸爸妈妈认为，这个女孩这样的行为很不友善，他们给校长打电话讲了事情的经过。然后，他们告诉我，要我对待贝尔塔就像对待其他人一样，她踢我是因为她长得太高，自己觉得很尴尬。她并没有那么讨厌，她只是对自己感觉很糟糕而已。

杜布森博士：茜茜丽，这个忠告真是很好。你能够想象她的感受吗？首先她被取了个绰号叫“大个子贝尔塔”，然后每个人都躲着她，这两件事让我都想踢人了。贝尔塔受伤很深，这使她反过来伤害你。你第二天去学校怎么处理的这件事?

茜茜丽：哦，她有几个朋友，她们三人常待在一起。我每一次在大厅里看见她们，就朝她们微笑。我想一开始这让她们有一点儿生气，但是我继续对她们微笑。后来，她们再也不对我做任何不好的事情了。

杜布森博士：你也渐渐地接纳自己了，对吗?

茜茜丽：我想我还在努力。

杜布森博士：你还在解决这个问题的过程当中?

茜茜丽：是的。

杜布森博士：你可能一生都需要不断地来解决这个问题。

茜茜丽：我知道。

杜布森博士：我们大多数人都在做同一件事情。佩吉，你是想说什么吧?

佩　吉：你谈到被朋友伤害的人。嗯，我小的时候，曾经遇到了意外事故，我有一个夏天不得不跛着脚走路，因为我的腿骨折了，我不得不穿着怪模怪样的、像高跷一样的鞋子上学，而我一点也不想穿，我常常从家里偷偷地带上其他鞋以备在学校里穿，免得遭到同学们的嘲笑，这样持续了有几年。你知道吗，同学们常常叫我“跛子”，而我不是的，被这样取笑令我很伤心。即使今天我有时候还会想：“但愿我像某个人一样，因为他这么棒。这样的话，人人都会喜欢我，因为我是这么好的运动员。”这就是我一直想要成为的人——成为某个出类拔萃而不被嘲笑的人。

杜布森博士：你们都有同样的感受，这是不是很有趣?这正是我要表达的观点。如果我们挑选1000名青少年，并问他们每一个人我问过你们的问题，几乎每一个人都会给我们讲一个类似的故事——被嘲笑，与同学不一样，不被他人接纳。这是每个人都经历的事情。

那么，请告诉我为什么——为什么我们不得不忍受这些艰难的时刻？有没有办法避免呢？

格琳恩：我曾试过用错误的方法解决问题，就是与受追捧的人群交朋友。我所在的中学里有两个不同的群体。一群人聚会到深夜，回家还向家长撒谎。而另一群人努力成为更负责任的人，他们相信表现得粗野并不能实现自我。但是，对我来说，在这两群人中作出选择并不容易。我跌跌撞撞进入十年级的时候遇到了新的群体，而我不知道该让自己投入哪个群体。叛逆群体人多势众，负责任群体势单力薄。当时就是那样，而我不想被嘲笑，也不想被排挤，我不想让别人认为我很怪异。因此，我站在那里，站在我人生的十字路口，不知道往哪里走。

杜布森博士：你在做明知是错误的事情时感受到了极大的压力，对吗？

格琳恩：是的！我今年刚上大二，正在承受最大的压力，有很多很大的压力。

杜布森博士：那些压力会让你去做明知有害的事情对吧。例如，我认为我们国家有很多滥用毒品的事情，就是在人们面临格琳恩所描述的压力下发生的。攻击孩子们的不是毒品，问题在于他们缺少勇气选择正确的朋友圈。你们其余的人面临过类似的选择吗？

达瑞尔：我不得不决定我是否要遵守同学们的“规则”。我知道，如果我不遵守就会被撵“出局”。

杜布森博士：达瑞尔，请举个例子解释一下，你需要遵守的规则是什么样的？

达瑞尔：好的。例如“保持酷”的规则，不许流露真实情感免得遭到嗤笑。但是，几乎在每一个方面都有规则。

杜布森博士：有关于衣服的吗？你被告知应该穿什么衣服了吗？

达瑞尔：对！

杜布森博士：还有应该怎么说话？

达瑞尔：对！

杜布森博士：还有用什么俚语？

达瑞尔：是的。一段时间之后，你要使自己相信，无论如何那是你真正喜欢的。我的意思是说，你要认为自己并不是在遵守规矩，而是碰巧喜欢，大家都穿同样的Levi's牌牛仔裤、鞋子和T恤。当你的衣着款式变化的时候，你知道一定有其他力量在影响你的态度，这力量就是同辈压力。

杜布森博士：那么毒品是怎么回事？你们有人遇到过别人给你们麻醉品吗？

格琳恩：我遇到过，在初中。我们学校有一个公告，是图书管理员竖的一块牌子，上面写着毒品的危害。我在看公告牌的时候有人走上来说："看起来不错啊？"他们居然就在那儿递给我毒品！当时我上七年级，对毒品一无所知。当我给妈妈讲这件事的时候，她吓坏了。她说："我小的时候从来没有遇见过这样的事。"她总是说这样的话。

杜布森博士：茜茜丽，有人给你提供过毒品吗？或者你见过有人使用毒品吗？

茜茜丽：没有，我从来不与粗野的群体混在一起，我总是待在安静的群体中间。

佩　吉：格琳恩说，她的妈妈不相信学校里能够得到毒品。哦，我父母也很难相信这是真的。但是，你知道吗？社会变了，新潮流来了，而人人都想加入疯狂的一族。但是，我担心我们长大成年以后，我们的孩子们还会遇到什么。如果我们曾经吸毒或者做过错误的事情，我们将怎样面对我们的孩子遇到的类似环境？我们应该怎样回应他们？

杜布森博士：佩吉，这些问题很好，因为这一天会很快到来。你将发现你会努力让你的孩子避免犯现在这样让你们忧虑的错误。

茜茜丽：我认为我们面临的许多问题源自疏于与父母沟通。我们将一切埋在心底，而不愿意告诉那些可能会帮助我们的人。我们会讲给面临着同样问题的伙伴听，但是他们也没有答案，不知道应该说些什么。举例来说，格琳恩讲给她妈妈听了，这可能是她最明智的做法。但我绝不会告诉我父母任何事，因为，你知道吗，他们只会乱发一通脾气，对学校很恼火。我认为很重要的一点就是与父母保持很好的关系。你可以向他们敞开，而不必担心他们的回应。他们会告诉你于你有益的答案。

杜布森博士：你们两个现在提到了讲给父母听的问题。其他两人呢？达瑞尔，你会讲给你的爸爸妈妈听吗？

达瑞尔：我没有什么机会给他们讲毒品的事，因为我从来没有遇到过这个问题。但是我认同这个观点：如果成年人能够“收听”我们的心声，他们就能够帮助我们处理我们面临的困境。但是，有时候他们也不明白我们发生了什么。例如，我上九年级的时候遇到一位不在我们的世界中的老师。当时我们坐在教室里，一股很明显的甜甜腻腻的味儿从大厅飘进了教室，人人都知道这是大麻味儿，除了老师（大笑）。我们正坐在那儿读书，你看我我看你，知道吗，我们努力忍住不笑出声。这位正在评卷的老师突然抬起头说：“哎呀！什么这么香啊？”（大笑）她一点也不明白我们为什么会笑，这令她很生气，是不是？她是那种从来不会往这方面想的老师。现在我们学校在这方面做得好多了，学校组织了大型防止吸毒的项目，即便如此，做得还是很不够。

杜布森博士：达瑞尔，你会向你的父母讲其他让你烦心的事吗？你会在他们面前表达你的情绪吗？想想你从海滩回家的那个痛苦的晚上（顺便说一下，我有过类似的经历）。你告诉爸爸妈妈了吗？

达瑞尔：是的。我跟爸爸讲了，我爸爸妈妈都成长于很严格的信仰环境。我妈妈仍然……哦，我不想说她心胸狭窄，不过，我爸爸见识更广，也更有弹性。他是牧师，因而知道怎样为有问题的人提供咨询。他告诉我不要太在乎他人的嘲笑并帮助我理解为什么要如此。但是，你知道吗？我发现我变得有点儿轻视自己。我穿着那么傻的衣服——这一点也不好玩，但是它真的很傻（大笑）。人们会拿你找乐子，而这就是我的情况。第二天我就扔掉了那件衣服，你明白吗？

杜布森博士：一个人会逐渐地学会如何避免同龄人笑话他。在被刺伤几次以后，他会发现什么是危险的，什么是安全的。佩吉，你呢？

佩　吉：有时候我觉得讲给爸爸听要好过讲给妈妈听。我想，主要是因为他也曾经是男孩，因此他理解我面临的某些处境，他总是鼓励我选择正确的朋友。

杜布森博士：好，佩吉，你提到了一个特别重要的点。我们都会受到周围人的影响，即使成年人也会被社会压力影响。基于此，你们必须作出的最重要的抉择会受我们所选择的朋友的影响。如果你们选择了错误的朋友圈，他们就会负面地影响你们，这是肯定的。几乎没有人有这样的自信：能够忍受亲密朋友的批评。

达瑞尔：我现在就处于一个有趣的情境中。我刚刚上完初中，而我的小妹妹刚上初中。昨晚她很心烦，因为她下学期可能不得不去另一所学校上学，她给我讲了她的烦心事。我给她讲了我们今晚要讨论的话题。我一边给她讲一边跟自己说："我在干什么？这怎么像是三年前的回声，我是爸爸，而她是我。"（大笑）明白吗？就像我爸爸的话从墙上弹回来，又弹向了她。我看得出她的问题根本不是什么严重的问题，因为我有过同样的经历。我不断地想："她为什么不明白我在告诉她世界上最清楚的答案？"但是当年我身处其中的时候，我也一点不明白我爸爸讲的话。

杜布森博士：在你明白之前你必须去亲自经历，是吧？可以这么说，这盘录音带对10至12岁还没有经历过我们所谈的问题的听众来说，有些神秘。你也许不能完全听懂我们谈的话题，但是一旦遇上了类似的事情，就像大脑里的一盏灯被打开了，你会记得这盘带子和我们所谈论的自卑和不足感的话题。当这样的时刻来临的时候，请记住：我说过，你们每个人都极其宝贵。

正如你从上述对话中看到的，如果青少年在一个安全的环境中，并被他们信任、仰慕的成年人引导，他们是喜欢谈论自己的。这样的座谈可以说是很有用的工具，能帮助你理解被圈在学校里的年轻人。不管你选择什么样的方法，你越向儿子和女儿表明你很关心他们，并和他们在同一战壕里，你们沟通的效果就越好。

结束本章之前，我想对家有处于人生风暴中的女孩的家长贡献一个重要的建议，这个建议有可能帮助她们走出风暴。你们必须做必要的准备来保护她们温柔的心灵，当你意识到你的孩子已经在欺凌者和骚扰者挑起的战斗中输了的时候，那么与她一起坐下来像这样谈一谈一定是有意义的："噢，凯特琳，你现在的处境真的很艰难，是吗？我想告诉你，我们爱你，我们会尽力帮助你。你想换个学校吗？你可以重新交朋友，避开那些他人带给你的痛苦。如果你觉得搬家对你有帮助，也可以。"

在某些情况下，随着一个孩子在新的环境里自信心的增加，她完全可以在社交上步入正轨。也许你家附近就有一所你们经济上负担得起的与你们信仰一致的学校。也许，某所私立学校也是合适的。当然，这是每一个家庭个性化的决定，要点是你不能漫无目的地坐视不管，看着自己的孩子彻底失败。我16岁的时候，父母把家搬到了700英里以外，让我可以重新开始。我改正了一些错误，吸取了一些新教训，交了一大批新朋友。在我中学的最后两年，一切都改变了。我的爸爸妈妈对我很关心，他们帮助我化险为夷。

关于损友、密友、益友的讨论就此搁笔。

第 *20* 章

问与答：初潮和青春期

BRINGING UP
GIRLS

问：前几天我在购物中心看到有几百个孩子在那里闲逛。他们互相打情骂俏，做着些青春期少年都会做的事情。他们的年龄不会超过13或14岁，但是大部分女孩发育得很好，还有很多男孩长了粉刺，是不是现在的孩子成熟得早一些？

答：是！儿童越来越早熟的现象至少已经有175年的历史。历史记录显示，西方国家的女孩月经初潮即第一次来月经的年龄从1830年的17岁提前到了1962年的12.8岁，每10年大约提前4个月。1860年的德国医疗记录显示，月经初潮的平均年龄是16.6岁。爱默瑞·罗伯特·克鲁格（Emeritus Norbert Kluge）教授最近预测，德国女孩月经初潮的平均年龄在未来几年将变成10或者11岁。[1]

美国记录显示，月经初潮的平均年龄：1920年是14.6岁；1950年是13.1岁；1980年是12.5岁；1992年是12.2岁。近年在对2510个美国女孩的一次调查中发现，她们的平均月经初潮年龄是12.43岁。在过去50年，月经初潮的年龄似乎处于稳定状态，只是第二性特征出现如乳房发育和长阴毛的年龄仍然在提前。[2]

很显然，女孩，特别是工业化国家的女孩，现在“成熟”得很早。

问：我们知道儿童“成熟”年龄变小的原因吗？

答：当然，遗传学可以提供一个成熟期发育过程的画面。但是，环境和身体因素显然也在影响那些参数内部的时间表。例如，随着某个人口群体中儿童营养的改善和一般健康水平的提高，月经初潮时间趋于提前。但是，一个有案可查的很有趣的发现表明了一个很重要的关联性，即家庭凝聚力与性发育之间是有关联的。具体地说，与父亲关系亲密、积极、正面的女孩，比那些与父亲关系冷漠、疏远或生活中没有父亲介入的女孩性成熟要晚一些。

范德比尔特大学（Vanderbilt University）的研究者们对173位女孩及其家庭进行了8年的跟踪研究，得出了这个惊人的结论。该结论发表于《个性与社会心理学杂志》（*Journal of Personality and Social Psychology*）[3]：

> 研究者发现，以下因素会导致女孩的月经初潮时间被推迟至七年级。它们是：家中有父亲、父亲更多地参与育儿、双亲共同为儿童提供更多支持、父女感情好、母女感情好。总之：父亲参与家庭生活的质量就是与女儿初潮时间相关的最重要的家庭环境因素。[4]

范德比尔特大学的这项研究被多次重复做过。其中包括一个美国和新西兰的合作研究，其研究者们跟踪研究了762位女孩，从她们5岁一直跟踪到她们的性成熟期。[5]得出了相似的结论：

> 布鲁斯·爱丽丝（Bruce Ellis）等发现，比起父亲缺席的女孩们，家中亲生父亲在场的女孩的月经初潮来得较晚，首次性活动也晚一些。父女之间越亲近、感情越好，儿童的性发育也越晚。家长的支持可以推迟月经初潮。与此相反，亲生父亲缺席、双亲关系不和与下列事实相关：月经初潮提前，性活动提前，怀孕提前。幼年没有与父亲一起生活的女孩，七年级（12或13岁）完成月经来潮的人数是对照组的两倍，在青春期发生怀孕的概率高出对照组7倍。如果家有继父，结果还会被放大：女孩暴露在继父或者妈妈男友面前的时间越长，她就越有可能更早地进入青春期。
>
> 研究清楚地表明，家庭关系紧张、父亲缺席都对女孩的初潮提前有类似的影响。爱丽丝提示，女儿在与父亲的关系中能够“捕捉信息并在身体里面形成编码”，这些编码会在她们进入青春期后校准她们生殖发育和性行为的时间表。[6]

还有其他因素影响到性早熟。据信，肥胖和脂肪分布也与之相关。此外，生活环境中的雌激素，可能是避孕药和肉奶制品中的荷尔蒙，似乎也在引发月经初潮提前来临。还有科学家提议，含有雌激素的杀虫剂和其他化学制品也起着作用。[7]

最后，月经初潮年龄与种族也有关系。非裔女孩比白人女孩发育得早，月经来潮的年龄平均要早12到18个月。非裔女孩的乳房发育平均始于8.9岁，而白人女孩乳房发育的平均年龄是10.0岁。48%的非裔女孩以及15%的白人女孩在她们9岁的时候显现出明显的青春期特征。[8]

问：女孩们性发育的早晚意味着什么？晚一些是不是比早一些更有益处？

答：你问了一个很重要的问题。月经初潮提前给孩子和家长们带来了不可预知的挑战。由于女孩通常比男孩发育得早，那些早熟的女孩要比同龄人超前很多，这可能导致严重的问题。当同龄人表现得仍然像孩子时，9~10岁的早熟的女孩却开始迷恋男孩，有月经，胸部开始发育，她们在社交上处于很不利的地位。早熟的女孩还可能因为情感不成熟而不能处理来自男孩的目光。她将比同龄女孩在以下方面面临更大的风险：性活跃、染上性传播疾病、少女怀孕。我们最近收到一封信，信上简单地写着这么一句："我12岁，怀孕了。"多么悲惨！

早熟的女孩还有其他危险：她们可能更好斗，在社交上封闭、情绪化，更可能得抑郁症。她们在学校里会有更多的问题，更有可能抽烟、酗酒和吸毒。她们成年后患乳腺癌的概率更高。[9]因此，在此这样回答你的问题：如果女孩的月经初潮时间与她的同龄女友们一样，甚至稍晚一点，她往往表现得更好。

可以肯定的是：比同龄人早来月经的女孩需要更为严密的监护，更加小心的引导，不断的安慰，妥善的医疗保护，丰富的营养以及丰富的爱。难道不是吗？

问：家长能够做些什么来阻止女儿月经过早来临？

答：可能还没有解决方法，不过内分泌学家和其他内科医生可以给儿童注射荷尔蒙来阻止她们过早发育。然而，大多数医生并不愿意这样做，除非确实对儿童成长有利。[10]如果可能的话，采取以下三方面策略将是明智之举：（1）当大量的荷尔蒙正在轰炸你女儿的大脑时，请尽力让家庭压力处于最低水平；（2）对女儿青春期的态度和行为采取淡然的态度，直到她的性成熟特征占主导地位；（3）最重要的是，建立并维持父女之间温和及关怀的关系。这时最需要爸爸多多拥抱女儿，给女儿写富有感情的短信，在女儿愿意的情况下在她床边与她谈心。正如作家麦瑞·马克柳（Mairi Macleod）写的："如果你不想让你的小公主太快长大，最好让她做爸爸的乖女儿。"[11]

问："爸爸的乖女儿"延缓成熟的机制是什么？它是怎样产生的？

答：目前，我们从最近的研究结果中知道，父亲释放化学信号可以推迟女儿月经初潮以及性成熟的启动时间。这种释放物被称为信息荷尔蒙，是嗅觉可以闻到的荷尔蒙，只是女儿和爸爸都没有意识到而已。[12]当女孩的家里没有爸爸、爸爸不参与家庭生活、爸爸没有释放信息荷尔蒙的时候，她的月经初潮就会提前来临。是不是很有趣？这就是我在前章所提到的女孩们需要爸爸并不亚于男孩们需要爸爸的理由之一，爸爸的信息荷尔蒙在不知不觉地“管理”女儿的生理成熟时间！

***

以下两个问题来自女孩的家长，涉及一些医学的内容。我将这些问题转交给我的同行洛伊·斯杜恩费罗（Roy Stringfellow）博士，她是在科罗拉多州（Colorado）的春泉市私人执业的妇科医生。

问：我有一个7岁的女儿，刚来了第一次月经。她的发育是不是太早了？

答：7岁的女孩来月经不正常。记录在册的年龄最小的产妇生产时刚满7岁。最后证明她患有脑垂体瘤，导致她早熟和月经初潮提前来临。你的小女孩需要由一位妇科内分泌医生检查一下，如果她体重超重或者在她的年龄身材偏高，这或许可以解释她身体变化的原因，但是，即便如此，7岁月经来潮还是太早了。请尽早带孩子做个医学检查。

问：我10岁的女儿很多时候有明显的女性体味儿。她经常洗澡，但是似乎到中午，或是在外玩耍之后，身体又散发出难闻的体味了。我担心她会变成其他孩子嘲笑或者贬低的对象。我的妻子说，除了有可能是荷尔蒙引起体味之外，不知道还有没有其他原因。我的女儿发育比较早。她的体重并不超重，但她在一群孩子中是个头最大的几个女孩之一，我想知道她发育较早是不是有什么原因。您有什么建议吗？

答：你女儿的情况不正常，这里可能有几个原因。可能她有阴道感染，但是这种情况很少见。另一个可能是她的阴道里有异物，小女孩有时候会注意到“下部”有个口，就想试试有多深，能够往里面放些什么，然后就往里面放了东西，却羞于让别人知道，结果就有了气味。如果妈妈以及身边的人很容易闻到她的体味，特别是她没有阴道出血，排除了月经初潮提前来临（10岁月经初潮并不算太早）的情况，表明她需要检查身体。即使你的女儿已经开始发育，她的身体有持久的异味也不正常。虽然经血导致的荷尔蒙变化以及阴道排泄物可以让身体有气味，但是没有单纯的“荷尔蒙异味”一说。还有，保持适当的个人卫生应该可以去除明显的体味。你的女儿需要接受女妇科医生的检查（即使不是男医生检查，但对于10岁的女孩来说，检查阴道也够尴尬了），最好是由专攻青少年妇科的女医生为她做检查。

***

问：我想请您（杜布森博士）解释一下月经初潮时间与身体脂肪分布的关系。是不是体重超重的女孩总是比身材瘦一些的女孩成熟得早一些呢？

答：不一定，但是体重似乎与早发育或晚发育有关联。例如，经常参加体操训练的儿童常常比较苗条，其身体发育稍晚。如果你们看过奥林匹克体操竞赛，一定会注意到女选手们的胸部通常比较小，说话声音更像孩子，没有发育成熟。她们一旦不再运动就开始发育了。身材苗条的马拉松长跑选手患有闭经（不来月经）的情况也并不少见。[13]

强化训练一度被认为对女孩很有害。我还是孩子的时候，记得女孩们被禁止参加繁重的体力训练，尽管今天我们觉得这很傻。当时的女篮球选手不被允许全场跑，而只能主攻或者防守。比赛规则要求她们站在中线等待球被传到己方球场终端。

如今世界变化真大啊！现在最好的一些女性田赛选手，如职业网球选手17或者18岁就能进入前五排名。特雷西·奥斯丁（Tracy Austin）1979年赢得美国公开赛网球冠军的时候只有16岁，成为史上在重大赛事中胜出的最年轻的选手；塞雷娜·威廉姆斯（Serena Williams ）赢得1999年公开赛冠军的时候差几周才满18岁。[14]俄罗斯美女玛丽亚·莎拉波娃（Maria Sharapova）赢得2004温布尔登锦标赛（Wimbledon championship）冠军的时候刚满17岁。[15]

认为女孩超重引起性成熟提前的观点一直持续到最近。[16]但现在这种观点正在被质疑。加州大学圣巴巴拉分校（University of California， Santa Barbara）的威廉姆·拉赛克博士（William Lassek ）说，关键因素是脂肪分布的部位。他这样写道：

我们的研究发现，女孩的臀部和大腿部位积累一定量的脂肪时，月经就要来临了；而女孩的腰部积累更多的脂肪，即有更多的腹部脂肪时，则更有可能推迟月经来临。

储存于女孩臀部和大腿的脂肪富含欧米伽-3（Omega-3）脂肪酸，是子宫内胎儿大脑发育的必要物质。这种脂肪就像存在银行里的钱一样不被用于日常消耗，它会一直储存到怀孕后期才被允许使用。[17]

问：我对“划身”现象很忧虑。您能否解释一下什么原因促使青少年在她们的胳膊、腿和肚子上面乱划吗？划身时很痛，还会留下丑陋的伤疤。我认为划身毫无意义，但是我的女儿和她的朋友们总是在谈论划身。她的朋友中的一个女孩穿着带袖的长裙以遮盖身上的划身，但是她的行为愚弄不了任何人。这到底是怎么一回事呢？

答：不幸的是，青少年划身已经成为常见的、令人烦恼的混乱现象了。我们常常听到参与划身的女孩谈论它，也从那些担忧的女孩的家长和朋友那里听说它。为了解释这个问题，我在此公开一些爱家协会最近接收到的电子邮件、录音以及电话：

> 我就是一位划身者。我很难过，但我的这个问题正越来越严重。我真不知道该怎么办，我不想告诉父母，因为他们根本不在乎。我想停止伤害自己，但是不知道该怎么做。
>
> 我有个朋友也划身，她要我保密。我不想失去她这个朋友，但是我为她担忧。我还没有划身，但是我也想这样做。你能够帮助我吗？
>
> 我最好的朋友划身，她最近还开始与男朋友有了性行为。我想帮助她，但是不知道从哪儿开始。
>
> 我只有13岁，我的一个亲密朋友正在为划身而苦恼。我试过所知道的各种方法帮助她，但是她仍然要划身。她的父母知道这件事已经有几个月了，但他们并没有阻止她，也没有带她去咨询师那里。我知道他们爱她，也为她做了很多安排，但是我仍然为她担心。我最近发现她几次试图自杀，但是我不知道该怎么帮助她。她开始划身之前，有过厌食和贪食经历。据我所知，她已经解决了后两个问题，但是她现在又开始划身了。我

能为她做什么呢？

一整个夏天我都觉得好奇，想知道划身会不会让自己好受一些。当我划胳膊的时候并没有什么感觉，后来我又这样划了四次。我担心我会继续下去，我祈祷自己有力量停止这样做，但我还是一次又一次地划自己。我的朋友知道了我所做的，但是他以为我已经停下来了，而且我胳膊上的伤痕只是表明我曾经是个傻瓜。我讨厌向他撒谎，但是如果我不撒谎，他就会去告诉我妈妈。我应该怎么办？我太需要祷告了。我真心欢迎有人为我祈祷。

我是一位被划身困扰的18岁女孩。我找不到一个帮助我摆脱这个问题的网站。我害怕。

注意，这里有几个打电话或者写信的女孩说是为"一个朋友"寻求帮助。我怀疑她们实际上是指自己，这是划身者典型的行为特征。她们极其渴望帮助，但是不想冒被家长或朋友认出来的风险。典型的情况是，她们独处时会折磨自己的伤口。

因自我折磨而受伤已经成为一个较大的公共健康问题，特别是它事关青少年以及刚刚成年的年轻人。划身者使用的划身工具是剃须刀或刀子，有时候甚至使用回形针、剪刀和拆信刀。大约有4%的人参与各种形式的划身。[18]在长期自我折磨的人中，72%的人划身，35%的人烫伤自己，30%的人打自己，22%的人干预自己的伤口痊愈，10%的人扯自己的头发，8%的人真的弄断了自己的骨头。57%的划身者至少曾经过量吸毒一次。[19]

问：为什么这些可怜的青少年会如此伤害自己？我们能做什么来帮助他们？

答：就像其他任何的人类行为一样，划身的动机复杂多样。以下是目前公认的动机：故意在自己身上制造非致命伤的人一般是儿童晚期或者成年早期的女性。如果得不到医治，她可能将继续该行为直至25岁左右或是近30岁。[20]她可能受过身体虐待或者性虐待，并且至少有一个酗酒的家长或者被医学定义为抑郁症患者的家长。正如我们在前一章所谈到的，她还可能很小就有过多次性经历。她最大的痛苦来自被拒绝，也来自令人产生气愤、内疚和无助感的环境，结果是她完全厌恶自己。

简言之，这些女孩被人严重伤害过，也被生活伤害过。《心理健康咨询杂志》

（*Journal of Mental Health Counseling*）中所提到的一个女性这样说：她划自己的大腿，就是她遭到虐待的部位，目的是“提醒她早该知道过去的经历有多痛苦”。[21]

哈佛大学研究员朱迪斯·路易斯·赫尔曼（Judith Lewis Herman）发现，性虐待受害者是最有可能划伤自己的人。遭受性虐待的时间越早，受害者伤害自己的行为就更为严重。[22]亨利·沙皮偌（Henry L. Shapiro）是一名行为发展儿科医生，主攻学龄儿童各种问题的评估和治疗，如学习障碍、发育障碍、行为问题等。他报告说：“性虐待幸存者经常因为被虐待而责怪自己。作为成年人，她们在身体上伤害自己以惩罚自己的‘坏’行为，这样就使得她们的受虐期不断延长。她们就可以借此表达对自己的强烈的愤怒情绪。幸存者常常不能把自己看成是可爱的人。由于她们不能击打施虐者的身体，她们就常常击打……自己的身体。”[23]

问：我理解，伤害自己的人正在对自己“发怒”（指向自己的愤怒）。但是，她们为什么不断伤害自己的身体而使得问题更为严重呢？

答：这是一个过于简单的解释，不过还是有意义的。划伤自己的女孩缺乏这样的能力：调节焦虑、处理痛苦的记忆以及过滤内心“糟糕的感觉”的能力。当这些女孩自我伤害的时候，她们的大脑里会释放恩多酚带给她们愉悦舒服的感觉。这种感觉很短暂，但是她们连这样短暂的放松也极其渴望。这比较好地解释了这种行为。

还有一点家长们应当知道，这一点可能有点儿太过专业，不过，划身者和其他伤害自己的人患有“边缘性人格障碍”。[24]其特征为饮食紊乱、情绪不稳定、难以维持友谊、冲动、高自杀率或者高自杀未遂率，特别多发于少女和年轻女性中。根据一份研究，87%的治疗中的女孩至少有一次试图自杀。[25]具有边缘性人格障碍的人也是成瘾行为特别是毒品和酒精的易感人群。[26]

最后再提一点，青少年的大脑神经传递的血清素水平偏低。换句话说，青少年在旁观者看来“毫无意义”的行为，不仅仅是情感综合征，也反映了化学和心理方面的紊乱。

问：我正好有一个15岁的女儿。她正像你所描述的那样，这令我的心都碎了。我怎样做才可以帮助她呢？我已经与她进行过长谈，但是她一言不发地回到自己的房间，又开始划自己。我觉得她恐怕也不理解自己为什么要这样做，而且事情过后

又会为此感到尴尬。我必须知道怎么才能帮到她。

答：我急切地希望你立刻寻求医疗和心理方面的帮助。去找一个这样的服务机构：工作人员都是训练有素的专业人士，能够理解这种病情，也知道怎样与青少年打交道。你的女儿可以被医治，但是没有专业人士的帮助，你自己不大可能帮助她康复。

现在你知道她可能会有什么样的感觉，你肯定会用同理心给予她鼓励和同情。但是，对于厌食症和其他的饮食紊乱患者，仅仅谈话和讲理对他们并不起作用。也不要生气或者对她说“我请你停止这种行为”。走进你的青春期孩子的内心，要好过你逼视她的眼睛。

请原谅我对该问题回答得这么细致，但是有破坏性行为习惯的女孩需要我们的理解和干预。

问：**我12岁，快13岁了，我有个男朋友，我们想接吻。但愿我们现在就能结婚。我知道与一位还是中学生的男朋友结婚的人很少见，但是我似乎觉得他就是那一位。你个人认为我是不是年纪太小，不能做我刚才说的事？爱你。杰可儿。**

答：你好，杰可儿，谢谢你给我写信，我认真读了你的信，坦率地说，我很难过。我知道你会认为我不懂你的感情，但是我的确理解你，我也曾经有过十二三岁的年纪。我在此强烈地表达我的观点：你亲吻你的中学生男朋友（或者任何年级的男孩）并想在如此年幼之时与他结婚，这样的行为和想法大错特错了。他可能看起来像“白马王子”，但是我敢保证，他不是的。你正过早地做成年人才能做的事，在这条路的尽头等待你的是痛苦和失望。

要知道，人生是有时间表的，越过时间表的超前行为会把一切搞乱。超前行为所造成的后果会令你一生遗憾。看看你的周围，你有没有看到有人12岁就计划结婚了？连法律都禁止这种行为，法律的禁止是有道理的。

你真正需要的是一位可以信赖的成年人，即你的父母或是专职于青少年服务的人员，或者学校的咨询师。将你的想法告诉他们，仔细听一听他们所说的。他们会知道怎样引导你。有人爱你，杰可儿，我也爱你。给自己时间长大吧，你很快就长大了。我希望我的回答对你有帮助。

问：尽管我努力使我11岁的女儿保持儿童状态，但她的身体以及其他方面仍然发育得太早了。我不知道怎样面对她那青春期的无礼态度。似乎她总是那么从容，而我却总是在生气发火。这影响了我们家其他人的生活。不幸的是，我们负担不起咨询费，我读了不少资料却收效甚微。救救我！

答：她的童年究竟发生了什么？我能想象你家里的生活是怎样的。你的女儿还是孩子，你却已经在对付青春期荷尔蒙的影响了。

我需要了解与你的情况相关的事情，才能帮助你面对问题。例如，孩子的爸爸在哪里？如果我为你家做咨询，我会将他看作潜在的资源。他应该比以前花更多时间陪伴女儿。如果你有成年的哥哥弟弟，或者有牧师、教练能够向你伸出援手，请他们帮助你一起处理这个问题。

你说你支付不起咨询费。我想问一问，如果你们家有人得了重病，你会付医疗费吗？如果这很重要，即使为此借钱也是值得的。从某种意义上说，你的女儿生病了。你们全家人都需要得到帮助，你们家需要更加和谐。

我相信你知道你描述的一切都与“经前综合征”（PMS）有关。她的大脑里很热闹，而你的大脑里也熙熙攘攘。但是，你以怒气爆发回应她的发狂只能起反作用。我来解释一下。

针对目前的问题没有捷径。但是，很显然你在犯一些情绪管理方面的错误。尖叫发脾气只会使事情越来越糟糕。在我看来，你似乎降到了你女儿的水平，并像她的同龄人一样反应，而你一定要表现得像她的家长并像家长一样引导她。

怎样才能做到呢？你手中握着满足女儿所有愿望和需要的钥匙：譬如允许她做某件事，允许她出外活动，拥有零花钱（如果有的话）以及令人羡慕的衣服，供给她饮食，洗熨她的衣服，允许她看电视，等等。这一切都在你的监管之下，或者说至少应当如此。我建议你与她谈谈，告诉她你知道她目前正经历一个困难时期，而她必须更努力地克制自己的怒气。乱发火非但不能解决困难，反而会伤害家人。这就是你为什么要帮助她表现得更有礼貌。以后，她的愿望能否得到满足要取决于她是否愿意合作。

在与女儿谈话时，你可以这样说：“我希望你知道几件事。第一，我爱你，远超出你知道的。我将你带到这个世界上，如有必要，甚至愿为你牺牲生命。今天我对你讲这些是出于我对你的爱。第二，因为我如此爱你，我不允许你继续用于己于人都有害的方式说话做事，请马上停止！第三，我有责任让你尊重我，并且尊重你的兄弟姐妹。如果你做不到，我会在许多方面令你感到痛苦。如果我说要采取措施，我会说到做到！”

“你选择了艰难生活一直到你愿意合作为止。这个家对你来说不太令人愉快。当你厌烦了没有特权和禁止出门的生活，我们可以重新选择。那时，你最好乐于接受按规定做事，因为规定会被强制执行。如果你想与我谈谈，我很愿意听听你对不公平或挫折的感受。但是，尖叫、摔门……（自己填空）等行为是不被允许的。理解了吗？理解了，好。你想说点什么吗？”

然后，鼓足勇气，持续、坚定地“论功行赏”。不要用怒气来控制你的女儿，因为怒气并不起作用。她不仅不会在乎你是否生气，你生气时，她在战略上还赢了。简言之，你的态度要比以前更强硬，但不是像青少年一样发脾气。当她愿意协商的时候，你要以尊重和坚定的态度回应她。

这听起来容易做到，但我知道其实这并不容易。尽管如此，你也一定要控制住这个孩子。她能这样恐吓全家人，与她的年龄很不相符。正如你谈到的，家里还有其他孩子看着这场混战，他们所看见的会被刻画下来，成为你与他们的关系模式，这种模式会追随着你与其他孩子的关系。在你其他的孩子还没有到青春期的时候，你就已经输了。至于这个11岁的孩子，你要赶快使她回头，几乎没有什么剩下的时间了。若不然，她年龄再大一些或者个头比你高一些的时候，她会不断冲你发作。我并非建议你以任何方式虐待她，而是你必须负起责任，绝不再让这个孩子看到你失态。无论如何，不要在她面前哭！你目前身处的这场战争输不起。你能赢！

问：我的孩子们都快成年了，我现在才发现自己在教育孩子方面犯了很大的错误。我和丈夫关系不好，最后离婚了。家里有人严重酗酒。我们极其忙碌，试图维持两份发展得很好的职业。很多时候，我们晚上都不在家，也很少在一起。当我们的孩子出生的时候，我们一点也没有意识到教育子女会这么难，这么重要。孩子青春期这些年对大家都很难。我看着这几个马上要成年的头脑糊涂的青少年，就会流

泪。供我们弥补的时间所剩无几了，我还能做些什么？（署名：一位懊悔的妈妈）

答：我理解你的懊悔，你的许多同龄人也有同样的懊悔。我有一些想法，可能会对你有所帮助。首先，球赛还没有结束，你还有机会。你的青春期孩子在不久的将来，将与现在不一样。青少年将要进入成年，好的一面是他们也开始成熟了。现在看起来你有很大的失误，但在未来几年结果会不一样。其次，我猜想，你作为妈妈比你以为的要好。养育孩子是一项很令人愧疚的工作，没有人（没有任何一个人）表现得完美无缺。我们不是完美的父母，就像我们不是完美的人一样。在一个快节奏的世界中养育孩子真是无比复杂，生活本身常常与我们善意的愿望背道而驰。但是，孩子们是有弹性的，他们常常会出落得不错。

亚当和夏娃没有电视，没有色情，也没有不好的伙伴或者其他不良影响会导致他们走入迷途。然而，他们还是那么顽固、偏行己路，这就是人的天性。我的意思是，如果你因为孩子所犯的错误而内疚得无法自拔的话，那你就错了。

正如我试图在本书14章（文化之河）传达的，孩子们今天被暴露在有害影响之下，防止他们接触一切负面的东西是不可能的。我们要尽我们所能在文化之河中一路引导他们，避免他们被淹没。你看到孩子们身上的问题，而将一切责任归到自己身上，这不合理同时也不公正。另外，看到孩子们身上的优点而将功劳归于自己也不合适。每个人都是一个能够独立作出决定的自由的道德载体，作出的某些选择其结果是好的，而另一些选择的后果则是坏的，你不能为他们承担一切而自责不已。

每一个人都要为自己的选择和行为负责任，父母可以将道德原则教给孩子们，但是最终要负责的是他们自己。这一点你明白了吗？

孩子们小的时候你已经尽你所能了。我相信，你是以爱为他们做事情的。我不怀疑你和你丈夫犯的错误很严重，也令人遗憾。但是，过去的已经过去了，将它放下吧，继续向他们表示你爱他们。当他们向你寻求忠告的时候，请认真思索。但是，不要让内疚感重重地压着你，那只是通往绝望的捷径。

第 *21* 章

保护女儿：

警惕来自科技的侵略

BRINGING UP
GIRLS

似乎家长们还没有十分留意到一个情况，他们已经身处一个对孩子极其有害的网络和媒体世界。我一直在寻找可以帮助他们面对网络和媒体危害的入门资料，我认为我已经找到了。我在本章所讲的内容属于家长必读，可以帮助他们的孩子在当今混乱的技术和娱乐世界中不偏离人生航向。

我准备将本章交给爱家协会信息部主任鲍勃·瓦里茨维斯基（Bob Waliszewski）。鲍勃和他的团队建立了一个理当获奖的网站（http://www.pluggedin.com），上面有关于新上市电影的最新评论文章。对于那些影响年轻人的流行文化元素如最流行的音乐、电视秀、DVD光碟、电子游戏等，网站上也有介绍。鲍勃对媒体界的理解和洞察力无人能及。我感谢他同意我将他的专业成果在此分享。

考虑到篇幅限制和涵盖的主题，本章的建议可能不能令技术专家们满意，但是我相信这里的信息，对那些无法面对现今世界的技术和娱乐业挑战的家长们来说，还是很有价值的。坦率地说，现今每一个年龄段的人所面临的诱惑都多得惊人，令人难以置信。

如果你对侵入你家的色情图片、伺机捕获孩子的网络恶棍，以及好奇的准青春期和青春期孩子在网上尝试的乱七八糟的东西，觉得有必要给予关注的话，那么继续看下文吧。保护孩子们的清白是一个无比艰巨的任务，但是我确信鲍勃的远见卓识和建议可以武装你，使你能够胜任这份艰巨的工作。

家长如何面对媒体和技术

你们有没有意识到，年龄8至18岁的人使用媒体的时间平均每周44.5小时？[1]这等于是一份全职的工作还加了几个小时的班！基于这样的使用程度，媒体已经成为某种“同龄超人”（Super-peer），影响和塑造着孩子们的价值观，这丝毫不奇怪。

居于媒体陷阱之首的是无所不在的互联网色情。能轻松上网外加个人电脑具有较大的匿名性，赤裸裸的色情画面仅仅在无抵抗力的人点击一两下之后就可以出现。长期以来，互联网色情被看作是“不伤害他人的犯罪行为”（victimless crime），但是事实恰恰相反。

努力保护孩子的家长可以为孩子切断色情源头。据美国保护家庭和孩子全国联盟（The National Coalition for the Protection of Children and Families）估计，目前有30多万家色情网站。据美国失踪和被剥夺儿童国家中心（The National Center for Missing and Exploited Children）报道，年龄在10至17岁使用互联网的孩子中，7个人中就有1个人曾经在网上被要求发生性关系，而他们中间有34%的人不情愿地、被动地看到了裸体照片。[2]在过去10年中，由国家管理的儿童性侵举报热线（Cyber Tipline）接到了近74万起举报儿童被性侵犯的案例。[3]即使对那些从来不涉足互联网阴暗面的年轻人，色情照片也正日益成为他们日常生活的一部分。当我们认识到经常接触色情音乐、电视节目和电影的青少年在16岁时可能发生性行为的概率，是不常接触这些内容的同龄人的两倍，我们就更加不安了。[4]甚至对R级影片敬而远之的家庭也有接触到色情照片和色情对话的风险，因为许多被列为PG-13和PG的影片也沾染了极其色情的内容（就像流行音乐和电子游戏一样）。[5]

爸爸妈妈们应该怎么办？我建议，身处色情媒体无孔不入的文化氛围中的父母，要有意识地培养孩子选择高雅的娱乐活动。这不仅仅因为现今的电影、音乐、电子游戏、互联网、电视节目等已经越来越情欲泛滥，充斥着暴力和低级趣味，常常鼓励吸毒、酗酒，还因为各种形式的娱乐现在可以经由各样的新平台和小玩意儿充斥于人们的生活中——在比历史上任何时候都要快的技术变化的推动下。

控制和限制年青一代使用这些电子产品是家长与孩子间发生冲突的一个原因。他们常常会因为孩子使用Facebook和 MySpace等社交网络的时间而发生争执。孩子的同龄人有许多人每天上网好几个小时。你的女儿可能要求你允许她无限制地用手机发短信，或者她喜欢在家里戴着耳塞无休止地听MP3播放器上的音乐，也许她想与全球的电子游戏玩家们一决雌雄。针对电影和电视还有一个由来已久的争论：哪些节目适合孩子们看？哪些不适合？随着无线互联网和手机的使用，你的女儿可能被动接触到各式各样的有害影响——就在你的眼皮底下。

不管你生活的具体环境如何，如果你家有青春期或准青春期女孩，帮助她们警惕媒体的有害影响是很重要的，免得她们成为那些送上门的，貌似天真好玩、娱乐性强，实际上应该回避的内容的俘虏。我确信，我们耳闻目睹的东西常常会变成刻在心底的道德规范。

将技术视为家庭朋友

我女儿结婚之前，我们全家最后一次一起度假。一天晚上就餐时，餐馆的背景音乐播放着20世纪60年代或70年代的古典音乐。

我提议全家人参与一个比赛："说出艺术家的名字。"这不是个公平的比赛，因为这些音乐对于我的孩子们来说几乎是陌生的，而我的妻子也从来不关注那一个时期的热点。但是，有一首曲子难住了我，我听着耳熟却想不起乐队的名字。这时，我儿子掏出手机点了几下后自豪地说出了艺术家的名字。怎么可能呢？他的手机居然有一个可以识别歌曲及其创作者的功能，你看！

就在几年前好评如潮的产品，现在已经躺在二手商店里落满灰尘。是的，技术发展的速度极快。评估新产品和技术相当于一份全职工作。而好消息是，我们无须成为技术迷，只需要了解我们的孩子正面临着什么并熟悉其好处、隐患和安全防范措施。我完全相信，不管你们对新技术知识了解多少，保护女儿远离技术的负面影响，需要你们的积极介入。

想想患有偏头痛的17岁的米克拉·埃斯皮诺说的话："无论何时我听到电话响，就会醒来回复。我认为一大群孩子都在整夜发短信。"[6]

米克拉的医生确定，她的偏头痛是由过度发短信而致的过少睡眠引起的。"在技术时代之前，太阳一落山我们就睡觉，"睡眠障碍专家米瑞茨·皮瑞茨医生说，"现在青少年们因着使用手机和电脑，在自己的房间里熬夜熬到很晚，而他们的父母对此毫无所知。"[7]

皮瑞茨的结论是，家长毫不知情就是一个提醒。如果米克拉是你的女儿，你会怎样做呢？这是一个好问题。我会先问些问题，以便了解女孩们用来获取信息、与朋友交往以及娱乐消费的设备和系统。米克拉的父母只要仔细查看每月家里手机消费的账单，就能够避免女儿偏头痛的事情发生。但是，这难道不是窥探行为吗？我认为不是！在现今的技术时代，这叫智慧育儿法。我对孩子们讲，我们家的电子邮件、即时消息、互联网浏览记录都是向全家人敞开的。他们可以看我的，我也可以看他们的。我可以查看他们浏览的网址，他们也可以查看我做了什么。当孩子们仍然生活在我的屋檐下的时候，我会定期查看他们的社交网站。我不仅要看孩子们怎样表达自己，也要看他们朋友们的网址。我看他们的朋友们所晒的照片、他们对民意测验的投票以及他们填写的调查问卷。有些父母可能不愿意监控孩子们的活动，以为这是在侵犯隐私。但是，请想一想：2008年，有22%的经理在录用应聘者之前曾经查看过他们在社交网上的自我介绍。一年后，这个数字跳到了45%。[8]如果潜在的雇主们都需要做一些窥探，家长们是不是更加需要了解孩子身上正在发生的事情？有史以来，如此有害的内容从来没有如此频繁地出现过，它们正在侵犯你的女儿！我认为，对这些网址不做监控是不明智的。

据《分心：受到侵蚀的注意力及黑暗时代的来临》（*Distracted: The Erosion of Attention and the Coming Dark Age*）一书作者麦琪·杰克逊（Maggie Jackson）所述，青少年生活在“习以为常的干扰文化之中，我们的时间和注意力被无休止的电话、电子邮件、即时消息、短信以及微博推文（tweets）打断”。[9]青少年们需要学习怎样管理密集的信息侵入，也需要了解他们要为网上的选择行为负责任。

因此，你知道你女儿目前用iPod听哪些歌曲吗？或者她是否更喜欢在网上自建一个广播站？你知道她常去哪些互联网站吗？提供安全服务的赛门提克公司（Symantec Corporation ）在诺顿公司（Norton）开发的家长控制软件的帮助下，识别出孩子们浏览的排名前100的互联网搜索，排在首位的是YouTube，排在第四的是性，排在第六的是色情。[10]

当然，提供给孩子们的并不都是令人质疑的，有些是教育性的视频，某些教育视频还很有趣。可疑的并不是音视频技术本身。但是，请相信我这一点：尽管许多流行在线网址声称他们不会让色情或暴力以及下流的内容出现在网站上，但是恶劣的内容的确在YouTube及类似网站上时有出现，而隐晦色情更是家常便饭。

赤裸裸的色情时不时地通过几乎24小时不间断上传的视频混进网络。[11]如果没有家长的引导，YouTube网站可能会很快从家庭朋友变成主要敌人——特别是当我们知道年龄为2至11岁的孩子每周花在网上的时间平均是11小时，并在过去5年以63%的速度增加的时候。[12]

移动电话可以是奇妙的通信工具，也可能带来巨大的伤害。例如，每5个青少年就有1个人承认曾将自己近乎淫秽的照片通过手机或者电子邮件发给他人；有11%的青少年曾将这样的照片发给完全陌生的人。[13]“涉性彩信”（Sexting）也可能成为骚扰和欺凌他人的工具，特别是当不太友好的同龄人用手机照相功能在更衣室和健身俱乐部拍摄的时候。2008年7月，18岁的杰西卡·罗甘因着男友再三要求而妥协，自拍了一张裸照，当这张裸照被转发给其他中学生后她上吊自杀了。这个后果远超出一般的欺凌行为。据她的母亲西尼卡·罗甘说，杰西卡受到同龄人的骚扰，被贴上“荡妇”和“妓女”的标签，甚至还有人朝她扔东西。[14]这种欺凌行为令她非常痛苦，甚至丧失了活着的勇气。

限于篇幅，这里不能深入分析当前传递信息和娱乐的各种方法和系统（关于该主题的文章、新闻和引文会定期在网站http：//www.pluggedin.com上更新）。我再次重申，如果没有你们的定期监管和介入，你们的女儿就不应当在潜在的技术雷区中漫游。

善于用科技手段守护你家

科技可以是敌人，也可以是全家人的好朋友。我在此重点介绍现今的几个科技亮点，它们也是家庭必备品，可使家长更容易保护儿女。以下几种可供考虑：

DVR硬盘录像机

目前有31%的美国家庭拥有这种电视录音设备，我认为家长应当考虑购置这种装备。最重要的是，DVR能够用来录制符合健康家庭标准的好节目。此外，DVR可以让家庭在方便的时候观看节目而不是按电视台的时间表观看。就我个人而言，我希望能够在不到半小时的时间内快速看完4小时的足球赛。这多节省时间啊！谁不希望日程中能多出几个小时呢？

ClearPlay过滤机

这种机器在许多书店以及爱家协会网站上都有出售：http：//www.focusonthefamily.com。它可以使家庭租到或者买到不良内容已被剔除的电影和电视连续剧。如果想了解最新上映电影的编辑更新，请上这个网站：http：//www .clearplay.com。

互联网过滤器

互联网可以帮助你女儿为期末考试准备功课。同时也使她处在暴露于不当网站的危险中。因此，越来越多的家庭使用互联网过滤产品。这些软件系统可以搜寻网络并限制打开具有暴力和色情内容的网页。如果有人试图打开不当网页或者不当邮件，有几款产品能够提醒家长（更多信息请搜寻该网站：http：//www.focusonthefamily.com）。

有关媒体影响的智慧之见

几年以前，球赛秀主持人帕特·萨捷克（Pat Sajak）这样谈到电视和电影："电视人会戴上眼罩并完全否认——电影人也是如此——他们能够制造影响，并使我们的社会更加病态。你知道这样的争论：'我们只是反映了所发生的事情而已，我们并不能使之长久存在。'然而，不到一周前，就在本市（好莱坞）的一个颁奖礼上，他们彼此拍着背说'你唤醒了人们对艾滋病的认识'或'由于你制作的佳片将不会再有儿童受到虐待。'这个争论就是：你只会制造积极的影响，而不会制造负面的影响。这种争论没有意义。"[15]

萨捷克击中了要害，娱乐业可以产生不可想象的影响力。目前媒体传播信息和内容的手段超强。幸运的是，当家长采用便于实施的媒体管制措施导航的时候，还是可能成功引导文化走向的。

另外，尽管有许多娱乐产品跨越了性别界限，然而当好莱坞、音乐界、电视高管特别瞄准我们的女儿的时候，她们所面临的挑战特别巨大。

我每天坐在电脑前的时候，眼睛经常落在我喜欢的比尔·科斯比（Bill Cosby）说的一句话上，我几年前剪下它钉在桌边的一块板上："广播公司说，他们不会影响任何人。如果这是真的，他们为什么播广告？我为什么拿着Jell-O牌布丁坐在这里？"[16]

向科斯比先生致敬！他知道媒体有巨大的影响力，或是善的或是恶的。如果区区30秒就能够让我们购买Jell-O牌布丁，开某种车，使用某种牙膏，或者喝可乐，支持这些产品的广播公司也能够以网站、戏剧和电影影响人们的行为。

例如，当媒体将人类的性亲密描绘成一个随随便便的行为的时候，一些年轻人就会模仿他们的所见所闻。2008年5月，ABC新闻引用了一个当年22岁的年轻女士所说的话，她这样解释电视剧《欲望都市》怎样一步步引得她模仿里面的主角。“当你还是青少年的时候，你试着模仿电视上的人，”化名为丽萨的这位年轻女性说，“凯莉抽烟，所以我也抽。萨曼莎把随意勾搭人不当回事儿，所以我也这样做。”[17]现在丽萨认识到《欲望都市》中关于性滥交的观点是骗人的东西，她后悔自己的错误选择。但是，打破的鸡蛋再也无法复原，她被一系列的谎言欺骗了。

最近几次研究证实丽萨的经历实在很普遍。2004年，RAND公司调查了1792个青少年，得出这个结论：观看充斥着色情和暴力内容电视节目的人发生性行为的比例，是很少看这类节目的同龄人的两倍。[18]两年以后，RAND公司证实，音乐也有类似的影响。据报告，那些常常听色情音乐者发生性行为的比例，是很少听这类音乐的同龄人的两倍。[19]许多其他研究也证实了这一发现，年轻人常常受到所看到、所听到内容的影响。

每位家长应该采取的六步骤

由于媒体有巨大的力量可以引导和影响人们的思想和行为，你们打算怎样训练女儿安全穿越当今娱乐和科技的雷区？以下是一些思路：

1. 家长示范。如果女儿观察到你们并没有在娱乐选择上遵守原则，再没有什么比这更能侵蚀你们教导的是非原则了。

2. 制定书面的家庭媒体公约。口头上讲要辨别媒体是一回事，而将之形成书面，写出要求，确定界限，则是另一回事。将一份书面的媒体公约贴在家里显眼的位置，可以经常提醒其重要性（如需家庭公约样本，可以登录该网站：http：//www .pluggedin.com，并输入“家庭公约”字样即可下载）。

3. 鼓励参与积极正面的活动。现在有针对年轻人的对他们身心健康有利的产品和服务。像电影《面对巨人》（Facing the Giants）、《消防员》（Fireproof）、《奇异恩典》（Amazing Grace）等都是很好的例子（在选择影片的时候一定要考虑孩子的年龄和成熟程度）。此外，爱家协会的奥德赛（Odyssey）牌视听产品也是很好的媒体产品。此外，有很多可信赖的娱乐选项，其主题和方式都完全不会出问题。

试图在家里禁用一切媒体和电子产品，基本不会成功。有些人这样做，结果让孩子们积累了叛逆的火药——特别是当他们离开家去上大学的时候。我确信，对我们大部分家庭行得通的方案，就是替代以有利身心健康的娱乐项目。

4. 考虑“电影之夜”活动。爱家协会已经出版了几本关于“电影之夜”的书，特别介绍了高质量的主流电影，你们可以与女儿一起观看，并作为进行讨论前抛砖引玉的有趣方式。目前，“电影之夜”课程可以免费从这个网站获得：http：//www.pluggedin.com。

5. 鼓励女儿建立一个好友媒体监督系统。我自己的女儿通过教小学生如何娱乐操练了自己的分辨力。她拿起麦克风讲课以前，在中学交到了最好的朋友。她们发现一起走这条道路比一个人独行要容易。“铁磨铁，磨出刃来。”这样的朋友不容易找到，但是你的女儿应当在她的生命中找到这样的“铁”。

6. 教导她们厌恶恶。是的，你读对了。“厌恶恶”能使我们远离那些美化恶的娱乐活动。

知道这是可以实现的目标

教导分辨力、了解巅峰技术、明智而审慎地使用是可以办得到的。多年来我收到的众多信件和电子邮件中，我最喜欢的是来自乔治亚州亚特兰大市的凯罗琳娜的信：“我是您的电影评论的忠实读者，非常欣赏您愿意忍受各式各样的电影祸害，使我不用再受到毒害。几年以来，我一直阅读你的评论，学习实践分辨力……如果您知道我既不是家长，也不是法律意义上的独立成年人，也许您会觉得有一点儿吃惊。我还在读中学，并知道您很了解这一点：在我的同龄人或者稍微年长一些的人中，几乎没有人承认我们所观看的确实会对我们产生影响、正侵蚀着我们的思想，从而开始采取措施。”

所以，家长们，鼓起勇气吧！成功是可能的。正如你知道的，凯罗琳娜为自己的媒体信条感到自豪。如果你认为你的女儿做不到这些，是没有道理的。

***

鲍勃，谢谢你的忠告。我们必须保护孩子们，教导他们什么是对的，什么是错的。没有防护措施，没有监护就让他们漫游在虚拟空间和当代娱乐文化中，父母就是在玩忽职守。

第 22 章

写在结束的话

BRINGING UP

GIRLS

现在我们来到了探索培育女孩的最后一站，值得写的内容实在太多，但是现如今的父母太忙了，不会去阅读很多本书。我怀疑会有家长这样想：到哪儿找时间读厚厚的一本书呢？也许将来某一天我还会补上我省略掉的内容呢。这个主题本身范围很宽。

结束讨论这个话题之前，我仍然要回味一下约翰和史戴西·艾杰奇（John and Stasi Eldredge）的恳切之语：

> 我们都听说过，恋爱中的女性是最美丽的。的确如此，你们都亲眼见过，当一位妇女知道她被爱，被深深地爱着时，会自然地从她内心散发出光辉。这散发在外的光芒来自这样一颗心，一颗最深的疑问得到解答的心。“我孤独吗？我值得为此奋斗吗？我曾经被追求过吗？今后还会有人追求我吗？”当这些疑问得到的回答为“是”的时候，这个女人将得到一颗放松安静的心灵。
>
> 每一位女性都能让这些问题得到“是”的回答。是的，你曾经被追求过还会继续被追求。你很可爱。[1]

这些话很鼓舞人心，也完全正确。正如我们在第3章中所看到的，女孩的本性中就有这样的渴望：想知道她们对于某个人很宝贵；那个人会全心全意地爱她们。当男孩们在幻想参加比赛和展示英雄行为的时候，小女孩们已经在梦想白马王子来迷倒她们。她们希望结婚并生活在两个人的爱巢里。但是正如我们所知道的，生活并不总能兑现诺言。王子有时候会变幻无常，或是有瑕疵，抑或是从来没有出现过。

全世界有无数的年轻人在扭曲了他们的信仰和行为的世界中长大。你周五晚上到本地购物中心溜达一下，就可以看到恶劣的后果。只要四处随意张望一下，你就会看到一群群的少男少女情感迷茫、精神破产的模样。他们穿的衣服、使用的下流语言以及表达自我的极端方式，都暴露了他们心灵的贫穷，那是公开亮相的悲哀。

俄罗斯古典小说家费奥多·陀思妥耶夫斯基（Fyodor Dostoyevsky）在他的著作

《卡拉马佐夫兄弟》（*The Brothers Karamazov*）中谈到了道德相对论的后果。他写道："如果没有上帝，一切皆可为。"这正是我们今天文化的写照。由于道德指南针的缺失，不成熟的少男少女被抛入混乱的大海中，作出了毁灭自我的选择。

结束本章之前，我要讲讲挂在我们家墙上的一块小小的匾，上面写着这样一句话："我听见我的儿女按真理行事，我的喜乐没有比这更大的了。"的确如此！

***

在关于永恒的本章里，我还想给读者留下一个我并没有荣幸见过的小女孩的故事。她叫迪纳妮，只在这个星球上生活了16个月。谁能够解释为什么这么宝贝的孩子活着、爱着、长大着，却只在这个世界上生活了这么短的时间？我不知道。但是，我的心为她的父母疼痛。我是她的父母马克和柏克·沃特夫妇多年的同事，我们一同为爱家协会工作。马克寄给我一张令人难忘的照片，标题为"空椅子"，一同寄来的还有一封信。这封信我附在下面：

亲爱的杜布森博士：

今天是我的宝贝女儿迪纳妮永远安息的第6年的纪念日。我和家人又哭又笑地纪念这个日子，并相信将来定会再见到她。这时，我忍不住想起了你，想起你正在写的《培育女孩》一书。

尽管我们和迪纳妮在一起只有短短16个月，她仍然是特别的礼物。我是两个男孩的爸爸，我确信她是完全不同的可人。自我的男孩们长到可以伸出胳膊拥抱我的时候，我总是感觉他们在练习摔跤动作中的"锁头"动作。现在他们一有机会就往我的腋下钻。然而，迪纳妮的拥抱给人完全不同的体验，她从来都是融化在我的怀里，将小脸深埋在我的脖子里，她就是纯粹的爱，她就是我的"迪纳妮甜点派"。

当我将这个故事讲给其他人——特别是做父母的人听的时候，我一直期望表达在令人悲痛的丧失中我们得到的祝福，这很重要。"没有宝贝迪纳妮，我还可以在世上活着，但是若我在永恒中见不到每一个孩子，却无法想象。"我和妻子如此清楚地看到这一点。我但愿这个真理对每一个父母同样清晰，只是他们不要经历我们这样的痛苦。

即使经历了这一切，我们仍然不是完美的父母，但是我们无须变得完美才可以传递永恒观。我们的儿子们常常自信地提到“我们的姊妹迪纳妮在天堂”。他们还微笑着讨论将来到天堂后要与她一起玩什么游戏。孩子们的心如此单纯，我很喜欢。

我不知道再次见到迪纳妮的时候她长什么样子。她还是一个小女孩吗？或是长大了，成为一个美女？不管怎样，我们会拥抱在一起，我还会因为高兴哭很久很久。我哭是因为她的死亡带给我们的痛苦将一去不复返。剩下只有一件重要的事：我们将同享永恒。

杜布森博士，祝福您！祝福您的读者认真负责地养育、保护并爱这些托付给他们的特别的礼物，这些温柔敏感、忠诚宝贵的小女孩。

你的兄弟

马克

谢谢你，马克。你说出了家中有“空椅子”的许多父母的心声。我当年做主治医师服务于洛杉矶儿童医院时，见到过很多处在痛苦中的父母。他们有些人的孩子已经到了天堂与“迪纳妮甜点派”一起玩耍，但是这些孩子在地上生活的日子永远不会被忘却。

愿那些爸爸妈妈们与沃特夫妇在读埃德加·格斯特（Edgar Guest）的这首诗时，能得到安慰和激励：

将孩子借给你

他说：“我将我的一个孩子
借给你一段时间。”

“她活着，你要爱她；
她死了，你要哀悼她。
也许六年或是七年，
也许二十二或二十三年。
在我召她归回之前，

你会为我照顾她吗？
她会以她的魅力取悦你。
如果她不是在世停留短暂，
你会记得她的可爱之处，
做你悲痛的安慰剂。
我不承诺她会长存于世，
因为出自地土的必要归回。”

“但是有些教训是要在这世上学的，
也是我想让这孩子学习的。
我察看遍地的茫茫人海，
寻找真正的教师。
在拥挤的人生小径的人群中，
我将你挑出。
现在你是否愿意倾你所有爱她，
而不会认为徒劳无功？
在我召她归回的时候，
也不会恨我？”

我好像听见他们说：
“亲爱的上帝，愿您的旨意成就，
不管是您的孩子要带给我们喜乐，
还是我们将要经历悲痛。
我们都会温柔地保护她，
会尽可能地爱她，
爱她，因她带给我们的幸福，
无限感恩，因她的停留。
但是如果天使将她召回，

比我们计划的早得多，
我们要勇敢面对未来的刻骨伤痛，
并努力理解您的心意。”

好了，以上是我关于培育女孩的想法和建议。为你们写这本书令人愉悦。三年多来我一直在写本书，并为此钻研了海量的专业研究文献。开始写本书的时候，我所记得的一些女孩，现在已经长大了。而当年一些女孩的妈妈在我完成本书的时候，可能要当姥姥了。好了，本书到此结束。你们已经读过了，我希望你们觉得书中的建议很受用。你们正在养育的女孩，值得你们给予她最好的。

注　释

第 1 章　奇妙的女孩

1. James C. Dobson, *Bringing Up Boys*（Carol Stream, IL:Tyndale House Publishers, 2001）.

第 2 章　处境危险的女孩们

1. See http://www.ed.gov/about/reports/annual/osep/2003/25th-vol-1.pdf, figure 1-20, page 26.

2. Michael Gurian, *The Wonder of Boys*（New York: Jeremy P. Tarcher/Putnam, 1996）, xvii-xviii.

3. Gennaro F. Vito, Jeffrey R. Maah, and Ronald M. Holmes, *Criminology: Theory, Research, and Policy*（Sudbury, MA: Jones and Bartlett Publishers, 2006）, 38.

4. See http://www.sciencenews.org/articles/20060415/mathtrek.asp.

5. See http://ojjdp.ncjrs.org/ojstatbb/nr2006/downloads/chapter6.ppt#264,10, Juvenile%20court%20caseload%20trends%20are%20different%20for%20males%20and%20females.

6. Peg Tyre, *The Trouble with Boys: A Surprising Report Card on Our Sons, Their Problems at School, and What Parents and Educators Must Do*（New York: Crown Publishers, 2008）; "Trends in Educational Equity of Girls and Women: 2004," National Center for Education Statistics, U.S. Department of Education; see http://nces.ed.gov/pubs2005/equity/Section4.asp; "Education at a Glance 2003," Organisation for Economic Co-Operation and Development; see http://www.oecdwash.org.

7. Alaina Sue Potrikus, "Women Making Strides in Education, Grades, Attendance, Graduation Rate Higher than Men," St. Paul Pioneer Press （September 28,2003）:A5.

8. "Trends in Educational Equity of Girls and Women: 2004," National Center for Education Statistics, U.S. Department of Education; see http://nces.ed.gov/pubs2005/equity/Section4.asp; Kathleen Deveny, "Girls Gone Bad," Newsweek （February 12,2007）, 40.

9. "Trends in Educational Equity of Girls and Women: 2004," National Center for Education Statistics, U.S. Department of Education; see http://nces.ed.gov/programs/projections/projec-

tions2015/sec4b.asp.

10. "Media's Effects on Girls: Body Image and Gender Identity," National Institute of Media and the Family fact sheet （last revised April 3,2009）.

11. Stacy Weiner, "Goodbye to Girlhood," Washington Post （February 20, 2007）; see http://www.washingtonpost.com/wp-dyn/content/article/2007/02/16/AR2007021602263.html.

12. Ellen A. Schur, Mary Sanders, and Hans Steiner, "Body Dissatisfaction and Dieting in Young Children," The International Journal of Eating Disorders, vol.27 （December 1999）:74-82; Judith Duffy, "Revealed: The Children as Young as Five Years Old Suffering from Eating Disorders," Sunday Herald （November 12,2006）:7.

13. "Cutting Girls Down to Size: The Influence of the Media on Teenage Body Image," Media & Values （November 3,2005）:2-3.

14. National Institute of Mental Health Statistics, 2004; see http://www.nimh.nih.gov/Publicat/eatingdisorders.cfm#sup1>.

15. Ibid.

16. Urmee Khan, "Angelina Jolie Says Fidelity Not Essential for Relationships to Work," Telegraph （December 23,2009）; see http://www.telegraph.co.uk/news/newstopics/celebritynews/6870917/Angelina-Jolie-says-fidelity-not-essential-for-relationships-to-work.html.

17. The Center on Alcohol Marketing and Youth, Out of Control: Alcohol Advertising Taking Aim at America's Youth—A Report on Alcohol Advertising in Magazines （Washington, DC: The Center on Alcohol Marketing and Youth, 2002）.

18. "Teenage Girls Targeted for Sweet-Flavored Alcoholic Beverages: Polls Show More Teen Girls See 'Alcopop' Ads than Women Age 21-44," AlcoholPolicyMd.com （December 16,2004）; see http://www.alcoholpolicymd.com/press_room/Press_releases/girlie_drinks_release.htm.

19. Page Hurwitz and Alison Pollet, "Strip Till You Drop: Teen Girls Are the Target Market for a New Wave of Stripper-Inspired Merchandise," The Nation （January 12,2004）:20.

20. Ibid.

21. Steve Lopez, "A Scary Time to Raise a Daughter," The Los Angeles Times （October 26,2003）:B1.

22. Project Safe Childhood: A National Media Campaign; see http://knowwheretheygo.org/DigitalFootprint/pornography.

23. See http://www.amazon.com/Barbie-Scene-Bling-Chelsea-Doll/dp/B000A7S5AU/ref=pd_sim_t_title_2.

24. Weiner, "Goodbye to Girlhood."

25. Bruce Kluger, "Dolls Lose Their Innocence," USA Today （December 11, 2006）:A23.

26. See http://www.apa.org/pi/women/programs/girls/report-summary.pdf.

27. NPD Fashionworld Data, 2003, quoted by Claudia Wallis, "The Thing about Thongs," Time magazine（September 28,2003）; see http://www.time.com/time/magazine/article/0,9171,490711,00.html.

28. Michelle Malkin, "Standing Up to the 'Girls Gone Wild' Culture"（July 27,2004）; see www.michellemalkin.com/ 2004/07/27/standing-up-to-the-girls-gone-wild-culture.

29. Ibid.

第 3 章 何为女性

1. Good Housekeeping （October 1990）:87-88.

2. Lynn Hirschberg, "The Misfit," Vanity Fair （April 1991）:160-169, 196-202.

3. Alan Ebert, "Oprah Winfrey Talks Openly about Oprah," Good Housekeeping （September 1991）:63.

4. Deborah Starr Seibei, "Melissa Gilbert's Bittersweet Justice," TV Guide （October 15,1994）:12.

5. Marcia Chellis, *Living with the Kennedys: The Joan Kennedy Story*（New York: Simon and Schuster, 1985）, 39.

6. Ibid., 45.

7. John and Stasi Eldredge, *Captivating: Unveiling the Mystery of a Woman's Soul*（Nashville: Thomas Nelson, 2005）, 46,59.

8. Meg Meeker, *Strong Fathers, Strong Daughters: 10 Secrets Every Father Should Know*（New York: Ballantine Books, 2006）, 8-9,18,28.

9. Angela Kaset, "The Hopechest Song," Purple Sun Music, LLC （1996）. Performed by Stephanie Bentley on the album Hopechest.

第 4 章 为什么她就是她

1. Adapted from Robert Southey's （1774 – 1843） poem entitled "What Folks Are Made Of," circa 1820.

2. "Brainstorm: Neuroscientist Sandra Witelson Says Men's and Women's Brains Are Different," Chatelaine （December 1995）:72-74.

3. Louann Brizendine, The Female Brain （New York: Morgan Road Books, 2006）, 12.

4. Michael Gurian, Ph.D., *The Wonder of Girls*（New York: Simon and Schuster, 2002）, 29.

5. Ibid.

6. Michael Gurian and Kathy Stevens, *The Minds of Boys*（San Francisco: Jossey-Bass, 2005）, 140.

7. Michael Gurian and Kathy Stevens, "With Boys and Girls in Mind," Educational Leadership

（November 2004）:21-26.

8. Brizendine, *The Female Brain*, 13.

9. Ibid.

10. Ibid.

11. E. B. McClure, “A Meta-Analytic Review of Sex Differences in Facial Expression Processing and Their Development in Infants, Children, and Adolescents,” Psychological Bulletin 126, no.3 （2000）:424-453.

12. Ibid.

13. Brizendine, *The Female Brain*, 14-15.

14. M. J. Meaney and M. Szyf （2005）. “Environmental Programming of Stress Responses through DNA Methylation: Life at the Interface between a Dynamic Environment and a Fixed Genome,” Dialogues in Clinical Neuroscience 7, no.2 （2005）:103-123.

15. Brizendine, *The Female Brain*, 21-22.

16. Gurian, *The Wonder of Girls*, 23.

17. Ibid., 53.

18. Ibid.

19. Ibid.

20. Ibid., 55.

21. Ibid.

22. Allan Pease and Allan Garner, *Talk Language: How to Use Conversation for Profit and Pleasure*（London: Simon and Schuster, 1985）.

23. Ron G. Rosenfeld and Barbara C. Nicodemus, “The Transition from Adolescence to Adult Life: Physiology of the ‘Transition’ Phase and Its Evolutionary Basis,” Hormone Research 60（2003）:74-77.

24. Ibid.

第 5 章 教养女孩变淑女

1. John Adams and Charles Francis Adams, *The Works of John Adams, Second President of the United States*（Boston: Little, Brown & Company, 1865）, 171.

2. John Adams, quoted in his address to U.S. military forces, October 11, 1798; see http://oll.libertyfund.org/?option=com_staticxt&staticfile=show.php%3Ftitle=2107&chapter=161247&layout=html&Itemid=27%3chttps://fofmail.fotf.org/exchweb/bin/redir.asp?URL=http://oll.libertyfund.org/?option=com_staticxt%26staticfile=show.php%253Ftitle=2107%26chapter=161247%26layout=html%26Itemid=27.

3. Abraham Lincoln, the Gettysburg Address（November 19,1863）.

4. Horace Mann, The Common School Journal: For the Year 1847, vol.IX（Boston: William B. Fowle, 1847）:181.

5. Quoted in E.D. Hill, *I'm Not Your Friend, I'm Your Parent: Helping Your Children Set the Boundaries They Need ... and Really Want*（Nashville: Thomas Nelson Publishers, 2008）, 16.

6. Venice Buhain, "Young Students Learn How, Why to Use Good Manners," Olympian; see http://www.finaltouchschool.com/article_yslearn.htm.

7. Virginia De Leon, "You Could Call Her Our Very Own Ms. Manners," Spokesman-Review（April 7,2008）.

8. Sheryl Eberly, *365 Manners Kids Should Know: Games, Activities, and Other Fun Ways to Help Children Learn Etiquette*（New York: Three Rivers Press, 2001）.

9. Zehra Mamdani, "Charm Schools Making a Comeback," Chicago Tribune（June 29,2008）:6.

10. Karen Santorum, *Everyday Graces: A Child's Book of Good Manners*（Wilmington, DE: ISI Books, 2003）.

11. Caroline Mansfield, Suellen Hopfer, and Theresa M. Marteau, "Termination Rates after Prenatal Diagnosis of Down Syndrome, Spina Bifida, Anencephaly, and Turner and Klinefelter Syndromes: A Systematic Literature Review," Prenatal Diagnosis 19, no.9（1999）:808-812; see http://www3. interscience.wiley.com/cgi-bin/abstract/65500197/ABSTRACT. This is similar to 90 percent results found by David W. Britt, Samantha T. Risinger, Virginia Miller, Mary K. Mans, Eric L. Krivchenia, and Mark I. Evans, "Determinants of Parental Decisions after the Prenatal Diagnosis of Down Syndrome: Bringing in Context." American Journal of Medical Genetics 93, no.5（1999）:410-416.

12. "Meet Pro-Life Governor Sarah Palin," National Right to Life News, September 1,2008.

13. "Building Moral Character in Kids," Focus on the Family daily radio program（November 7,2005）.

14. Wendy Shalit, *Girls Gone Mild: Young Women Reclaim Self-Respect and Find It's Not Bad to Be Good*（New York: Random House, 2007）.

15. Adams, *The Works of John Adams*, 171.

16. This discussion took place on the Focus on the Family campus in October 2008.

第 6 章 令天使尴尬的文化环境

1. Peggy Noonan, "Embarrassing the Angels: Or, That's No Way to Treat a Lady," Wall Street Journal, March 2,2006; see: http://www.opinionjournal.com/columnists/pnoonan/?id=110008034.

第 7 章 女孩和母亲

1. John Bowlby, *Attachment and Loss 1: Attachment* (New York: Basic Books, 1969/1982); Jeffry A. Simpson and William Steven Rholes, *Attachment Theory and Close Relationships* (New York: Guilford Press, 1998), 167; Inge Bretherton, "The Origins of Attachment Theory: John Bowlby and Mary Ainsworth," Developmental Psychology 28, no.5 (September 1992):759-775.

2. See http://www.zerotothree.org/site/PageServer?pagename=key_brain.

3. Lucy M. Osborn et al, *Pediatrics* (Philadelphia: Elsevier Mosby, 2005), 494.

4. Bowlby, *Attachment and Loss* 1; Simpson and Rholes, *Attachment Theory and Close Relationships,* 167; Bretherton, "The Origins of Attachment Theory," 759-775.

5. C.F. Weems and V.G. Carrion, "The Association between PTSD Symptoms and Salivary Cortisol in Youth: The Role of Time since the Trauma," Journal of Traumatic Stress 20, no.5 (2007):903-907; A.N. Schore, "The Effects of Early Relational Trauma on Right Brain Development, Affect Regulation, and Infant Mental Health," Infant Mental Health Journal 22, no.1-2 (2001):201-269; A.N. Schore, Affect Regulation and the Origin of the Self: The Neurobiology of Emotional Development (Mahwah, NJ: Lawrence Erlbaum, 1994).

6. Terry M. Levy, Ph.D., "Understanding Attachment Disorder"; see http://www.4therapy.com/consumer/conditions/article/6578/507/Understanding+Attachment+Disorder.

7. M.M.ntymaa, K. Puura, I. Luoma, R. Salmelin, H. Davis, J. Tsiantis, V. Ispanovic-Radojkovic, A. Paradisiotou, T. Tamminen, "Infant-Mother Interaction as a Predictor of Child's Chronic Health Problems," Child Care Health Development 29, no.3 (May 2003):181-191.

8. Ruth Feldman et al, "Relations between Cyclicity and Regulation in Mother-Infant Interaction at 3 and 9 Months and Cognition at 2 Years," Journal of Applied Developmental Psychology 17 (1996):347-365.

9. Psalm 139:13-18.

10. Lauren Lindsey Porter, "The Science of Attachment: The Biological Roots of Love," Mothering (July/August 2003).

11. National Women's Law Center calculations based on data from Employment Characteristics of Families in 2006, Tables 5 and 6.

12. U.S. Census Data, 2002; see http://74.125.155.132/search?q=cache:JYsjKWy9tEQJ:www.census.gov/prod/2008pubs/p70-113.pdf+Census+and+%22mothers%22+and+2002+and+maternity&cd=1&hl=en&ct=clnk&gl=us.

13. Daphne de Marneffe, *Maternal Desire: On Children, Love, and the Inner Life* (New York: Little, Brown and Company, 2004), ix.

14. Ibid., 22.

15. Ellyn Spragins, "Love & Money: Is My Mom Better than Yours?" New York Times （July 1,2001）.

16. Ibid.

17. Ibid.

18. "Fewer Mothers Prefer Full-Time Work: From 1997 to 2007," Pew Research Center （July 12,2007）; see http://pewresearch.org/pubs/536/working-women.

19. Ibid.

20. Ibid.

21. Ibid.

22. Carol Platt Liebau, Prude: How the Sex-Obsessed Culture Damages Girls （and America, Too！）（New York: Center Street, 2007）, 208-211.

23. Quoted by Mary Ann Fergus, "Author Looks at Mom-Daughter Tensions," Houston Chronicle （March 25,2002）:1.

第 8 章 少女眼中的爸爸

1. See http://www.focusleadership.org.

2. William J. Gaither and Gloria Gaither, "Something Beautiful"（copyright 1980）.

第 9 章 为什么爸爸很重要

1. Tanya S. Scheffler and Peter J. Naus, "The Relationship between Fatherly Affirmation and a Woman's Self-Esteem, Fear of Intimacy, Comfort with Womanhood and Comfort with Sexuality," Canadian Journal of Human Sexuality 8, no.1（Spring 1999）:39-45; Margaret J. Meeker, Strong Fathers, Strong Daughters: 10 Secrets Every Father Should Know （Washington D.C.: Regnery Publishing, 2008）.

2. National Vital Statistics, Volume 52, No.10,2002. See http://www.cdc.gov/nchs/data/nvsr/nvsr52/nvsr52_10.pdf.

3. H. Norman Wright, *Always Daddy's Girl*（Ventura, CA: Regal, 2001）, 35-36.

4. Meeker, *Strong Fathers, Strong Daughters*, 96; Debra Haffner, *Beyond the Big Talk: A Parent's Guide to Raising Sexually Healthy Teens—from Middle School to High School and Beyond*（New York: Newmarket Press, 2001）.

5. Rebekah Coley, "Children's Socialization Experiences and Functioning in Single-Mother Households: The Importance of Fathers and Other Men," Child Development 69 （February 1998）:219-230.

6. A. Morcoen and K. Verschuren, "Representation of Self and Socioemotional Competence in Kindergartners: Differential and Combined Effects of Attachment to Mothers and Fathers,"

Child Development 70 （1999）:183-201.

7. Michael D. Resnick et al, Journal of the American Medical Association 10 （September 10,1997）:823-832.

8. Diann Ackard et al, American Journal of Preventive Medicine 1 （January 30,2006）:59-66.

9. U.S. Department of Health and Human Services, National Center for Health Statistics, "Survey on Child Health" （Washington, D.C.: GPO, 1993）.

10. Greg J. Duncan, Martha Hill, and W. Jean Yeung, "Fathers' Activities and Children's Attainments" （paper presented at a conference on father involvement, Washington, D.C.）.

11. Joseph E. Schwartz et al, "Sociodemographic and Psychosocial Factors in Child as Predictors of Adult Mortality," American Journal of Public Health 85（1995）:1237-1245.

12. Claudette Wassil-Grimm, *Where's Daddy? How Divorced, Single and Widowed Mothers Can Provide What's Missing When Dad's Missing*（New York: Overlook Press, 1994）.

13. N. Zill and Carol Schoenborn, "Child Development, Learning and Emotional Problems: Health of Our Nation's Children," U.S. Department of Health and Human Services, National Center for Health Statistics, Advance Data 1990 （Washington, D.C.: GPO, 1990）.

14. E.M. Hetherington and Barbara Martin, *"Family Interaction," Psychopathological Disorders of Childhood* （New York: Wiley, 1979）.

15. F. Horn and Tom Sylvester, *Father Facts*（Gaithersburg, MD: National Fatherhood Initiative, 2002）.

16. Agnieszka Wiszewska et al, "Father-Daughter Relationship as a Moderator of Sexual Imprinting: A Facialmetric Study," Evolution and Human Behavior, published online by Elsevier （2007）.

17. James J. Rue and Louise Shanahan, *Daddy's Girl, Mama's Boy*（Indianapolis: Bobbs-Merrill, 1978）.

第 10 章 爸爸对女儿

1. Harry H. Harrison, *Father to Daughter: Life Lessons on Raising a Girl*（New York: Workman Publishing Co., 2003）. Used by permission.

第 11 章 舞会上的灰姑娘

1. See http://generationsoflight.myicontrol.com.

2. Neela Banerjee, "Dancing the Night Away, with a Higher Purpose," New York Times （May 19,2008）:A13.

3. Steven Curtis Chapman, "Cinderella," released May 28,2008. Used by permission.

第 12 章 沉迷于外表美

1. "The Princess Effect: Fascination with Princesses Could Be Unhealthy," Good Morning America, ABC News （April 22,2007）.

2. Peggy Orenstein, "What's Wrong with Cinderella," New York Times （December 24,2006）:34.

3. Beth Thames, "Pretty in Pink but Powerful, Too," Huntsville Times （January 2,2005）:F2.

4. Jennifer Dowd, "The Princess Debate: Are Fairy Tale Princesses Really Bad for Our Girls?" see http://parenting.kaboose.com/behavior/emotional-social-development/the-princess-debate.html （accessed September 2, 2009）.

5. Orenstein, "What's Wrong with Cinderella," 34.

6. Ibid.

7. Thames, "Pretty in Pink," F2.

8. "Princess Image for Girls Debated," United Press International, （April 23, 2007）.

9. James C. Dobson, *The New Hide or Seek: Building Confidence in Your Child*（Grand Rapids, MI: F. H. Revell, 2008）, 34-35.

10. Skip Hollandsworth, "Vanity Farrah," Texas Monthly （January 1997）:71.

11. Donna Freydkin, "TV Angel's Story Comes to a Sad Ending," USA Today （June 26,2009）:D10.

12. "Remembering Farrah: Her Life in Pictures," People （July 13,2009）.

13. Freydkin, "TV Angel's Story," D10.

14. Sue Anne Pressley, "From Courting to Court: A Love Story," Los Angeles Times （September 7,1995）:E1.

15. Abby Goodnough and Margalit Fox, "Anna Nicole Smith Is Found Dead in Florida," New York Times （February 9,2007）:A12.

16. Marc Gellman, "Women as Meat: Reflections on the Death of Anna Nicole Smith," Newsweek Web Exclusive （February 14,2007）; see http://www.newsweek.com/id/61487?tid=relatedcl.

17. Nancy Etcoff, Susie Orbach, Jennifer Scott, and Heidi D'Agostino, "The Real Truth about Beauty: A Global Report," Findings of the Global Study on Women, Beauty and Well-Being, Unilever Beauty Brand （September 2004）.

18. Ibid.

19. Ibid.

20. "Real Women Bare Their Curves as Part of Dove's Global Campaign to Widen the Definition of Beauty," Unilever Press Release （June 23,2005）;see http://www.unileverusa.com/media-

center/pressreleases/2005_PressReleases/Real_Women.aspx.

21. Ibid.

第 13 章 问与答：关于外表美

1. George F. Gilder, *Men and Marriage*（New York: Gretna, Pelican Pub. Co., 1986）,120-121.

2. NICHD Study of Early Child Care and Youth Development: “Does Amount of Time Spent in Child Care Predict Socioemotional Adjustment during the Transition to Kindergarten?”; see http://www.researchforum.org/project_printable_185.html; Brian Robertson, Day Care Deception: What the Child Care Establishment Isn’t Telling Us （San Francisco: Encounter Books, 2003）,85-86.

3. Jay Belsky, “The Dangers of Day Care,” Wall Street Journal （July 16, 2003）.

4. Karl Zinsmeister, “Longstanding Warnings from Experts,” The American Enterprise （May/ June 1998）:34-35.

5. Robertson, *Day Care Deception*, 85-86.

6. See http://www.pollyklaas.org/about/pollys-story.html.

7. Colorado State Assembly SB200; see http://www.leg.state.co.us/clics/clics2008a/csl.nsf/fsbill-cont3/BD7A295EB6F4460E872573F5005D0148?open&file=200_enr.pdf.

8. United States Attorney General’s Commission on Pornography, Final Report （July 1986）; see http://www.porn-report.com; G. Able, et al, “Self-Reported Sex Crimes of Nonincarcerated Paraphiliacs,” Journal of Interpersonal Violence 2（1987）:3-25; see http://www.mayoc-linicproceedings.com/content/82/4/457.full#sec-3; Patrick Goodenough, “Online Porn Driving Sexually Aggressive Children,” CNSNews.com （November 26,2003）.

9. New York v. Ferber, 458 U.S. 747; see http://straylight.law.cornell.edu/supct/html/historics/ USSC_CR_0458_0747_ZS.html.

10. See http://www.charleyproject.org/cases/c/culver_lynette.html; http://www.time.com/ time/2007/crimes/14.html.

11. Funny Girl, directed by William Wyler （Columbia Pictures Corporation, 1968）. Lyrics by Bob Merrill.

12. James C. Dobson, *The New Strong-Willed Child*（Carol Stream, IL: Tyndale House Publishers, 2004）, chapter 4.

第 14 章 文化之河

1. “Is God Dead?” Time （April 8,1966）; see http://www.time.com/time/cov-ers/0,16641,19660408,00.html.

2. Laura Mansnerus, “Timothy Leary, Pied Piper of Psychedelic 60’s, Dies at 75,” New York Times （June 1,1996）.

3. Based on numbers reported by the Alan Guttmacher Institute.

4. "Court Tosses FCC 'Wardrobe Malfunction' Fine," Associated Press （July 21,2008）.

5. Michael Burleigh, The Third Reich: *A New History*（New York: Hill & Wang, 2001）, 235.

6. William Lawrence Shirer, *The Rise and Fall of the Third Reich: A History of Nazi Germany*（New York: Simon and Schuster, 1960）, 249.

7. Wendy Shalit, "A Ladies' Room of One's Own," Commentary （August 1995）.

8. Liebau, *Prude*, 17.

9. Ibid., 31.

10. Ibid.; 2002 National Survey of Family Growth, Advance Data No.362 （September 15,2005）.

11. B.E. Wells and J.M. Twenge, "Changes in Sexual Behavior and Attitudes, 1943-1999: A Cross-Temporal Meta-Analysis," Review of General Psychology 9（2005）:249-261.

12. Lydia Saad, "Americans Have Complex Relationship with Marriage: Many Supportive of Unwed Families, but Most Still Seek Marriage," Gallup Poll News Service （May 30,2006）.

13. "Most Americans Believe in Sin, but Differ Widely on Just What It Is," Ellison Research （March 11,2008）; see http://ellisonresearch.com/releases/20080311.htm.

14. Family Research Council, Washington Update （March 2008）.

15. Florence King, "In All, Modesty," National Review （January 25,1999）.

16. Liebau, *Prude*, 186,88.

17. Christopher Kelly, ed., *Rousseau on Women, Love, and Family*（Sudbury, MA: Dartmouth Publishing, 2009）, xxx.

18. "Sex and Tech: Results from a Survey of Teens and Young Adults," National Campaign to Prevent Teen and Unplanned Pregnancy （December 2008）.

19. Jim Jacobs and Warren Casey, *"Look at Me, I'm Sandra Dee"*（1978）.

20. Randal Kleiser, *Grease* （Paramount Pictures, 1978）.

21. Conference on World Affairs panel held at Boulder High School （April 10, 2007）, transcript.

22. "School Employees Reprimanded for Sex, Teens, Drugs Assembly," Denver News （May 23,2007）.

23. Conference on World Affairs panel （April 10,2007）.

24. Shalit, *Girls Gone Mild*, 38.

25. Ibid., 36,33.

26. Ibid., 6.

27. Ibid., 7.

28. Leibau, *Prude*, 191-192.

第 15 章 后果

1. “Girls’ Suicide Rates Rise Dramatically: CDC Advises Prevention Programs to Focus on Gender and Age Groups Most at Risk,” Associated Press （September 6,2007）.

2. Martha W. Waller, Denise Dion Hallfors, Carolyn Tucker Halpern, Bonita Iritani, Carol A. Ford, and Guang Guo, “Gender Differences in Associations between Depressive Symptoms and Patterns of Substance Use and Risky Sexual Behavior among a Nationally Representative Sample of U.S. Adolescents,” Archives of Women’s Mental Health 9, no.3 （May 2006）:139-150.

3. Ibid.

4. Ibid.

5. Denise D. Hallfors, Martha W. Waller, Daniel Bauer, Carol A. Ford, and Carolyn T. Halpern, “Which Comes First in Adolescence—Sex and Drugs or Depression?” American Journal of Preventative Medicine 29, no.3 （October 2005）:163-170.

6. Robert E. Rector, Kirk A. Johnson, Ph.D., and Lauren R. Noyes, “Sexually Active Teenagers Are More Likely to Be Depressed and to Attempt Suicide,” Center for Data Analysis Report #03-04, Heritage Foundation （June 3,2003）.

7. Ibid.

8. Ibid.

9. Ibid.

10. Ibid.

11. Ibid.

12. Stephanie Dunnewind, “Teens, Drugs and Gender Roles: Markers for Cutting,” Seattle Times （September 24,2003）.

13. Sexually Transmitted Disease Surveillance, 2007, Centers for Disease Control and Prevention. The full report is available at http://www.cdc.gov/std/stats07.

14. E. Johannisson, “STDs, AIDS and Reproductive Health,” Advances in Contraception （June 2005）.

15. Ibid.

16. Lawrence K. Altman, “Sex Infections Found in Quarter of Teenage Girls,” New York Times （March 12,2008）; “Teens Unaware of Sexually Trans-mitted Diseases until They Catch One, Carnegie Mellon Study Finds,” Medical News Today （January 3,2006）.

17. Genital HPV Infection: CDC Fact Sheet, 2009; see http://www.cdc.gov/STD/HPV/STD-Fact-HPV.htm.

18. Ibid.

19. Ibid.

20. Ibid.

21. Christine Markham, Ph.D, "Middle School Youth as Young as 12 Engaging in Risky Sexual Activity," Journal of School Health （April 2009）; see http://www.uthouston.edu/media/newsreleases/nr2009/index.htm?id=1214820.

22. Duberstein Lindberg, Rachel Jones, and John S. Santelli, "Non-Coital Sexual Activities among Adolescents," Journal of Adolescent Health （July 2008）:231-238.

23. National Center for Health Statistics, 2005; Laura Sessions Stepps, "Study: Half of All Teens Have Had Oral Sex," Washington Post （September 16,2005）.

24. Teen Sex Survey conducted by Princeton Survey Research Associates International, 2004; see http://www.msnbc.msn.com/id/6839072.

25. Ibid.; Contraceptive Technology Update 22, no.5 （May 2001）.

26. Joel A. Ernster, Cosimo G. Sciotto, Maureen M. O'Brien, Jack L. Finch, BS, Linda J. Robinson, Thomas Willson, and Michael Mathews, "Rising Incidence of Oropharyngeal Cancer and the Role of Oncogenic Human Papilloma Virus," Laryngoscope 117, no.12 （January 2009）:2115-2128.

27. "Studies Tie Oral Sex to Throat Cancer in Some Men," Colorado Springs Gazette （October 22,2007）.

28. Sexually Transmitted Disease Surveillance, 2007.

29. Conference on World Affairs panel （April 10,2007）.

30. Steve Jordahl, "House Subcommittee Cuts Funds for Abstinence Education," Citizenlink（July 14,2009）; see http://www.citizenlink.org/content/A000010497.cfm.

31. Miriam Grossman, M.D., Unprotected: A Campus Psychiatrist Reveals How Political Correctness in Her Profession Endangers Every Student （New York: Penguin Group, 2007）,3-4.

32. Ibid.

33. Ibid.

34. Joe S. McIlhaney Jr. and Freda McKissic Bush, Hooked: New Science on How Casual Sex Is Affecting Our Children （Chicago: Northfield Publishing, 2008）.

第 16 章 关于女孩的好消息

1. Danice K. Eaton et al, "Youth Risk Behavior Surveillance: United States, 2007," Surveillance Summaries, Morbidity and Mortality Weekly Report 57, no.SS-4; see http://www.cdc.gov/mmwr/preview/mmwrhtml/ss5704a1.htm.
2. Centers for Disease Control and Prevention, Surveillance Summaries, data for 1991, YRBSS, "Youth Online: Comprehensive Results."
3. "Youth Online: Comprehensive Results, Alcohol and Other Drug Use," Centers for Disease Control and Prevention （2007）; see http://apps.nccd.cdc.gov/yrbss/CategoryQuestions.asp?-Cat=3&desc=Alcohol and Other Drug Use.
4. Interview by Katelyn Beaty, "Zipping It," Christianity Today （August 26, 2008）.
5. Ibid.
6. Wendy Shalit, *Good Girl Revolution: Young Rebels with Self-Esteem and High Standards*（New York: Ballantine, 2008）, 233.
7. Wendy Shalit, "Modest Extremes: Why an Observant Jew Understands Sexuality Better than Hugh Hefner," In Character; see http://www.incharacter.org/article.php?article=55.
8. Shalit, *Girls Gone Mild*, 11.
9. Ibid., 9.
10. Ibid., xxi.
11. Ibid., 75.
12. Ibid., 149.
13. Rector, Johnson, and Noyes, "Sexually Active Teenagers."
14. Malkin, "Standing Up to the 'Girls Gone Wild' Culture."
15. "Abercrombie & Fitch Target of 'Girlcott'" Pittsburgh Tribune Review （October 26,2005）.
16. "The Girlcott Story," Regional Change Agents: A Program of Women and Girls Foundation; see http://www.wgfswpa.org/girl2girlgrants/section_girlsOurVoices/girlcott.htm.
17. "Girlcott' Leaders Meet A&F Execs," Pittsburgh Business Times （December 6,2005）.
18. "Abercrombie & Fitch Pitches New Trashy T-Shirts to America's Youth," American Family Association Press Release （September 1,2009）.
19. Christine C. Kim, "Teen Sex: The Parent Factor," Backgrounder, Heritage Foundation, no.2194（October 7,2008）.
20. Ibid.
21. Laura Billings, "Best Birth Control for Teens Is Mom," Saint Paul Pioneer Press （September 8,2002）, C1.

22. Ibid.

23. Bill Albert, "With One Voice 2007: America's Adults and Teens Sound Off about Teen Pregnancy," National Campaign to Prevent Teen Pregnancy （February 2007）; see http://www.thenationalcampaign.org/resources/pdf/pubs/WOV2007_fulltext.pdf.

24. Mark D. Regnerus and Laura B. Luchies, "The Parent-Child Relationship and Opportunities for Adolescents' First Sex," Journal of Family Issues 27, no.2 （February 2006）:159-183.

25. The Centers for Disease Control and Prevention （CDC） estimate that 19 million new cases of sexually transmitted diseases occur each year in the United States, and almost half are among 15- to 24-year-olds. In the United States, 10,000 teens are infected by sexually transmitted diseases （STDs） per day; one out of every four sexually active teens has an STD.

26. James Jaccard, Patricia J. Dittus, and Vivian V. Gordon, "Parent-Adolescent Congruency in Reports of Adolescent Sexual Behavior and in Communications about Sexual Behavior," Child Development 69, no.1 （February 1998）:247-261.

27. Mihaly Csikszentmihalyi and Reed Larson, *Being Adolescent: Conflict and Growth in the Teenage Years*（New York:Basic Books, 1984）.

28. Ibid.

29. Chap Clark, *Hurt: Inside the World of Today's Teenagers*（Grand Rapids, MI: Baker Academic, 2004）, 21.

30. Frank Luntz, *What Americans Really Want... Really: The Truth about Our Hopes, Dreams, and Fears*（New York: Hyperion, 2009）.

31. Ibid.

32. Morton DaCosta, *The Music Man*（Warner Bros., 1962）.

第 17 章 珍爱女儿

1. Sarah Kistler, "The Charm Bracelet." Used by permission.

第 18 章 月经初潮和青春期

1. Ron G. Rosenfeld and Barbara C. Nicodemus, "The Transition from Adolescence to Adult Life: Physiology of the 'Transition' Phase and Its Evolutionary Basis," GHD during Critical Phases of Life, 6th KIGS/KIMS Expert Meeting on Growth Hormone and Growth Disorders, Florence, Italy （November 8-9,2002）.

2. Ibid.

3. Alecia D. Schweinsburg, Bonnie J. Nagel, et al, "fMRI Reveals Alteration of Spatial Working Memory Networks across Adolescence," Journal of International Neuropsychological Society 11, no.5 （2005）:631-644; B. Luna, K.E. Garver, et al, "Maturation of Cognitive Processes from Late Childhood to Adulthood," Child Development 75, no.5 （2004）:1357.

4. Gurian, *The Wonder of Girls*, 70.

5. "What Is the Pituitary Gland?" University of Pittsburgh, Department of Neurological Surgery; see http://www.neurosurgery.pitt.edu/minc/skullbase/pituitary/index.html.

6. Gurian, *The Wonder of Girls*, 75.

7. James C. Dobson, *Preparing for Adolescence*（Ventura, CA: Gospel Light, 2005）.

8. Brizendine, *The Female Brain.*

9. Ibid., 21.

10. Ibid., 30.

11. D. Rubinow, C. Roca, et al, "Gonadal Hormones and Behavior in Women: Concentrations versus Context," Hormones, Brain and Behavior 5 （2002）: 37-74.

12. Ibid.

13. Nancy Snyderman, *Girl in the Mirror*（New York: By the Bay Productions, 2002）, 20.

14. Michael Gurian discusses an idea similar to this in his book The Wonder of Girls, 83-84.

15. Ibid., 83.

16. I.F. Bielsky and L.J. Young, "Oxytocin, Vasopressin, and Social Recognition and Reduction in Anxiety-Like Behavior in Vasopressin V1a Receptor Knockout Mice," Neuropsychopharmacology 29, no.3 （2004）:483-493; C.S. Carter, "Developmental Consequences of Oxytocin," Physiology and Behavior 79, no.3 （2003）:383-397.

17. Ibid.

18. Brizendine, *The Female Brain*, 58.

19. Jeffrey Kluger, "The Science of Romance: Why We Love," Time （January 28,2008）:54.

第 19 章 损友、密友、益友

1. Curt Anderson, "Women's Crime Rate on Increase," Associated Press （October 28,2003）.

2. James Garbarino, See Jane Hit: *Why Girls Are Growing More Violent and What We Can Do about It*（New York: Penguin Books, 2006）; Deborah Prothrow-Stith and Howard R. Spivak, S*ugar and Spice and No Longer Nice: How We Can Stop Girls' Violence*（San Francisco: Jossey-Bass, 2005）.

3. "As I See It: Strategic Ways to Stop Bullying," Kansas City Star （February 14,2008）.

4. Joanne Richard, "Terrorists in the Schoolyard," Ottawa Sun （October 14, 2004）:56.

5. Vanessa O'Connell, "Fashion Bullies Attack—in Middle School," Wall Street Journal（October 25,2007）; D1.

6. Rosalind Wiseman, *Queen Bees and Wannabes: Helping Your Daughter Survive Cliques,*

Gossip, Boyfriends, and Other Realities of Adolescence (New York: Three Rivers Press, 2002) , 119,162-163.

7. Rachel Simmons, *Odd Girl Out: The Hidden Culture of Aggression in Girls* (Orlando: Harcourt Books, 2002) , 159,172.
8. Dan Kindlon, *Alpha Girls: Understanding the New American Girl and How She Is Changing the World* (New York: Rodale, 2006) .
9. DeWitt Williams, "The Friendship Factor," College and University Dialogue, http://dialogue.adventist.org/articles/15_2_williams_e.htm.
10. Shalit, *Girls Gone Mild*, 254.
11. Helena Oliviero, "Bully Girls: Intimidating Practices Grow among Female Teens, Atlanta Journal-Constitution (August 26,2004) :B1.
12. Cheryl Dellasega and Charisse Nixon, *Girl Wars: 12 Strategies That Will End Female Bullying* (New York: Fireside, 2003) .
13. James C. Dobson, *Preparing for Adolescence* (Carol Stream: Tyndale House Publishers, 1992) , 146-159.

第 20 章 问与答：初潮和青春期

1. Professor Emeritus Norbert Kluge of the Universit.t Koblenz-Landau wrote in the Internet publication Beitr.ge zur Sexualwissenschaft und Sexualp.dagogik that in 1992 girls had their first period on average at 12.2 years old and in 2010 will have it around 10 or 11 years of age.
2. William Cameron Chumlea, Ph.D., Christine M. Schubert, M.S., Alex F. Roche, M.D., Ph.D., D.Sc., Howard E. Kulin, M.D., Peter A. Lee, M.D., Ph.D., John H. Himes, Ph.D., M.P.H., and Shumei S. Sun, Ph.D., "Age at Menarche and Racial Comparisons in US Girls," Pediatrics 111, no.1 (January 2003) :110-113; J. L. H. Evers and M. J. Heineman, *Gynecology: A Clinical Atlas* (St. Louis: Mosby, 1990) , 80.
3. B.J. Ellis, S. McFadyen-Ketchum, K.A. Dodge, G.S. Pettit, and J.E. Bates, "Quality of Early Family Relationships and Individual Differences in the Timing of Pubertal Maturation in Girls: A Longitudinal Test of an Evolutionary Model," Journal of Personality and Social Psychology 77 (1999) :387-401.
4. "Father-Daughter Relationship Crucial to When Girls Enter Puberty, Researchers Say," Science Daily (September 27,1999) ; see http://www.sciencedaily.com/releases/1999/09/990927064822.htm.
5. B. Ellis, J. Bates, K. Dodge, D. Fergusson, J. Horwood, G. Pettit, and L. Woodward, "Does Father Absence Place Daughters at Special Risk for Early Sexual Activity and Teenage Pregnancy?" Child Development 74 (2003) :801-821.
6. Mairi Macleod, "Her Father's Daughter," New Scientist (February 10,2007) :38-41.

7. Diana Zuckerman, "When Little Girls Become Women: Early Onset of Puberty in Girls," National Research Center for Women and Families; article first appeared in The Ribbon, a newsletter of the Cornell University Program on Breast Cancer and Environmental Risk Factors（BCERF） 6, no.1 （Winter 2001）.

8. Ibid.

9. Ibid.; V.G. Phinney et al, "The Relationship Between Early Development and Psychosexual Behaviors in Adolescent Females," Adolescence 25 （Summer 1990）:321-332.

10. Zuckerman, "When Little Girls Become Women."

11. Macleod, "Her Father's Daughter."

12. R.L. Matchock and E.J. Susman, "Family Composition and Menarcheal Age: Anti-Inbreeding Strategies," American Journal of Human Biology 18, no.4 （2006）:481-491.

13. A.R. Glass, P.A. Deuster, S.B. Kyle, J.A. Yahiro, R.A. Vigersky, and E.B. Schoomaker, "Amenorrhea in Olympic Marathon Runners," Fertility and Sterility 48, no.5 （November 1987）:740-745.

14. U.S. Open list of past champions; see http://www.usopen.org/en_US/about/history/wschamps.html.

15. Ladies' Singles Finals 1884-2008, Wimbledon Rolls of Honour; see http://www.wimbledon.org/en_GB/about/history/rolls/ladiesroll.html.

16. Aviva Must, Ph.D., "Back to School: Child and Adolescent Health," Pediatrics （September 2005）; E.J. Mundell, "Puberty Comes Sooner for Overweight Girls," Health Day （August 11,2005）.

17. Macleod, "Her Father's Daughter."

18. J. Briere and E. Gil, "Self-Mutilation in Clinical and General Population Samples: Prevalence, Correlates, and Functions," American Journal of Orthopsychiatry 68, no.4 （October 1998）:609-620.

19. Mel Whalen, "Self-Mutilation," Self-Injury Information and Support; see http://www.psyke.org/articles/en/selfmutilation; A.R. Favazza and K. Conterio, "Female Habitual Self-Mutilators," Acta Psychiatrica Scandinavica 79 （1989）:283-289.

20. Ibid.

21. Judy A. Stone and Shari M. Sias, "Self-Injurious Behavior: A Bi-Modal Treatment Approach to Working with Adolescent Females," Journal of Mental Health Counseling 25, no.2 （April 2003）:112.

22. B.A. van der Kolk, J.C. Perry, and J.L. Herman, "Childhood Origins of Self-Destructive Behavior," American Journal of Psychiatry 148 （1991）:1665-1672.

23. Quoted by Stone and Sias, "Self-Injurious Behavior," 112.

24. "Borderline Personality Disorder: A Brief Overview That Focuses on the Symptoms, Treatments, and Research Findings"; see http://www.nimh.nih.gov/health/publications/borderline-personalitydisorder-fact-sheet/index.shtml.

25. Anthony Bateman, F.R.C. Psych., and Peter Fonagy, Ph.D., F.B.A., "8-Year Follow-Up of Patients Treated for Borderline Personality Disorder: Mentalization-Based Treatment versus Treatment as Usual," American Journal of Psychiatry 165 （2008）:631-638.

26. "Borderline Personality Disorder."

第 21 章 保护女儿：警惕来自科技的侵略

1. "Generation M: Media in the Lives of 8-18 Year-Olds," Kaiser Family Foundation （March 2005）; see http://www.kff.org/entmedia/7250.cfm.

2. Janis Wolak, Kimberly Mitchell, and David Finkelhor, "Online Victimization of Youth: Five Years Later," National Center for Missing and Exploited Children （2006）.

3. Ibid.

4. Christine E. Kaestle, Carolyn T. Halpern, William C. Miller, and Carol A. Ford, "Young Age at First Sexual Intercourse and Sexually Transmitted Infections in Adolescents and Young Adults," American Journal of Epidemiology 161, no.8 （2005）:774-780.

5. Ibid.

6. Marissa Lang, "Night Texting Putting Teen Health at Risk," Miami Herald （July 21,2009）.

7. Ibid.

8. Jenna Wortham, "More Employers Use Social Networks to Check Out Applicants," New York Times （August 20,2009）; see http://bits.blogs.nytimes.com/2009/08/20/more-employers-usesocial-networks-to-check-out-applicants.

9. Patrick Welsh, "Txting Away Ur Education," USA Today （June 23, 2009）; see http://blogs.usatoday.com/oped/2009/06/txting-away-ur-education.html.

10. "School's Out and Your Kids Are Online: Do You Know What They've Been Searching for This Summer?"; see http://www.symantec.com/about/news/release/article.jsp?prid=20090810_01.

11. See http://www.youtube.com/t/fact_sheet.

12. "Growing Up, and Growing Fast: Kids 2-11 Spending More Time Online," Nielsenwire （July 6,2009）; see http://blog.nielsen.com/nielsenwire/online_mobile/growing-up-and-growing-fast-kids2-11-spending-more-time-online.

13. Brenda Rindge, "Teen 'Sexting' Risky Behavior," Post and Courier （January 6,2009）:D1.

14. Mike Celizic, "Her Teen Committed Suicide Over 'Sexting,'" MSNBC （March 6,2009）; see http://www.msnbc.msn.com/id/29546030.

15. John Smyntek, "Names and Faces," Detroit Free Press （April 9, 2001）:C1.

16. See http://www.goodfight.org/a_v_hollywoodsmission.html.

17. Sheila Marikar, "Sex and the City Fiend: Show Turned Me into Samantha," ABC News （May 21,2008）; see http://abcnews.go.com/Entertainment/story?id=4895398&page=1.

18. Rebecca L. Collins, Marc N. Elliott, Sandra H. Berry, David E. Kanouse, Dale Kunkel, Sarah B. Hunter, and Angela Miu, "Watching Sex on Television Predicts Adolescent Initiation of Sexual Behavior," Pediatrics 114, no.3 （September 2004）:E280-E289.

19. Steven C. Martino, Rebecca L. Collins, Marc N. Elliott, Amy Strachman, David E. Kanouse, and Sandra H. Berry, "Exposure to Degrading versus Nondegrading Music Lyrics and Sexual Behavior among Youth," Pediatrics 118, no.2 （August 2006）:E430-E441.

第 22 章 写在结束的话

1. Eldredge, Captivating, 146.